A FILHA DO CONTADOR DE HISTÓRIAS

CB124302

SAIRA SHAH

A filha do contador de histórias

Uma jornada aos confins do Afeganistão

Tradução
Hildegard Feist

Companhia Das Letras

Copyright © 2003 by Saira Shah

Título original
The storyteller's daughter

Capa
Raul Loureiro

Foto de capa
Cabul, Afeganistão, abril de 2002. Parte da cidade destruída por combates entre partidários do general Dostum e aliados de Ahmad Shah/Massoud em meados dos anos 1990. Copyright © by Thomas Dworzak/Magnum Photos

Cronologia
Pedro Doria

Preparação
Eugênio Vinci de Moraes

Revisão
Beatriz de Freitas Moreira
Isabel Jorge Cury

Dados Internacionais de Catalogação na Publicação (CIP)
Câmara Brasileira do Livro, SP, Brasil

Shah, Saira
A filha do contador de histórias : uma jornada aos confins do Afeganistão / Saira Shah ; tradução Hildegard Feist. — São Paulo : Companhia das Letras, 2004.

Título original: The storyteller's daughter
ISBN 85-359-0500-6

1. Afeganistão – Descrição e viagens 2. Afeganistão – História – Século 20 3. Afeganistão – Usos e costumes 4. Memórias autobiográficas 5. Mulheres – Afeganistão – Condições sociais – Século 20 6. Shah, Saira I. Título.

04-2686 CDD-958.1046092

Índices para catálogo sistemático:
1. Afeganistão : 1961- : Mulheres : História social : Memórias 958.1046092
2. Mulheres : Afeganistão : 1961- : História social : Memórias 958.1046092

[2004]
Todos os direitos desta edição reservados à
EDITORA SCHWARCZ LTDA.
Rua Bandeira Paulista 702 cj. 32
04532-002 — São Paulo — SP
Telefone: (11) 3707-3500
Fax: (11) 3707-3501
www.companhiadasletras.com.br

Para minha família

Sumário

LIVRO I
O jardim

Onde houver uma fonte de água pura, homens,
abelhas e formigas se reunirão.

Jalaluddin Rumi

1.

Tenho três anos de idade. Estou sentada no colo de meu pai. Ele está me falando de um lugar mágico: da paisagem feérica que se visita em sonho. As fontes lançam gotas de diamante nos tanques de mosaico. Pássaros multicores cantam nos pomares carregados de frutos. As romãs explodem e por dentro são de rubi. Há tamanha abundância de frutos que até as cabras se alimentam de melão. A água tem propriedades mágicas: se você se empanturrar de *pilau** e depois tomar água no regato, estará pronto para mais uma refeição.

Em três flancos do planalto erguem-se montanhas majestosas, coroadas de neve. O quarto dá para um vale ensolarado, onde se estende, lá embaixo, uma reluzente cidade de casarões e minaretes. E aqui entra a melhor parte da história: ela é verdadeira.

O jardim fica em Paghman, sede de minha família há novecentos anos. A cidade resplandecente que dali se avista é Cabul, a capital afegã. A população de Paghman chama a capital de

* Ou pilafe: prato típico do Oriente Médio, à base de arroz. (N. T.)

Cabul Jan: Cabul amada. Nós também a chamamos assim, porque esta é nossa terra.

"Quaisquer que sejam as aparências, o que quer que lhe digam, suas origens estão aqui, neste jardim, neste país. Esta é sua verdadeira pátria. Guarde isso no coração, Saira Jan. Nunca se esqueça."

Um ocidental adulto poderia me dizer que esta é a história de um Paraíso perdido: de um lugar de sonho, para o qual é impossível retornar. Mas eu não lhe daria ouvidos. Já absorvi o bastante do Oriente para me sentir oriental. E absorvi demais do Ocidente para não tentar destrinçar sonhos.

Meu pai conhecia o valor de uma história: ele era escritor. Ele e minha mãe elegeram Kent como um lugar idílico para criar os filhos, porém nunca nos deixaram esquecer nossas raízes afegãs.

Quando eu era criança, meu pai periodicamente tomava a cozinha de assalto. O método sistemático do Ocidente logo se esvaecia ante a inspiração do Oriente. Frascos de condimentos desabavam da prateleira de faia e despejavam montes de pó colorido no aparador de melamina. Todas as panelas eram usadas e ainda se ia buscar mais na casa dos amigos e vizinhos. O velho Aga exalava vapores exóticos — *saffran*, *zeera*, *gashneesh*; até hoje esses aromas são tão familiares para mim quanto meu próprio hálito.

Meu pai, o alquimista, presidia a confusão. Em se tratando de preservar as tradições, os costumes e a culinária de seu país, ele era, como tantos expatriados, *plus royaliste que le roi*. Sua alquimia não convertia chumbo em ouro, porém transportava nossa ampla cozinha inglesa aos mais distantes confins do Hindu Kush.

Nós, as crianças, éramos os aprendizes do feiticeiro: picávamos cebola e abríamos vagens de cardamomo, mordiscando as fragrantes sementes negras, enquanto trabalhávamos. Esmagávamos alho e pelávamos tomates. Ele nos ensinava a macerar açafrão, a coar iogurte e a cozinhar o arroz até ficar *dana-dar*, com grãos — quer dizer, no ponto em que um grão friccionado entre os dedos se fragmenta em três ou quatro esferas perfeitas.

Era na cozinha que mais se evidenciava a *afghaniyat* — a afeganidade — essencial de meu pai. A paixão dos afegãos pelo *pilau* é tão fundamental para o caráter nacional quanto a dos italianos pelo espaguete. O emir Habibullah, antigo governante do Afeganistão, devorava no almoço um pratarraz de *pilau* com almôndegas e molho e depois perguntava aos cortesãos: "E agora, nobres e amigos, o que vamos cozinhar hoje à noite?".

Sabíamos produzir no mínimo três vezes mais *pilau* do que qualquer um poderia comer. Uma quantidade menor constituiria uma ofensa a nosso nome e seria contrário ao caráter afegão. Conforme esbravejava meu tataravô: "Como você se atreve a me pedir um *favorzinho*?".

Se em algum momento se via a braços com um desastre inesperado — um arroz que ficava empapado ou uma panela que transbordava e emporcalhava a chapa do Aga —, meu pai exclamava: "No Afeganistão nós tínhamos cozinheiras para fazer isso!".

Com a hipérbole típica dos afegãos, ele nos dizia: "Estamos fazendo um *Shahi pilau*, um *pilau* digno de reis. Esta receita de nossa família passou de geração a geração desde que foi preparada para quatro mil comensais na corte de nossos antepassados. É muito melhor que o *pilau* que vocês vão encontrar nas casas afegãs de hoje em dia".

Numa ocasião memorável meu pai descobriu a tartrazina, um colorante artificial. Imediatamente convocou uma reunião para fazer *pilau*. Tal qual um mágico executando um truque particularmente eficaz, ele nos mostrou como uma pequenina colher de chá conseguia conferir um amarelo virulento a um gigantesco caldeirão de *pilau*. Ficamos devidamente impressionados. A partir de então o açafrão tradicional cedeu lugar a essa substância intoxicante.

Anos depois descobri que todos os pratos afegãos que meu pai me ensinara a preparar divergiam sutilmente das receitas originais. O método de concluir no forno o cozimento do arroz aferventado, por exemplo, era uma inovação de meu pai. Coar iogurte no pano constituía apenas o primeiro estágio de um processo complicado. Em Kent era difícil encontrar banha de carneiro, e ele a substituiu por manteiga. Cominho era uma contaminação indiana. E por aí afora.

Embora meu pai usasse métodos e até ingredientes diferentes, o resultado final era idêntico ao das receitas originais. Ele captava a qualidade essencial desses pratos e desprezava os detalhes.

Durante essas sessões de culinária nós nos entretínhamos com uma brincadeira maravilhosa. Planejávamos a viagem da família a um Afeganistão que parecia ficar logo ali na esquina. Voltaríamos a Paghman, passearíamos pelos jardins, visitaríamos nossa velha casa e cumprimentaríamos os parentes que não conhecíamos. Quando chegássemos às montanhas de Paghman, os homens disparariam suas armas para o alto — não deveríamos nos preocupar, pois essa era a maneira afegã de dar as boas-vindas e comemorar. Eles nos carregariam nos ombros, gritando vivas, e à noite comeríamos um *pilau* que superava até os grandes festins da corte de nossos ancestrais.

Raramente se mencionava a terra da família de minha mãe, que é parse indiana. Para meu pai, sua prole era afegã pura. Durante anos a simples menção ao Retorno bastava para nos empolgar. O Retorno era muito mais sedutor que nossa vida mundana em Kent, a qual girava ao redor do decrépito Land Rover da família e de Honey, nosso labrador.

"Podemos levar o Land Rover?", meu irmão Tahir perguntava.

“Vamos levar uma frota de Land Rover”, meu pai respondia, todo emproado.

Minha irmã Safia se esganiçava: “Podemos levar o Honey?”.

Fazia-se um silêncio constrangido. Até mesmo a imaginação de meu pai empacava ante a idéia de apresentar aos afegãos aquele animal impuro, o cachorro, como um membro querido de nossa família.

Quando eu estava com quinze anos, a União Soviética invadiu e ocupou o Afeganistão. Pouco depois, durante uma sessão culinária em que se preparava *pilau*, expressei uma ansiedade que vinha sentindo fazia algum tempo. Como meu pai podia esperar que fôssemos realmente afegãos, se havíamos crescido fora de uma comunidade afegã? Quando voltássemos para nossa terra, não seríamos estrangeiros, forasteiros em nossa própria pátria? Eu esperava ouvir o relato reconfortante de nosso retorno triunfal e iminente a Paghman. Não ouvi. Meu pai estava cansado e triste. Sua resposta me surpreendeu: “Eu lhes contei histórias para substituir a comunidade. As histórias são sua comunidade”.

“Mas as histórias não substituem a experiência.”

Ele pegou um pacote de cebola desidratada. “As histórias são como estas cebolas — como experiência seca. Não são a experiência direta, mas são melhores que nada. Você reflete sobre uma história, você a remói na mente, e ela se torna outra coisa.” Ele despejou água quente na cebola. “Não é cebola fresca — experiência fresca —, mas é algo que pode ajudar a reconhecer a experiência quando ela acontecer. As experiências seguem determinados padrões que se repetem indefinidamente. Em nossa tradição as histórias podem ajudar a reconhecer a forma de uma experiência, a entendê-la e a lidar com ela. Portanto, o que a seus olhos talvez não passe de mito e lenda contém o que você precisa para guiá-la entre os afegãos em qualquer lugar.”

"Bom, assim que eu completar dezoito anos, vou ver por mim mesma", falei, acrescentando maliciosamente: "Então, talvez eu viva experiências frescas que me ajudem a crescer".

Meu pai tinha se empolgado com sua analogia. E de repente se tornou um pai cuja filha estava numa idade impressionável e cuja pátria se encontrava mergulhada numa guerra homicida.

"Se crescesse um pouco", ele rebateu, "você perceberia que não precisa ir."

Abril de 2001

Em meus 36 anos de vida, nunca vi o Afeganistão em paz. Estou sufocando embaixo da burca, o véu azul-claro que começa na cabeça sob a forma de gorro e me cobre o rosto, o corpo, os braços e as pernas, e é comprido o bastante para me fazer tropeçar em meus enlameados sapatos de plástico. Uma rede de crochê me tolhe a visão. Uma tela de sombras negras corta as árvores, os campos, a estrada branca. Parece que estou vendo as coisas através das grades de uma prisão.

Não respiro direito há quatro horas, e ainda faltam outras oito para chegar a Cabul. Sinto uma necessidade quase irresistível de fazer qualquer coisa para respirar, simplesmente respirar. Como descrever isso? Tenho vontade de arrancar a burca, assim como um homem que está se afogando se atraca com seu salvador em sua ânsia de alcançar o ar na superfície. Mas não posso: a burca é tudo que me protege do Talibã. Até mesmo levantar a aba frontal da burca constitui um crime, punível com espancamento.

No banco da frente, o taxista escarafuncha um compartimento secreto e pega uma fita cassete. Bom sinal: música é algo proibido. Disseram-me que teríamos um carro seguro, com um motorista conhecido, mas acabamos tomando um táxi qualquer.

Se ele quer ouvir música em nossa presença, talvez possa haver confiança recíproca. Somos todos conspiradores. Talvez o taxista não nos denuncie.

A barulhenta canção afegã ressoa no carro, falando de amante e amada. O Talibã abomina esse tipo de linguagem. O refrão "*Jan, jan...*" me proporciona uma repentina felicidade. É uma loucura: em dez minutos posso estar morta. Mas não consigo me controlar. Estamos indo para Cabul — Cabul amada.

Para todos os efeitos sou jornalista a serviço da Channel Four Television e estou filmando um documentário, intitulado *Por Baixo do Véu* (*Beneath the Veil*), sobre o Afeganistão do Talibã. Agora me afastei de minha equipe para viajar, disfarçada, com a RAWA, Associação Revolucionária das Mulheres do Afeganistão.

Acabamos de cruzar a fronteira ilegalmente e entramos no Afeganistão controlado pelo Talibã. Como ocidental, posso ser presa e acusada de espionagem, se me pegarem. Se o Talibã descobrir minha história familiar e decidir que sou afegã, terei o mesmo destino das afegãs que estão me ajudando: tortura, uma bala na cabeça ou o desaparecimento na Pul-i-Charki, a famigerada prisão política de Cabul. As mulheres assumiram esse risco porque pertencem a uma organização que se opõe ao Talibã. Politicamente suas atividades — escolas e clínicas secretas para mulheres — já são subversivas o bastante para levá-las à morte.

Minha companheira de viagem passa mal e vomita num saco plástico, sem levantar a burca.

Não preciso lhe perguntar o que ela está fazendo aqui: preciso perguntar a mim mesma.

Durante muitos anos, meu pai manteve no cubículo secreto onde ficavam os bens preciosos um arquivo empoeirado que continha dois papéis. O primeiro era a escritura de nossa propriedade em Paghman. O outro era nossa árvore genealógica, que remonta a uma data anterior ao Profeta Maomé, há 2 mil anos, à época em que minha família nem ouvira falar do Afeganistão.

A escritura já não valia sequer o papel em que estava registrada. No Afeganistão, quem não está presente para defender sua propriedade tem de se preparar para recuperá-la à mão armada. Quanto à árvore genealógica, não precisávamos de um pedaço de papel para nos dizer quem éramos. Meu pai e o pai dele se encarregaram de imprimir nossa linhagem no coração de todos nós.

Nossa família descende de Fátima, a filha do Profeta Maomé. O homem que fundou uma das grandes religiões monoteístas do mundo, uniu as tribos rivais da Arábia e teve a possibilidade de acumular uma riqueza incomparável, morreu pobre. Em seu leito de morte ele definiu seu legado: "Não tenho nada para vos deixar, a não ser minha família". Desde então seus descendentes são reverenciados em todo o mundo muçulmano e têm o direito de usar o título honorífico de Sayed.

Meu avô dizia que ancestralidade é algo que deve servir de modelo e não de motivo de vanglória. Já velho, com seus olhos ligeiramente mongólicos, o nariz adunco e o gorro alto de caracul, parecia um sábio inescrutável de uma miniatura Mogul. Eu me lembro dessa figura venerável contando-me uma piada: "Perguntaram a uma mula: 'Que tipo de criatura você é?'. E a mula respondeu: 'Bom, meu pai era um cavalo!'".

O velho ria, regalando-se com o desfecho da piada, e eu também ria, embora não entendesse direito o sentido. "Você entendeu? Ela era só uma mula, mas se orgulhava de ser filha do cavalo! Então, veja, Saira Jan, o que seus antepassados foram importa menos do que a pessoa em que você se tornou."

O islamismo que eu absorvi era uma filosofia tolerante, que estimulava os fiéis a adotarem determinada atitude em relação à vida. O Alcorão que estudamos ensinava: "Não existe compulsão em religião". O Profeta que seguíamos dizia: "O guerreiro santo é aquele que luta consigo mesmo".

Muitas das máximas do Profeta com as quais fui criada constam de uma compilação feita pela autoridade afegã Baghawi de Herat. No mundo muçulmano ortodoxo essa compilação é eclipsada pela monumental coletânea do imame Bokhari. Bokhari achava que preservar as palavras literais e as tradições do Profeta era um ato de piedade escolástica. Depois de analisar 600 mil máximas, ele concluiu que apenas cerca de 5 mil eram incontestavelmente autênticas.

Já a coletânea de Baghawi tem um propósito instrumental, e não escolástico. Reverenciada pelos poetas clássicos persas, até hoje é largamente utilizada em comunidades místicas de dervixes. As máximas foram organizadas segundo o conteúdo. A diferença entre essas duas grandes figuras do islamismo está na ênfase: literal ou espiritual.

Provavelmente porque havia poucos afegãos em Tunbridge Wells, meu pai contratou um iraniano para nos ensinar o Alcorão. Não gostamos dele. Em se tratando da Palavra Santa de Deus, ele achava que decorar era mais importante que entender. Ele deu um tapa em minha irmã de seis anos porque a coitada não conseguiu memorizar, em árabe, o versículo místico do Alcorão conhecido como Nicho das Luzes:

Alá é a luz dos céus e da terra.
Sua luz é como um nicho, onde há uma lâmpada:
A lâmpada [*está*] *dentro de um vidro, o vidro* [*está*] *como dentro de uma estrela nacarada.*
É alimentada por uma oliveira bendita,

Nem do Oriente, nem do Ocidente,
Cujo azeite brilha, conquanto o fogo não o toque:
Luz sobre luz!

Fora de nossa redoma de uma cultura muçulmana tolerante, o mundo islâmico estava se transformando. Alguns anos antes da Revolução Iraniana, nosso professor de Alcorão se encantou com as idéias do aiatolá Khomeini. Foi prontamente dispensado e acabou voltando para o Irã, a fim de estudar num seminário. Depois, com o coração suficientemente tomado pela sede de revolução islâmica, ele chegou à conclusão de que fora conduzido a nossa casa para cumprir uma missão: testemunhar a depravação e o erro em que mergulhara nosso ramo da família do Profeta. Durante algum tempo, nós, as crianças, tínhamos de passar correndo pelos densos loureiros da entrada de carro, pois nosso antigo instrutor de Alcorão poderia estar à espreita, pronto para nos atacar.

Que inaceitáveis idéias religiosas ele encontrara em nossa casa? Que ensinamentos considerava prejudiciais ao coração dos fiéis? Talvez as máximas do Profeta coletadas por Baghawi de Herat, que instam o devoto a pensar por si mesmo, em vez de concordar com tudo sem questionar:

> "Uma hora de ensinamento é melhor que uma noite inteira de oração."
> "Confia em Deus, mas amarra teu camelo."
> "A tinta do sábio é mais santa que o sangue do mártir."
> "Vós me pedis para amaldiçoar os descrentes, porém não fui enviado para amaldiçoar."
> "Ordeno-vos que ajudeis todos os oprimidos, sejam eles muçulmanos ou não."
> "As mulheres são as metades gêmeas dos homens."

Esses são os valores com que cresci. Esse é o islamismo que abracei.

Abril de 2001

Agora entrei num mundo que me proíbe mostrar o rosto, pintar as unhas ou empinar papagaio. Nada é tão trivial que os estudiosos da lei islâmica não possam proibir. Até os sacos de papel são proibidos — pois poderiam trazer impresso o Santo Nome de Alá, que, conseqüentemente, correria o risco de ser profanado. Alá realmente faz questão da correção dos detalhes. Discute-se seriamente se a melhor punição islâmica para o homossexualismo consiste em derrubar um muro sobre o faltoso ou em jogá-lo do minarete mais alto.

Só é permitido o que recebeu a sanção específica do Santo Alcorão ou é uma prática autenticada do Profeta. O que não preenche esses requisitos tem de passar pela análise dos mestres religiosos. Eles usam um rigoroso processo de analogia e discussão teológica para determinar o que é permitido e o que é proibido. O Ministério para Prevenção do Vício e Promoção da Virtude, a temida polícia religiosa, impõe seus éditos à força.

O século XXI lança constantes desafios à fé. A televisão e o vídeo são proibidos; a fita cassete pode conter recitações do Alcorão, porém deve ser destruída se contiver música. A música instrumental é proibida, mas permite-se a simples salmodia religiosa.

Cigarro é permitido, mas alguns maços trazem imagens de mulher. Esses são proibidos. Deve-se tomar extremo cuidado para impedir reproduções da forma humana. As fotos de passaporte constituem um problema. Resolveu-se que, para fins de identificação, pode-se mostrar a cabeça e os ombros de indivíduos do sexo masculino. Fotos de corpo inteiro são ilegais.

Os riscos são grandes: esse é o protótipo de um Estado islâmico perfeito. A conduta moral deve ser irrepreensível. As mulheres precisam de proteção, e a melhor maneira de protegê-las é mantê-las dentro de casa. Elas não podem sair sem a companhia de um parente varão. E mesmo assim devem se cobrir inteiramente com a burca, para não induzir os homens à tentação. As meninas com mais de nove anos não têm permissão para freqüentar a escola. Quase todos os empregos são vedados às mulheres.

O sufismo, tradição filosófica de meus ancestrais, caiu na clandestinidade. O Talibã condena sua afirmação de que os fundamentos espirituais são mais importantes que as práticas exteriores.

Meus ancestrais diziam que a revelação do Alcorão ocorreu em sete etapas, de um significado exterior literal a níveis de valor místico sucessivamente mais profundos. Hoje se considera heresia sua idéia de que, embora seja possível crescer com a Shariah, a lei religiosa, o Profeta também tinha um círculo íntimo de discípulos aos quais ensinava um caminho esotérico.

O posto de fronteira, na embocadura da Passagem de Khyber, é controlado por guardas do Talibã. Pela tela da burca, eu os vejo patrulhando. Eles usam o característico turbante negro de Kandahar, cidade que é o berço de seu movimento. Teremos de atravessar a fronteira a pé, sob seu olhar. Usar a burca é uma arte que não tive tempo de adquirir, e tropeço ao descer do carro. Estou ciente de que ando com excessiva segurança: como uma ocidental — ou um homem. Tento parecer devidamente submissa. Curvo os ombros e procuro apagar até meus pensamentos.

Somos três. Um homem e uma mulher sozinhos poderiam despertar suspeitas: o Talibã poderia exigir provas de que somos casados ou parentes. Já um homem com duas mulheres veladas, seguindo-o a alguns passos de distância, é algo tão comum que não levanta suspeitas.

Estudei minha história e decorei as respostas que terei de dar, se me pararem e me interrogarem. Chamo-me Fátima. Sou da cidade de Ghazni, ao sul. Sou refugiada afegã e voltei para assistir ao casamento de minha irmã, em Cabul. Falo persa. Não falo pushtu, a língua do Talibã.

Mas ninguém me pára. Os guardas do Talibã não sorriem nem olham feio, quando passamos por eles. Nem sequer olham para mim. Não preciso de documentos. Sou apenas uma anotação nos papéis de meu acompanhante. Como mulher, deixei de existir. A burca é meu passaporte, meu manto de invisibilidade.

Ocorre-me que tenho feito isso a vida inteira: usar a matéria-prima de uma cultura para subvertê-la. Embora tenha passado minha vida adulta perseguindo o sonho de uma identidade nacional, minha lealdade não é com um país, ou mesmo com uma tribo. É com um conjunto de valores.

Há duas pessoas dentro de mim. Como um casal que raramente se fala, elas não são compatíveis. Meu lado ocidental é sensível, liberal, pacifista, burguês. Quanto a meu lado afegão, só consigo descrevê-lo como um barão voraz. Ele adora matanças, exulta com os perigos e não tem medo.

Em 1842, cerca de 5 mil guerreiros — toda a força do exército britânico em Cabul — foram trucidados por uma horda afegã. Doze mil civis — desarmados e inocentes —, que acompanhavam as tropas, tiveram o mesmo fim. Só um homem se salvou. Humilhantemente montado num jumento, o exausto dr. Brydon foi o único sobrevivente dos britânicos que ocupavam o Afeganistão. Sua chegada informou a um mundo pasmo que uma hoste britânica inteira tinha sido massacrada. Essa catástrofe humana inspirou aos afegãos um hino de regozijo:

Doktor brydon, khar-i lang-ash
Ham quwad dar khak-i mast.

Doutor Brydon, em seu jumento manco,
Todas as suas tropas estão em nosso solo.

Cresci aplaudindo um massacre que, se ocorresse hoje, eu certamente condenaria como uma atrocidade. O hino tem uma melodia fácil de guardar, e, quando eu estava no ginásio, vivia cantarolando-o nas partidas de basquete. Não havia nisso nenhuma conotação política: eu não percebia a ironia de minha situação. Contudo, se é possível avaliar a identidade britânica pelo time para o qual se torce, acho que não passei no teste.

Minha identidade se deve mais a mitos e lendas que a meu passaporte ou minha certidão de nascimento. A maioria encerra lições da história.

As diferentes feições do povo afegão conservam os traços de incontáveis exércitos invasores: a pele clara das hordas turcas, os olhos puxados dos mongóis, o cabelo loiro dos homens de Alexandre, o nariz adunco dos árabes. Poucos invasores se detiveram nessa desolada encruzilhada da Ásia onde, dizem os afegãos, Deus jogou seu lixo quando terminou de criar o mundo. A maioria rumou para o sul, sonhando com os tesouros ilimitados, as águas tépidas, o ventre macio e tentador da Índia.

Ao invés de se cansar de tantas guerras, os afegãos organizaram seus exércitos e partiram para a conquista e a pilhagem. O grande governante Mahmud de Ghazna invadiu a Índia mais de dezessete vezes. O rei Babur (descendente dos invasores mongóis) conquistou Délhi em 1526 e governou a Índia como o primeiro imperador Mogul. Dois séculos depois, o império afegão dos Durrani incluía o Afeganistão moderno, uma vasta porção do Paquistão e partes do Irã.

Um tema é constante em toda essa história turbulenta: alimentar a reputação de imprevisibilidade pode contribuir para a própria sobrevivência.

Ao preparar-se para receber visitantes britânicos, no final do século XIX, o rei Abdurrahman Khan tirou condenados das prisões e vestiu-os de cortesãos. Durante a audiência, simulando irritação, estalou os dedos. Sem pestanejar, o capitão da guarda deu uma ordem, seus homens miraram e dispararam; uma dúzia de figuras ricamente trajadas caiu morta.

"O senhor é cruel", murmurou um horrorizado oficial britânico.

"Eu governo um povo forte, infelizmente", o rei replicou.

Essa atitude é adequada à sobrevivência nos inóspitos rincões do Hindu Kush e particularmente imprópria à vida na verde Tunbridge Wells. Agora percebo que, de muitas maneiras, minha família simplesmente se recusara a adaptar-se às condições locais. Levei anos para me livrar da convicção de que frutos do mar são um veneno que causam morte instantânea (o Afeganistão é um país sem mar, com estradas ruins e nenhuma refrigeração). E cresci incapaz de admitir o medo.

Não se pode ter medo num lugar onde séculos de guerra impedem que a coragem seja raridade. Principalmente não se pode temer a morte: nas montanhas a morte é repentina demais, freqüente demais para ser continuamente temida. Na infância, eu tinha medo do escuro. Meu pai me contou esta história:

"Era uma vez um leão. Um dia ele foi beber água. E viu outro leão, fitando-o, dentro do lago. Ele rugiu, mas em resposta ouviu um rugido tão feroz que pulou para trás. Durante o dia inteiro ele ficou perto do lago, cada vez mais sedento e cada vez mais assustado. Por fim a sede superou o medo e, em desespero de causa, ele mergulhou a cabeça na água. Num instante o outro leão — que era apenas seu próprio reflexo — desapareceu, e o leão verdadeiro ficou livre para tomar uma boa quantidade de água fresca e limpa.

"O que mostra que — nunca, jamais, tenha medo do que você não entende. Os afegãos não têm medo, Saira Jan. Nunca tenha medo."

Abril de 2001

Há dias tenho vivido com medo. Não o medo instigante de meus antepassados: o fragor da batalha, a descarga de adrenalina que incita a lutar. Nunca senti um medo como este: persistente, penetrante como frio nos ossos; como dor de dente. Sinto um tremor no âmago de meu ser. Minha voz treme. Ando tateando. Esse medo me enfraquece. É tão degradante e debilitante quanto estar gelada, molhada, subnutrida e cansada o tempo todo. Mora dentro de mim e nunca vai embora.

Olho para o rosto de meus companheiros e sei que não estou sozinha. O medo penetrou no tecido da vida em Cabul. Quem mora nas ruínas da capital desistiu de lutar há anos; não luta nem pela própria sobrevivência. Ninguém come direito. As crianças têm feridas enormes. Quando pergunto o que são, as pessoas dão de ombros: todas as crianças pegam essas feridas; elas duram um ano. E não têm nome.

Estamos indo para uma escola clandestina para meninas. A estrada é lamacenta, e estamos com medo. Eu me desprezo por isso. Chegamos a uma casa comum, que um dia foi de classe média. Fico impressionada com a professora. Seus olhos expressam orgulho e uma raiva reprimida. Ela lecionava num ginásio. Quando tomou o poder, o Talibã a demitiu, porque ela é mulher.

A professora abre a cortina de filó da sala de visitas. Usa um véu de chiffon e um batom vermelho que equivale a um desafio.

Sorri, mas a raiva nunca abandona seus olhos. Está mais incorporada a ela que a jugular. A raiva com o que está acontecendo faz parte de sua alma.

As alunas chegam de duas em duas e de três em três. Assim não chamam atenção. Até as mais pequeninas usam a burca. Na Cabul do Talibã esconder-se é uma bênção. Elas entram em silêncio e tiram o véu, deixando-o deslizar até o chão. Depois de algum tempo nesta cidade, é um choque ver tantos rostos femininos descobertos. Parecem flores, enfileiradas, voltadas para a luz.

Eu não pretendia fazer uma entrevista, mas a professora quer falar. Quer que o mundo tome conhecimento do que está ocorrendo aqui.

Eu sabia que 70% dos professores de Cabul eram mulheres? Não são só as meninas que não têm mais acesso à instrução: os meninos tampouco podem estudar. Se o Talibã descobrir esta classe, todos que aqui se encontram — inclusive as crianças — serão espancados e presos.

Pergunto a mim mesma: eu mandaria minha filha para a escola, se ela corresse o risco de acabar na prisão? Noventa por cento das mulheres afegãs são analfabetas. Como escolher entre a prisão no presente e um futuro sem esperança?

Umas duas semanas atrás percorremos essas ruas na companhia de um chefe da inteligência do Talibã. Eu estava viajando como membro de uma equipe de televisão encarregada de produzir um documentário e tinha um visto de jornalista oficial. Só em sua área da cidade esse homem dispõe de trezentos informantes. Vizinho espiona vizinho. Não dá para distinguir amigo de inimigo. Sua principal tarefa, disse-me o chefe da inteligência, é localizar e prender integrantes da oposição política. Ou seja: a professora e minhas companheiras da RAWA. Ou seja: eu.

Dentro de mim, ardendo em meio ao frio do medo, a chama da raiva se intensifica. O Talibã não é só opressivo. Ele corrompeu todas as qualidades que desde menina eu acreditava serem essencialmente afegãs: generosidade, coragem, autoconfiança ilimitada e, sobretudo, senso de humor.

2.

Em minha infância, quando eu queria recordar as qualidades que caracterizam o povo afegão, não precisava ir além do exemplo de meu ilustre ancestral Jan Fishan Khan, místico e guerreiro.

Até hoje visualizo seu retrato, que dominava nossa sala de estar. Nesse quadro ele empunha sua famosa espada com a cabeça de pássaro no punho, mas não usa a armadura incrustada de diamantes que, diziam, ostentava no campo de batalha. Exibe uma cerrada barba negra e um esplêndido turbante, e seus olhos puxados e seu nariz adunco até hoje estão presentes nos traços de minha família.

Ele se chamava na verdade Sayed Muhammad Khan e era filho de Sayed Qutubuddin Khan de Paghman. O nome Jan Fishan reúne dois conceitos: o místico e o temporal. Jan Fishan significa "dispersador de almas". Como guerreiro, o Khan muitas vezes teve a oportunidade de dispersar as almas de seus inimigos. Contudo, o nome se deve a um dístico sufista referente à devoção do suplicante a Deus:

Gar dast dehad hazar jan-am
Dar pai mubarakat fishan-am.

Se mil vidas eu tivesse,
Todas dispersaria a teus pés benditos.

Conquanto passasse a fio de espada quem quer que lhe questionasse a honra, o Khan dispersador de almas demonstrava, com freqüência, inesperada humildade. Um de seus aforismos era: "Muitas vezes recebo um tratamento melhor do que mereço e não reclamo; por que haveria de protestar quando recebo um tratamento pior?".

Jan Fishan foi o último membro de nossa família que deteve o título de *shah-saz*, fazedor de reis. Era um guerreiro independente, que mantinha sua própria corte e seu próprio exército. Graças à posição estratégica de Paghman, nas montanhas sobranceiras à capital, suas tropas podiam atacar a cidade sempre que quisessem. Nos lábios dos homens de Paghman a carinhosa expressão Cabul Jan — Cabul amada — adquiria, portanto, uma conotação meio sinistra.

Alguns anos antes da malfadada invasão do Afeganistão, em 1839, os ingleses procuraram intimidar Jan Fishan para torná-lo seu aliado. Convidaram-no a assistir a uma exibição de seu poderio militar na Índia. A fim de enfatizar o desempenho impressionante de sua artilharia pesada, o oficial britânico que escoltava o Khan exclamava a cada disparo: "Incrível! Excelente! O senhor viu? Atingiu o alvo".

Em retribuição, Jan Fishan convidou os ingleses a visitar sua fortaleza, em Paghman, e conhecer seus legendários cavalos. Na época ninguém no Afeganistão tinha estábulos comparáveis aos seus.

"Fantástico! Estão comendo capim", Jan Fishan exclamou, quando se aproximaram de um grupo de animais que estava parado no pasto. Os visitantes ficaram perplexos, mas educadamente disseram que, sim, era fantástico.

"Vejam o cavalariço! Está escovando a crina do cavalo!", o Khan exclamou. Outro cavalo passou por eles, e o guerreiro gritou, assustado: "Por Alá — ele anda! Ele realmente anda!". Os ingleses começaram a se perguntar se seu anfitrião era louco.

Ao despedir-se dos visitantes, Jan Fishan lhes disse, com um sorriso: "Como viram, cavalheiros, se os senhores têm armas que acertam o alvo com precisão, já que foram concebidas para tanto, eu também estou cercado de coisas que parecem cumprir sua função adequadamente. O que aprendi com os senhores foi me empolgar com isso".

As circunstâncias em que nossa família abandonou os jardins mágicos de Paghman e a cidadela que nossos ancestrais amaram ao longo de tantas gerações estão envoltas em mistério. Levei anos para me atrever a perguntar por elas. Sempre desconfiei que tínhamos um esqueleto no armário, que um terrível pecado original de família nos expulsara do Paraíso e nos condenara a vagar para sempre.

"É uma longa história", meu pai falou, mas, se esperava que eu desistisse, tomara o caminho errado. Eu adorava histórias longas. "Estende-se por gerações", ele insistiu, mas, por mim, tudo bem. Eu tinha muito tempo. "Bom", ele disse enfim, "acho que você já está na idade de saber."

Agora, lenda é lenda. Creio que o que meu pai me contou guarda o espírito do que aconteceu, porém, se alguns fatos são estapafúrdios, não me culpem. Esta é a história tal qual a ouvi.

Há muitos anos nosso ilustre ancestral, Jan Fishan Khan, traçou o rumo que iríamos seguir. Teve de escolher entre os interesses de seu país e o próprio senso de dever pessoal. As coisas aconteceram assim.

Jan Fishan, como sabemos, era um fazedor de reis. Estava ligado, através de casamento, a um ex-rei do Afeganistão, Shah

Shujah. Esse sujeito era fraco, vaidoso e imprudente, mas o que se podia fazer? A lealdade familiar era inviolável. Shah Shujah estava exilado na Índia britânica havia anos. Até recebia pensão do governo local.

Quando nenhum perigo externo ameaçava o Afeganistão, os interesses nacionais se dissolviam ante as ambições tribais. A história afegã seguia o curso turbulento de sempre. Um rei depunha outro, enquanto os chefes rivais apoiavam diversos candidatos ao trono. Com freqüência ocorria derramamento de sangue. Um método comum e relativamente piedoso de eliminar um pretendente consistia em arrancar-lhe os olhos: a lei estipulava que um cego não podia governar.

Até 1839 Shah Shujah esteve praticamente esquecido. Então, procurando um pretexto para invadir o Afeganistão, os ingleses passaram a adular o impressionável ex-monarca. Seu exército era invencível. Por que ele não os deixava ajudá-los a recuperar o trono?

Durante anos os ingleses tentaram ganhar o apoio de Jan Fishan. Nada conseguiram: ele sempre os superava em esperteza. Em Shah Shujah, entretanto, os ingleses encontraram o calcanhar-de-aquiles do Khan. Quando o ex-rei decidiu aceitar a ajuda britânica, o senso de honra familiar de Jan Fishan não lhe permitiu atacar o exército infiel de ocupação desde seu ninho-de-águia em Paghman.

As tropas britânicas escoltaram Shah Shujah até Cabul. A presença delas representava a garantia de que ele nunca seria mais que um fantoche odiado. As tribos selvagens das fronteiras cooperaram mediante a promessa de polpudas recompensas. Os ingleses cometeram a tolice de não cumprir a palavra, e a rebelião resultante logo se converteu numa revolta generalizada. A *afghaniyat*, a consciência da identidade nacional, despertou e engoliu as diferenças tribais. Jan Fishan continuou se recusando a lutar contra seu parente, Shah Shujah, e foi tachado de traidor.

No final de 1842 o exército britânico deu início a um dos episódios mais desastrosos de sua história: a retirada de Cabul. Seu comandante, o general Elphinstone, ainda acreditava pateticamente nas promessas de trégua, enquanto, dia após dia, as tribos da fronteira dizimavam suas forças nos passos das montanhas. Lobos e predadores humanos despedaçavam mortos e feridos, que eram simplesmente abandonados na neve. Os civis que acompanhavam o exército — e que incluíam milhares de mulheres e crianças da Índia britânica — morreram de fome, de frio ou retalhados.

No quinto dia da retirada, Akbar Khan, o sanguinário e traiçoeiro líder dos afegãos que atuavam nas montanhas, ofereceu-se de repente para tomar sob sua proteção o punhado de mulheres e crianças inglesas sobreviventes. Reza a lenda de minha família que Jan Fishan Khan usou os últimos fiapos de seu prestígio para ajudar a concretizar e sustentar esse pequeno gesto de misericórdia. Foi recompensado com uma breve nota de pé de página no diário de uma das mulheres que se salvaram: lady Sale.

Jan Fishan pagou caro por sacrificar o patriotismo afegão à honra pessoal. Pelo resto da vida foi visto como alguém que havia colaborado com o odiado exército de ocupação infiel. Assim, depois de tantos anos, descobri que a vergonha secreta de minha família era esta: em vez de participar do massacre e da derrota dos ingleses, meu ancestral tentara salvar a vida de mulheres e crianças.

O fato de até então eu nunca ter ouvido essa história certamente indica que, um século e meio depois, as feridas ainda estavam abertas. E no fim meu pai me deixou chocada, ao dizer: "Naturalmente, foi assim que escapamos. Precisávamos dessa desgraça para nos ajudar a fugir do Estado-nação".

* * *

Jan Fishan achou prudente afastar-se do Afeganistão por um tempo — embora fosse poderoso demais para passar o resto da vida no exílio. Seu exército o acompanhou. Dirigiram-se para o sul, para a Índia britânica. Ali se sentiriam seguros, haveria lutas e pilhagens suficientes para satisfazer guerreiros que não temiam a morte.

Anos depois, os ingleses fizeram ao Khan uma proposta que provavelmente só alguns afegãos levariam a sério. O Forte Vermelho, em Délhi, estava nas mãos de rebeldes indianos. Se conseguisse transpor as fortificações e conquistar a cidade, Jan Fishan Khan receberia Délhi como prêmio.

Para o dispersador de almas era uma tentação irresistível. Jan Fishan prometeu tomar o forte de assalto, a qualquer preço. E conduziu seus homens até as formidáveis muralhas da fortaleza Mogul. Essas muralhas eram tidas como inexpugnáveis. No entanto, espichando o pescoço, o Khan encontrou uma pequena falha. Se um homem corajoso conseguisse escalar as muralhas até determinado ponto, a vitória seria certa. Essa honra Jan Fishan reservou para seu filho mais velho.

O garoto não estava nem na metade da escalada quando os defensores do forte o avistaram. Eles dispararam, e o Khan, impassível, viu o corpo de seu primogênito afundar na poeira. Jan Fishan abençoou seu segundo filho e lhe ordenou que subisse. Minutos depois, o corpo do menino se juntou ao do irmão. A história se repetiu durante todo esse dia sangrento: um a um, o Khan mandou seus seis filhos escalarem as muralhas. Um a um, enviou-os para a morte. Quando não lhe restava nenhum filho, o velho guerreiro fez suas orações, jogou a espada nas costas e deu início a sua escalada. Na sétima tentativa, Alá sorriu para nossa família e permitiu que Jan Fishan rompesse as defesas do forte.

Quando nos contava essa história, o que acontecia com freqüência, meu pai nunca expressava nada além da maior admiração pela conduta do Khan. Já meus irmãos e eu lutávamos com um misto de emoções. Nossa criação inglesa nos tornara compassivos. Não conseguíamos perdoar Jan Fishan Khan por ter mandado seus filhos na frente.

Acho que falhamos num teste crucial de *afghaniyat*. Nossos valores eram demasiado ocidentais. O Khan e seus filhos evidentemente viam a morte como apenas mais uma etapa de um processo. Cada um deles só morreria quando chegasse sua hora, e nenhum poderia ter sucesso sem a ajuda de Alá. Jan Fishan Khan arriscara sua honra na tomada do forte. Em nome dessa mesma honra já havia sacrificado sua boa reputação. Existem coisas mais importantes que a família, os bens materiais, a própria vida.

Como nós, as crianças — ou qualquer ocidental —, podíamos adivinhar, os ingleses não cumpriram sua promessa de entregar Délhi a um rude guerreiro afegão.

Jan Fishan Khan instalou-se com seu exército nas portas de Délhi, a cidade cuja poeira vermelha absorvera o sangue de seus filhos e a qual ele esperava governar. Não atacou, nem recuou. Simplesmente se recusou a arredar pé dali até que lhe dessem um reino.

Com isso causou um pequeno incidente político. As autoridades locais trocaram despachos furiosos por um breve período, até encontrar uma solução. Jan Fishan Khan tornou-se nababo de Sardhana, província do norte da Índia. Casou-se com uma jovem e teve mais uma porção de filhos varões, dos quais somos descendentes.

Herdei de meu pai uma lembrança que há anos me perturba. É algo que ele me contou quando eu era muito pequena e que ficou em minha cabeça — como na dele, acredito — tal qual um instantâneo vívido: isolado e inexplicável, colorido com a cor supersaturada das lembranças mais antigas.

Meu pai é um menininho de dois ou três anos. Está em nossa propriedade, na Índia, montado num elefante esplendidamente ajaezado. Atrás do animal, viçosos canaviais se estendem pela planície até onde a vista alcança. Vultos curvados — mirrados e deformados por gerações de subnutrição — cortam cana sob um sol intenso. O menino os observa e, pela primeira vez, se dá conta de que esses também são seres humanos. Seu avô está com ele no dorso do elefante. O velho lê os pensamentos do neto e responde a sua pergunta muda: "Sim, estamos oprimindo essa gente. E preste atenção: neste momento eles talvez pareçam fracos e indefesos, mas um dia vão se levantar e nos destruir completamente".

Eu pensava que se tratava de uma lembrança pessoal. Anos depois, no entanto, encontrei praticamente o mesmo comentário na obra de Sheikh Sa'adi de Shiraz, um dos grandes clássicos da poesia persa. E agora não sei mais se meu pai realmente esteve montado naquele elefante, contemplando aqueles canaviais sem fim. No entanto, por causa dessa imagem, nunca esquecerei as palavras de Sa'adi. Os mitos que gostamos de contar refletem a mensagem que desejamos preservar.

"Cuidado com o suspiro do coração ferido", diz Sa'adi. "O vapor que emana do coração dos oprimidos pode destruir um mundo."

Ano após ano plantamos cana-de-açúcar na propriedade que os ingleses nos deram em Sardhana. A lavoura canavieira suga a fertilidade do solo, mas ninguém parecia se preocupar com o fato de que a terra logo se tornaria improdutiva. Aquele país não era o nosso. Aquela gente não era a nossa. Os vorazes barões afegãos não abandonaram seus velhos hábitos.

Durante três gerações tivemos propriedades na Índia e no Afeganistão. Enquanto o mundo se organizava em nações, atravessávamos fronteiras. Somos nômades desde então.

Abril de 2001

O tempo finalmente alcançou minha família. Já não estou sozinha. Quatro milhões de refugiados afegãos tiveram de deixar suas casas em duas décadas. Uma geração inteira cresceu fora do Afeganistão. Essa gente nunca perdeu sua identidade afegã, porque nunca lhe ofereceram outra para substituí-la. A dura experiência lhe ensinou o valor de um mito.

Se você tem um mito, pode se orgulhar de suas origens. Não dá para se orgulhar de uma barraca de trapos no deserto que é um campo de refugiados no Paquistão. Se você tem um mito, pode manter a cabeça erguida quando os vizinhos mais humildes o chamam de afegão sujo e o acusam de querer lhes roubar o emprego. Se você tem um mito, pode recitar para eles os versos do grande poeta afegão Jalaluddin Rumi: "Um falcão real pousou entre corujas. Elas o enxotaram, furiosas. Ele replicou: 'Oh, suas tolas, pensam que pretendo usurpar seu lar, mas meu verdadeiro lugar é entre os pulsos de um rei!'".

Estou visitando um campo de refugiados afegãos no Paquistão com uma equipe de documentaristas dias antes de viajar clandestinamente para Cabul com a RAWA. Grandes fornos de tijolos despejam suas fumaças tóxicas no ar. Os refugiados chegaram primeiro. A perspectiva do trabalho escravo deu origem aos fornos. Agora quem entra aqui não consegue mais escapar; não há outra alternativa, senão respirar o ar malcheiroso e poluído.

Isso me lembra as palavras de Sheikh Sa'adi: "A princípio a instituição da tirania no mundo era insignificante. Todos contribuíram para aumentá-la, até que ela atingiu sua atual magnitude". Nos últimos vinte anos todos contribuíram para aumentar um pouco a tirania existente aqui, até que este lugar se tornou um inferno.

Todo mundo explora a miséria dessa gente — eu inclusive. Estou com uma equipe de câmeras, e paramos para falar com um menino que se ocupa em misturar água e terra para produzir argila. Ele despeja a massa nos moldes e os empilha para levar ao forno. Ele é muito criança para fazer um trabalho tão pesado. Seus ossos ainda são frágeis. Tanto levantar e carregar está encurvando-o, preparando o caminho para uma vida de inválido.

O garoto trabalha para sustentar a família: doze horas de labuta diária em troca de alguns centavos. Seus pais o consideram um fracasso. Enquanto ele moureja, seus irmãos mais novos podem freqüentar a escola e um dia, talvez, finalmente deixarão este inferno. Estou falando com um sacrifício humano ambulante.

O menino e sua família acabaram de chegar do Afeganistão. Antes que eu me dê conta, ele se põe a desfiar uma história comprida e enrolada sobre a chegada do Talibã a sua aldeia. Os homens se precipitaram para o parreiral onde avistaram a irmã de seu vizinho. Para se divertir, atiraram-lhe uma granada. O garoto viu as entranhas da infeliz saltarem para fora.

É evidente que essa criança testemunhou uma ou outra atrocidade. Mas os detalhes são incoerentes. O diretor lhe pede que repita a história. Na segunda vez o menino se esquece de mencionar as vísceras saltando para fora. O diretor precisa desse detalhe. Na terceira vez o garoto despeja a história de um jato — depressa demais. E por aí vai. Não agüento mais ouvir, porém sou covarde — não reclamo. Prometo a mim mesma que vou me segurar da próxima vez. Mas não me seguro, continuo perguntando.

Por fim o menino conta: "O Talibã estava no parreiral e atirou na moça. A mãe dela apareceu, chorando e gritando: 'Ah, minha filha — queira Alá que não esteja morta'. Ela lavou o corpo e o vestiu com as melhores roupas. O tempo todo ela rezou a Alá. Então a moça abriu os olhos: estava viva. A mãe dela a beijou muitas vezes. A moça se casou nesse dia, e houve uma grande festa".

Tenho lágrimas nos olhos quando o garoto termina, porque essa história me diz tudo que eu preciso saber sobre o poder do mito — e me diz que contribuí muito para aumentar seu fardo de tirania.

A uma pequena distância dessa vítima do Talibã fica a casa de um comandante local. Ele tem círculos pretos de *kohl** ao redor dos olhos dilatados e ri com uma empolgação feroz ao pensamento da batalha. Seu cabelo castanho é comprido, ondulado e surpreendentemente limpo, já que ele está de folga. Parece um insano anúncio de xampu.

O comandante tem 24 anos. Luta desde os onze. Seu meio de vida é a guerra no Afeganistão, mas sua casa é aqui, neste campo poeirento do Paquistão. Ele pertence à geração perdida do Afeganistão — a dos adultos que nunca conheceram a paz.

Este é o mês sagrado do Ramadã, e seus homens desceram das montanhas para descansar e distrair-se. Esse grupo específico da milícia de Alá zomba da lei islâmica fumando maconha no mês do jejum. Se seus homens não observam nem as restrições básicas do islamismo, por que lutam ao lado dos puristas do Talibã? O comandante dá de ombros: ele combatia o Talibã, quando estava nas tropas de Ahmad Shah Massoud. O Talibã lhe ofereceu armas mais novas, e ele mudou de lado. Isso não alterou nada. Eles o atacam na montanha seguinte. Sempre atacaram. Uns e outros sempre lhes forneceram dinheiro e armas para isso.

O comandante tem lembranças: fotos em que ele e seus homens posam com suas armas antes de um ataque. Todos sorriem, como se estivessem de férias. Mataram a família do comandante quando ele era criança. Agora esses homens são sua família. Ele aponta um menino de dez ou onze anos — mais ou

* Ou *kohol*: pó cosmético usado no Oriente e no norte da África para escurecer as pálpebras e as sobrancelhas. (N. T.)

menos a idade do pequeno oleiro que viu a vizinha alvejada no parreiral. Esse garoto está prestes a ingressar no grupo. Chegou a hora. No fim do Ramadã, ele irá para as montanhas com os homens e aprenderá a guerrear.

Olho em torno, para a sala vazia, tentando entender o que parece pura sandice. No canto há um enorme rádio portátil, com gravador e toca-fita. O comandante põe uma fita, e um barulho de artilharia pesada enche o ambiente. "Sempre gravo minhas batalhas", diz ele. "Assim, posso ouvir depois, para relaxar, e meu nome viverá para sempre."

Entre as explosões, são audíveis os gritos dos feridos. O comandante aponta o menino que logo estará participando dos combates. Essa é sua batalha favorita, porque foi nela que o pai do garoto se converteu em mártir. A fita lhe lembra que agora seu amigo está no Paraíso. Pergunto-lhe o que faria se houvesse paz. Ele se mostra confuso: a idéia de paz nunca lhe ocorreu. Se houvesse paz, todos ficariam desempregados.

É essa a cultura que me ensinaram a admirar? Os relatos de luta que eu adorava não seriam mais que descrições de atrocidades de outras épocas revestidas com a roupagem de vitórias históricas? Enquanto me defronto com essas perguntas incômodas, os homens passam o cachimbo de haxixe e escutam a música da batalha e sorriem ante a idéia de martírio.

Mais tarde, nesse mesmo dia, converso com um grupo de órfãos. O vapor que emana de seus corações mistura-se com a fumaça dos fornos.

"Tenho nove anos. Eu me escondi no forno de pão, quando os homens do Talibã apareceram. Eu os vi, mas eles não me viram. Eles disseram para meu pai: 'Passe o dinheiro, se não quiser morrer'. Meu pai respondeu: 'Eu sou um comerciante pobre, não tenho tanto dinheiro'. Então os homens atiraram nele. Eu escutei quando eles falaram: 'Vamos levar o relógio e o colete dele e vender para conseguir uns cobres'. Nossas botas estavam no corredor, e eles conversaram entre si, dizendo: 'A gente pode arrumar uns trocados com isso também...'"

"Tenho cinco anos. Meu nome é Shams. Meu pai estava pastoreando as ovelhas, e o Talibã chegou, e ele dormiu. O Talibã o matou porque ele era hazará*..."

"Eu dei de encontro com uns homens do Talibã. Eles não gostaram de meu cabelo — disseram que era ocidental demais. Eles tinham cachorros e me perseguiram. Eu corri até a casa de meu tio, e ele pegou a arma e atirou nos cachorros. Então os homens do Talibã ficaram bravos e atiraram em meu tio..."

"Minha amiga e eu estávamos caminhando. Os homens do Talibã falaram para ela: 'Você está de sapato branco, e branco é a cor de nossa bandeira. Isso quer dizer que você insultou nossa bandeira'. E bateram nela..."

Uma vez o Profeta prometeu que as preces de três tipos de pessoas seriam atendidas: as do pai (ou da mãe), as do viajante e as do oprimido.

O ar está carregado de opressão. Eu penso: quem ensinará essas crianças a rezar? A rezar pelo quê? Que vingança elas haverão de buscar, quando crescerem? Um dia este lugar vai explodir. De um modo ou de outro, vai explodir.

* Etnia de guerreiros e pastores seminômades. (N. T.)

3.

Quando olho para Maryam, minha guia em Cabul, vejo a mim mesma, adolescente. Ela é instruída e cosmopolita e, como eu, nasceu e se criou fora do Afeganistão.

Como eu em sua idade, Maryam ama tanto o mito de sua pátria que precisa certificar-se de que o Afeganistão real está à altura de ideais impossíveis. Ela também quer provar que está à altura do mito. Por isso entrou para uma organização clandestina, a Associação Revolucionária das Mulheres do Afeganistão. A RAWA a tirou da segurança de seu campo de refugiados no Paquistão para fazê-la trabalhar clandestinamente na Cabul do Talibã. Maryam anseia por arriscar tudo pela causa. "Quero ser testada", afirma. "Estou pronta para o martírio." Inconscientemente ela está expressando os sentimentos de seus inimigos declarados, aqueles outros afegãos adolescentes e idealistas: os radicais islâmicos.

Sua bravura é humilhante. Nos últimos quatro meses essa garota tímida e bem-criada tem andado com uma câmera de vídeo escondida na burca para registrar a vida na cidade ocupada.

Agora que estamos juntas, vamos tentar concretizar nosso projeto mais ambicioso: filmar secretamente o interior de hospitais femininos controlados pelo Talibã. Procuramos convencer um médico amigo a nos deixar entrar. Não tivemos sorte. Todo mundo está apavorado. Só nos resta passar pelo posto de controle do Talibã, na entrada, e dizer que vamos visitar uma paciente.

Levo a câmera numa sacola. A lente brilha como uma pedra preciosa, como um olho ardente. Os guardas do Talibã a fitam acusadoramente. Deixo meus sentimentos de culpa diminuírem e desaparecerem como o pontinho preto que fica na televisão quando é desligada. Os guardas não vão encontrar nada de suspeito em mim. Estou pensando: eu passo.

As enfermarias sao imundas. A maioria das médicas fugiu, e o Talibã não permite que médicos tratem das pacientes. As enfermas não recebem nenhum remédio e contam com pouca assistência. Se os parentes não lhes levam comida diariamente, elas morrem de fome.

Na ala exclusivamente feminina, temos de tirar a burca. Ficamos expostas. Disseram-nos que por toda parte há espiões do Talibã. Eu filmo, e Maryam fala. Um desastre completo. Ela transpira culpa. Sua voz é um balbucio estridente. Corremos nervosamente pelas enfermarias. Não há tempo para tomadas longas.

Pouco a pouco percebo que, com o passar dos anos, adquiri uma habilidade na qual nunca pensei e que com certeza nunca verbalizei. Levo Maryam para uma parte escura do corredor e em três minutos ensino-lhe tudo que aprendi na vida sobre invisibilidade. Como a gente se contrai, encolhe até os pensamentos para transformá-los numa manchinha e depois procura um lugar além daquele onde se encontra no momento e lá desaparece. E existe outro método: a gente pode sumir apresentando-se como outra pessoa e sendo tão ousada que ninguém desconfia que há algo errado.

Adotamos o segundo método. Paramos em cada cama para conversar. Exageramos. Comentamos a ausência de nossa parenta fictícia: é bem do jeito dela não contar que tinha recebido alta! Vejam as frutas que trouxemos para ela — vocês não querem? Alá recompensa os generosos! Irradiamos segurança; temos todo o direito de estar aqui. A segurança vem de dentro. Insistimos que nos aceitem em nossos próprios termos. A possibilidade de nos pegarem não existe em nosso universo.

Maryam é sensacional. Aprendeu rápido. Fico contente, porque sei que lhe ensinei uma coisa que ela poderá usar pelo resto da vida. Afinal, foi a condição de mulher no Oriente que me mostrou as vantagens da invisibilidade.

Embaixo da burca é fácil me deslocar por Cabul. As ruas estão cheias de fantasmas: os vultos das mulheres em suas mortalhas azuis. Só as mãos estendidas são visíveis. Elas não podem trabalhar para ganhar o sustento, mas, ironicamente, podem mendigar.

Chego a uma rua onde estão vendendo sobras de pão bolorento para alimentação animal. Uma mulher examina uma amostra na palma da mão, atentamente. E escolhe as sobras menos mofadas. Feita a compra, ela nos convida, a mim e a minha guia da RAWA, a visitar sua casa. Caminhando atrás dela, imagino-a jovem e frágil — suas mãos são longas e seu jeito de andar é gracioso. No entanto, quando ela tira o véu, constato que me enganei. Ela não tem nada de bonito. É velha, macilenta, resignada. Mora embaixo de uma lona estendida entre duas paredes em ruínas. A chuva tamborila em seus sete filhos de olhos grandes, no colchão ensopado de urina, e em nós.

Ela sopra o grosso do bolor e se põe a esmigalhar o pão. As crianças observam, apinhadas no canto mais seco. Não se interessam por minha câmera de vídeo: o movimento rítmico da mãe socando o pão as fascina.

A mulher fala, enquanto trabalha. Sua voz é uma lamúria monótona, quase entediada. Um discurso de pedinte. O marido está doente e não pode trabalhar para sustentar a família. Ela era faxineira no hospital, mas o Talibã demitiu as faxineiras. Agora ela tem de mendigar. Não ganha o bastante. E pôs a filha mais velha para esmolar também. A menina tem dez anos. Pela primeira vez em nossa conversa, há emoção em sua voz: "Imaginem como uma mãe se sente, ao pedir à própria filha que mendigue".

Quando se mexe nos alicerces de uma sociedade, toda a estrutura desmorona. As mulheres são os tijolos na base do edifício. Não surpreende que a cidade tenha se reduzido a um monte de entulho.

Ao vir para Cabul, estou seguindo o rastro de Bobo, minha avó escocesa. Quando tinha dezesseis anos, ela se apaixonou perdidamente pelo Oriente. Numa recepção da Universidade de Edimburgo, conheceu um jovem estudante de medicina. Era o sirdar* Ikbal Ali Shah, filho de um líder afegão. Quando ela lhe ofereceu um prato de bolo, essa figura incrivelmente glamorosa fuzilou-a com um olhar altivo e declarou: "Nós, homens das montanhas, não ligamos para pão doce!". Bobo ficou encantada. Sendo também montanhesa, falou-lhe das Terras Altas e dos vales da Escócia. Antes de completar dezessete anos, fugiu com ele.

O pai de Bobo nunca mais lhe dirigiu a palavra. O pai do sirdar enviou um telegrama, perguntando se ela estava disposta a abraçar o islamismo e se, em caso de necessidade, seria capaz de defender uma fortaleza. Informado de que a resposta a ambas as perguntas era afirmativa, o velho abençoou o casal.

* Chefe militar no Afeganistão, na Índia e no Paquistão. (N. T.)

Felizmente para minha avó, seus amigos se enganaram ao predizer que ela ficaria trancada no harém de um xeque árabe. Eu tenho seu livro de memórias, e, mais de meio século depois, a Cabul que ela descreve tem o mesmo sabor de novidade e o mesmo encanto do primeiro amor.

Em Paghman, lá no alto da montanha, "os jardins se enchiam de flores no verão, fazendo de cada casa um pequeno paraíso. Não havia muros circundandos-os, e os transeuntes se deparavam com uma exposição de flores em cada jardim".

Cabul era uma cidade em franca expansão, com uma construção ininterrupta de elegantes casarões. Na primavera, "os jardins despertavam de repente, e, como num passe de mágica, rosas de todo tipo e de toda cor debruçavam-se sobre a rua". Os trabalhadores que passavam nunca estavam tão ocupados que não pudessem colher uma flor, que geralmente colocavam atrás da orelha. Tulipas de pétalas finas como lenço de papel e uma flor lilás, deliciosamente perfumada, eram vendidas nos bazares por cerca de três *afghanis* — seis pence — o maço.

Antes da Segunda Guerra Mundial o Afeganistão viveu uma onda de modernização. Os Estados Unidos e a União Soviética o cortejavam e tentavam ganhá-lo com uma generosa ajuda financeira e tecnológica. Os jornais, empolgados, falavam em planos qüinqüenais, industrialização, exportação de caracul e abricó, emancipação feminina. Mas Bobo não estava interessada em tais vulgaridades. Uma roseira branca convertia seu jardim num reino encantado. "Por toda parte havia íris brancas e coloridas, e Cabul certamente poderia ser chamada de terra das rosas. Malvas-rosa, capuchinhas, ervilhas-de-cheiro e a maioria das flores conhecidas na Europa vicejavam em abundância."

O clima ameno de Cabul lhe fazia bem e não diferia muito do existente em sua Edimburgo natal. Uma amiga escocesa pediu-lhe sementes de flores típicas de Cabul. "Ela ficou desapontada com a profusão de capuchinhas e com umas malvas-rosa que pareciam incrivelmente inglesas."

Bobo morreu antes de eu nascer, mas sempre tive a impressão de conhecê-la pessoalmente. Ela parece íntima: uma velha amiga que deixei de lado, e minha negligência toldou-lhe os traços. Num dia ensolarado, encontrei meu nome completo — Saira Elizabeth Luiza Shah — inscrito numa lápide coberta de musgo. Ninguém jamais mencionou o nome escocês de minha avó, e meus pais se esqueceram de me contar que somos homônimas.

Agora estou procurando os casarões que Bobo descreveu. Mas todos os destroços são iguais. Não há flores em Cabul. Metade dos edifícios da capital foi destruída, e muita gente vive entre as ruínas. A cidade parou de funcionar; até o sistema de esgoto entrou em colapso. Fezes humanas se amontoam nas poças das ruas.

As delicadas cortinas de filó da casa onde estou alojada têm de permanecer fechadas, pois pode haver informantes na vizinhança. A família que me hospeda está presa aqui há anos. A mãe, Halima, parece o que de fato é: ouro puro escondido numa ruína — honesta, sensata e alegre. Os olhos saltados no rosto franco se devem a uma deficiência da tireóide. O marido de Halima é bem mais velho, ou a guerra o envelheceu. As crianças carregam os pratos na escuridão. Anoitece, e não há luz.

Todo tipo de iguaria acompanha o *pilau*: rabanete, queijo e até carne e verduras. É quase impossível encontrar esses produtos em Cabul. A família está sentada diante de mim, formalmente enfileirada. Parece uma mesa-redonda, só que ninguém diz nada. Na penumbra, percebo pouco a pouco que eles apenas fingem comer.

Sua furtiva generosidade me dá um nó na garganta. Cada bocado de alimento é um sofrimento para mim. Mas Halima se aflige se eu não como: "Não está gostando? Podemos arrumar outra coisa. Pegue um pouco mais de carne, para ficar forte".

Com o ar de quem inicia uma conversa importante, o marido de Halima pergunta: "O que os ocidentais comuns estão dizendo de nós?".

Nessa época, primavera de 2001, os ocidentais não estão dizendo nada do Afeganistão. Mal ouviram falar de Cabul. Alguns dias antes de eu vir para cá, um velho amigo me pediu que não tocasse mais nesse assunto e acrescentou: "Não vejo motivo para nos preocuparmos". Agora, sentada aqui, na penumbra — sentindo, mais que vendo, os rostos expectantes dessa família —, não consigo lhes contar nada disso. E opto pela saída do covarde. Cito versos do poeta Sa'adi de Shiraz:

Os povos do mundo são membros de um só corpo,
partilhando a mesma essência.
Quando se oprime um único membro,
todos sofrem.

Para meus anfitriões esse conceito é tão familiar quanto evidente. Eles esperam que eu discorra sobre isso, pois já imaginam que os ocidentais vêem a opressão, em qualquer lugar do mundo, como um problema de todos. Mas eles se enganam: foram abandonados. Sentados aqui, no escuro, estão sozinhos. Não posso continuar mentindo, nem mesmo para lhes dar esperanças.

Para romper o silêncio, e talvez para me poupar o peso do constrangimento, o marido de Halima reúne os filhos a seu redor, como meu pai fazia. E anuncia que, já que eu gosto de Sheikh Sa'adi, vai nos contar uma história extraída do *Gulistan*, a obra-prima do poeta.

Um rei padecia de uma terrível enfermidade. Os médicos disseram que só o sangue de uma criança com determinadas qualidades lhe salvaria a vida. Empreendeu-se uma busca e encontrou-se um pequeno camponês com os devidos atributos. Os pais do menino receberam ricos presentes e concordaram em entregá-lo. O juiz declarou que era lícito matar um súdito para salvar a vida de um rei.

Quando o carrasco ergueu o machado, o garoto olhou para o céu e sorriu. O rei lhe perguntou: "Que motivo tem você para rir?".

O menino respondeu: "As crianças precisam dos pais para estar seguras, e o povo espera misericórdia dos juízes e justiça dos reis. Ora, meus pais me venderam, o juiz me condenou, e o sultão espera que minha morte seja sua cura. Não tenho quem me proteja, a não ser Deus, o Altíssimo".

A essas palavras, o rei preferiu morrer a derramar o sangue do menino. Na mesma semana curou-se.

A história é batida e confortadora. Como todo afegão, fui criada no *Gulistan*. Por fim encontramos uma experiência comum, um termo de ligação. Passamos a falar sobre um poeta do século XIII como se falássemos de um amigo, divertindo-nos com reminiscências seculares.

Agora que quebramos o gelo, Halima me conta o que aconteceu em 1992, quando soube que os comunistas tinham sido derrotados e os guerrilheiros muçulmanos, os *mujahidin*, tomaram Cabul. "Graças a Deus", ela pensou então. "Salvaram o Afeganistão. Acabou. Este sofrimento chegou ao fim."

Mas os novos governantes só queriam poder e dinheiro. Saquearam a cidade. Não eram guerreiros santos, eram apenas bandidos. Pegavam moças e rapazes nas ruas e os violentavam e jogavam os corpos nos poços. Ninguém se atrevia a sair de casa.

Mas eles entravam nas casas também e levavam o que bem entendessem.

Foi uma carnificina, um caos. Chefes rivais disparavam de uma rua a outra, disputando território, como gângsteres. Halima não sabe como descrever a situação. Ninguém os detinha. Não havia governo. A política dos líderes dos *mujahidin* era lutar entre si. Então o primeiro-ministro se pôs a bombardear a própria capital. Imagine! Onde mais poderia acontecer semelhante coisa? Durante meses choveram bombas, muitas vezes por dia. Nenhuma família escapou. Todas perderam entes queridos. E o Ocidente nada fez. Ficou sentado, vendo os homens que tinha apoiado destruírem o país.

Certo dia uma bomba caiu ali perto. Houve uma explosão, e o teto desabou em cima deles. A filha mais velha se jogou no chão. E ali ficou, soterrada, apavorada. Eles a tiraram dos escombros, mas a mãe acha que uma pedra a atingiu, pois desde então a moça não fala nem ouve.

Agora Halima está chorando. Tenho de saber por que me conta tudo isso. Ela precisa encontrar um médico estrangeiro para ajudar a filha, que, sentada a seu lado, no sofá esfrangalhado, mudamente lhe toca a mão. É uma linda jovem. Com dezoito anos, tem o tipo de graça que transcende a guerra, a pobreza, a cultura, o idioma.

"Olhe para ela", Halima soluça, segurando a mão da filha. "É uma menina inteligente. Aprendeu a ler lábios sozinha. Borda maravilhosamente. Mas o que vai ser dela? Agora ninguém há de se casar com ela, ninguém."

Às três da madrugada, acordo com um barulho de máquina. Pulo da cama, porque nunca, neste país, escutei qualquer ruído mecânico que não estivesse relacionado com guerra. A família inteira está sentada diante de velhas máquinas de costura elétricas. A eletricidade é esporádica: quando vem, precisam aproveitar. Eles se envergonham de ganhar a vida costurando. O pai é engenheiro. Mas no Afeganistão não interessa reconstruir, só destruir.

Durante a Segunda Guerra Mundial, o Afeganistão viveu um raro período de paz. Como a velhinha tão teimosa que chegou a boiar contra a corrente, o país se manteve neutro, enquanto o resto do mundo se incendiava.

Meus avós estavam na Escócia, visitando os amigos de Bobo, quando se iniciou o conflito, e ficou difícil voltar para o Afeganistão. Os civis não tinham permissão para viajar.

A família decidiu esperar até cessarem as hostilidades. Meu avô se enfurecia com as restrições vigentes na Grã-Bretanha em guerra. Havia regras estritas no sentido de preparar a população civil para os ataques aéreos; todos, sem exceção, eram obrigados a ter extintor em casa para apagar o fogo provocado por bombas incendiárias.

Um guarda pediu para ver o extintor de meu avô. Sendo cidadão de um país neutro, o sirdar não providenciara esse artefato. "Sem extintor de incêndio, como é que o senhor vai fazer, se sua casa pegar fogo?", o policial perguntou.

Meu avô raramente perdia a calma. Nessa ocasião ele olhou para o guarda e falou, em seu inglês preciso: "Senhor, informo-lhe que Alá é meu extintor de incêndio".

Durante a guerra meu avô recebeu a notícia de que seu pai havia falecido. Como herdeiro, ele precisava voltar ao Afeganistão para reclamar sua propriedade em Paghman. Mas agora estava com pés e mãos atados. Na Grã-Bretanha em guerra os estrangeiros geralmente eram vistos como espiões. Por mais que tentasse, o sirdar não conseguiu fugir da burocracia necessária para visitar um país que, acreditavam os britânicos, poderia aliar-se à Alemanha a qualquer momento.

Sucederam-se mensagens aflitas, procedentes de Paghman, informando que nossas terras estavam prestes a ser apropriadas pela coroa afegã, ou a ser loteadas, ou a cair nas mãos de parentes rivais. A injunção era sempre a mesma: o sirdar devia retornar imediatamente. Mas ele não podia retornar.

Meses ou anos depois, quando meu avô finalmente conseguiu voltar a Paghman, era tarde demais. Nossas terras tinham sido divididas e usurpadas. Até hoje não sei ao certo por quem: o nome do usurpador não era suficientemente importante para incluir-se no mito. A propriedade na Índia, que a essa altura tinha ido à bancarrota, também nos foi tirada.

Meu avô perdeu todos os seus bens materiais, porém não seu senso de humor. Pouco depois que a extensão dessas desventuras se tornou clara, ele repreendeu meu pai por deixar os sapatos largados pela casa. Meu pai replicou que tinha adquirido esse hábito com o próprio sirdar.

"Posso largar meus sapatos onde bem entender, porque *eu* sou filho de nababo", meu avô rebateu. "*Você*, no entanto, é filho de professor!"

Durante muitos anos esse bisneto de um *shah-saz*, um fazedor de reis, viajou pelo mundo. Seus bolsos com freqüência estavam vazios, mas o sangue do Profeta era seu passaporte para as cortes do Oriente Médio. Até o fim de seus dias, quando lhe perguntavam se ia passar as férias no exterior, ele respondia: "Eu *estou* no exterior".

Os pushtuns* que compunham sua fiel comitiva nunca abandonaram a pirataria. Uma vez, durante uma visita a um marajá, esses montanheses não conseguiram comer os pratos apimentados do anfitrião. O cozinheiro do sirdar improvisou um *pilau* de

* Ou patanes, etnia que fala pushtu, um dos idiomas oficiais do Afeganistão, e corresponde a 38% da população. (N. T.)

peixe. Os afegãos saíram correndo ao ouvir a notícia de que a falecida avó do marajá, que havia reencarnado numa carpa, desaparecera de seu tanque ornamental, nos jardins do palácio.

É o que diz a lenda. Quem conta um conto, aumenta um ponto, reza o ditado. Quando criança, eu amava todas as aventuras de meu avô e acreditava nelas tão piamente quanto no céu e nas estrelas. Ao crescer, porém, comecei a ter de afastar dúvidas incômodas. Era como puxar um fio do tecido de meu mundo. Eu era ocidental demais para aceitar lendas sem questionar. Se as histórias do sirdar eram inventadas ou exageradas, eu tampouco podia confiar no mito maior que era o Afeganistão.

Meu avô nunca se preocupou com exatidão: muçulmano fervoroso, sabia separar o joio do trigo, no tocante à religião. Quando partia em peregrinação, seus parentes lhe pediam quantidades absurdas da água da fonte sagrada de Zemzem,* próximo à Caaba, em Meca. Ao voltar, ele contentava a todos misturando a água autêntica com nove partes de água da torneira. "A essência sagrada de Zemzem santificará a água da torneira", explicava.

De tempos em tempos ele se dispunha a conceder a mão de sua filha Amina a quem lhe parecesse digno de tal honra. Às vezes ela entrava no trato como parte de um plano grandioso que o sirdar estava concebendo no melhor estilo afegão: reconduzir um monarca ao trono, por exemplo, ou dar início a um movimento pan-islâmico. Invariavelmente essas incursões no terreno poluído dos assuntos mundanos terminavam em desastre. Então ele voltava para o ar mais puro da filosofia e das letras.

Meu avô nunca conseguiu encontrar um marido para minha tia Amina, embora tivesse tentado desde que ela era adoles-

* Fonte que brotou miraculosamente no deserto para saciar a sede de Agar e seu filho Ismael, que, conforme Gênesis 21, 8-19, tinham sido expulsos por Abraão. (N. T.)

cente até que se tornou uma solteirona de meia-idade. A essa altura da vida ela criara para si mesma uma couraça de excentricidade tão formidável que o sirdar teve de admitir que nada mais podia fazer.

Às vezes, em suas andanças, meu avô encontrava ecos de seu perdido Afeganistão: nos clãs das Terras Altas da amada Escócia de sua esposa, ou no Velho Oeste americano. Ele escreveu mais de setenta livros. A meu ver, o título de um deles, *A oeste de Meca*, indica que, onde quer que estivesse seu corpo físico, seu espírito permanecia em Paghman, seu berço ancestral.

Quando sua mulher — minha avó Bobo — morreu, ele pôs fim às andanças e se estabeleceu no Marrocos. Não suportava visitar nenhum dos países onde havia morado com ela. Depois de sua morte, encontrei o diário que ele escreveu em seu último ano de vida. E constatei que ele registrou dia após dia, meticulosamente. No começo não consegui entender o que havia de tão curioso nesse diário. Depois percebi. Ele estava contente — era um velho, esperando tranqüilamente que Alá o chamasse. Raramente tinha dinheiro e, se arrumava algum, dava-o ou comprava presentes para os outros. Já estava com o pensamento voltado para a etapa seguinte da viagem.

Lembro-me de um velho bondoso, que me contava histórias, histórias maravilhosas que me puxam as franjas da memória, como sonhos esquecidos. Não sei se foi ele quem me contou esta história, ou se foi outra pessoa, mas sempre a associo com meu avô.

Era uma vez um homem de grande sabedoria que tinha um aprendiz tolo. Depois de algum tempo, o garoto achou que tudo que tinha aprendido era que ao cabo de alguns séculos haveria uma idade do ouro. Obcecado com essa idéia, ele suplicou ao mestre que o fizesse dormir por setecentos anos. Quando acordou, estava deitado nas ruínas de magníficos palácios e esplêndidos jardins. Na velha cabana do mestre estava sentado o ta-ta-tataraneto do sábio, que, a essa altura, também era muito idoso. E ele disse: "Que pena, meu filho, você perdeu a idade do ouro porque acordou com trezentos anos de atraso".

Meu avô não teve de esperar muito pelo Chamado. Morreu quando eu tinha seis anos. Foi enterrado ao lado de sua amada Bobo. Em seu túmulo há apenas seu nome e o aposto "Al Mutawakkil" — o que se resigna à vontade do Todo-Poderoso. De nação, de identidade, de terras, de sangue, de feitos — mesmo de honra — não há menção.

Depois de apenas cinco dias chegou a hora de deixar Cabul. Não me atrevo a ficar: a cidade está cheia de informantes; ser denunciada é só uma questão de tempo.

Eu gostaria que, como aconteceu com meu avô, minha identidade fosse tão transparente para mim que pudesse me dar ao luxo de ignorá-la. Mas preciso saber o que é fato e o que é conto de fada mais do que preciso do conforto do mito. Só a verdade pode responder às perguntas que, durante anos, não ousei fazer nem a meu próprio coração. O Afeganistão de nossos mitos existe realmente? Ainda somos afegãos? E, se não sou afegã, o que é que eu sou?

Falta visitar um lugar. Ao subir a encosta íngreme que me conduz ao planalto de Paghman, sinto medo. Se os jardins mágicos que meu pai me descreveu nunca existiram, uma parte de mim também é uma mentira.

Estou num planalto desolado. Não há canto de pássaros. As árvores frutíferas foram cortadas e viraram lenha. Os canais de irrigação foram bombardeados, e o solo, outrora fértil, está seco. A vida inteira guardei uma imagem deste lugar no coração. A vida inteira desejei estar aqui mais que em qualquer outro local.

O terreno está semeado de minas e juncado com os destroços de seu antigo esplendor: os ladrilhos do mosaico azul, os cursos d'água interrompidos, as fontes secas. Ao menos esse mito era verdadeiro: com os olhos da mente posso reconstruir o que deve ter sido um jardim mágico.

Sa'adi uma vez contemplou um jardim florido como esse. Com sua visão de poeta percebeu que a beleza morreria. "A rosa do jardim não tem continuidade", disse. "Não te prendas ao que não perdura." Sa'adi resolveu criar um jardim que o tempo não conseguisse destruir. Criou seu jardim de rosas — sua grande obra, o *Gulistan* — com histórias. Esse jardim sobrevive há oitocentos anos. "As rosas vivem apenas alguns dias", ele escreveu. "Meu Jardim de Rosas nunca morrerá."

Acima de mim, estão as montanhas, imutáveis e eternas. Lá embaixo, no vale, uma cidade de torres e minaretes reluz ao sol do fim de tarde. Cabul Jan resplandece como uma jóia a meus pés. Agora eu sei que sua beleza é uma ilusão: vista de perto, a cidade está em ruínas, destroçada como este jardim. Perdi a idade do ouro. Cheguei tarde demais.

Esperei mais de vinte anos por esta viagem. Enquanto me preparava para realizá-la, o lugar que inspirou o mito foi destruído. Mas só por causa do mito — o mapa de histórias que minha família desenhou para mim anos atrás — eu consigo reconhecer a beleza destas ruínas.

LIVRO 2
O mapa de histórias

Nas profundezas do mar há riquezas sem par.
Mas segurança, se a buscas, na praia está.
"O Jardim de Rosas", do *Gulistan*,
Sheikh Sa'adi de Shiraz

4. Proposta de casamento

Se uma donzela turca de Shiraz pegasse na mão meu coração,
Pela pintinha de sua face eu daria Bukhara ou Samarcanda.
Hafiz de Shiraz

Eu tinha dezessete anos quando conheci minha família extensa. Para mim, foi a primeira prova de que minha herança não era apenas uma quimera, uma história que meu pai inventara para enfrentar a terrível solidão do eterno estrangeiro. Pela primeira vez na vida eu era *nufus-dar*, termo afegão que significa literalmente "que tem sua gente", mas que transmite uma sensação de segurança e inclusão. Eu havia encontrado minha tribo.

"Se não estivesse casando meu filho com outra moça", disse meu tio Mirza, tomando um punhado de *pan*, folha de bétele, "eu o daria para você." Ele suspirou e franziu ligeiramente a boca e a testa, como se lamentasse a impotência do indivíduo ante poderes mais altos.

"Que pena. Já está tudo acertado com a família da noiva. Seria um escândalo. Não, é tarde demais... Zulfikar precisa casar com ela, e ela nem mesmo é nossa parenta." O velho fez uma pausa, e seus olhos cinzentos adquiriram uma expressão de extrema doçura, sob o efeito do bétele, que é um estimulante suave. "E sabe por que eu daria meu filho para você, e não para aquela moça, apesar de a família dela ser rica?"

"Não, titio", respondi, respeitosamente.

Ele endireitou ainda mais as costas, já retas como uma tábua. Sua *chapan* verde, a esplêndida túnica de seda afegã, e seu destoante chapéu inglês contribuíam para aumentar-lhe a imensa dignidade. "Porque você é da família", ele disse. "*Az khude ma hasten.* Você é uma de nós."

Meu irmão Tahir, minha irmã Safia, minha velha tia Amina e eu estávamos ali para assistir ao casamento do filho de tio Mirza. Ao ver duas moças solteiras na companhia de uma senhora, ele evidentemente concluiu que nosso objetivo era arranjar marido.

Eu estava pasma com meu desejo visceral de pertencer a esse mundo. Nunca pensei que tivesse tanta fome de algo. Agora eu descobria que, como uma princesa num conto de fadas, tinha sido separada de minhas origens. Esse era o ponto da história em que, simplesmente transpondo uma porta mágica, eu poderia recuperar meus jardins e meus palácios. Se deixasse meu tio arrumar-me um casamento, eu faria parte desse mundo.

Tio Mirza prosseguiu: "Aos olhos de Alá, o casamento mais sagrado é entre primos-irmãos. Ora, você é prima de Zulfikar em segundo ou terceiro grau; portanto, esse seria o segundo ou terceiro casamento mais sagrado. Mas não se preocupe, você tem muitos outros primos. Só quando não há nenhum primo disponível é que se deve cogitar um casamento fora da família. É por isso que o sangue do Profeta — a paz esteja com ele — corre puro em nossas veias. Esse sangue é um bem sagrado".

Esse foi o primeiro indício de que havia diferenças sutis entre o ramo familiar de meu tio e o meu. Eu nunca tinha ouvido falar em casar dentro da família para manter o sangue puro. Se é isso que Alá prefere, meu avô e meu pai se arriscaram a atrair a cólera divina, casando-se com mulheres que não só não pertenciam a suas famílias como eram de outras comunidades.

"Preciso terminar os estudos antes de pensar em casamento, titio", desconversei.

Tio Mirza sorriu, com ar de aprovação. "Claro", disse, cuspindo o suco vermelho-sangue do bétele na escarradeira de aço inoxidável que mantinha junto ao cotovelo. "Com estudo, você vai fazer um casamento muito melhor. Mas não é por isso que vai deixar de pensar no assunto desde já."

A casa de tio Mirza era o ponto mais próximo do Afeganistão em que eu havia estado até o momento, porém ainda não era o Afeganistão. Esse ramo de minha família vivia em Peshawar, na Província da Fronteira Noroeste, no Paquistão. Contudo, como a maioria dos afegãos, víamos a fronteira como um detalhe técnico imposto pelos britânicos para dividir o território das tribos livres locais. Para nós, Peshawar devia ser uma cidade afegã.

Fiel a sua reputação de cidade fronteiriça, Peshawar era um lugar violento e heterogêneo, cujos habitantes andavam armados até os dentes e onde qualquer coisa podia acontecer a qualquer momento. Apenas 48 quilômetros a separam do Afeganistão, onde, em 1979, os tanques do Exército Vermelho ajudaram a instalar um governante fantoche que os soviéticos consideravam mais maleável que o ditador comunista anterior. No conflito que se seguiu, 1 milhão de afegãos perderam a vida. A maioria dos mortos — correspondentes a 5% da população — eram civis. Cinco milhões deixaram suas casas.

Agora a população de Peshawar — composta, na maior parte, de pushtuns ingovernáveis que se espalham pela fronteira com o Afeganistão — cresceu com a chegada de refugiados afegãos de diferentes grupos étnicos. Pushtuns imensos circulavam de um lado para o outro, a manta jogada nos ombros, as montanhas refletidas nos olhos cinzentos. Hazarás, xiitas asiáticos do Afeganistão central, apregoavam suas mercadorias. Uzbeques e turcomanos de faces rosadas se embasbacavam com essa cidadezinha insignificante que era, para eles, um centro de civilização.

Junto aos limites da cidade ergue-se a formidável cordilheira do Hindu Kush. De quando em quando a fumaça densa de Peshawar se dissipava por alguns momentos e a desvelava: misteriosa, bela e dura. A estrada que partia de Peshawar serpenteava pela legendária Passagem de Khyber, a porta de entrada do Afeganistão. As montanhas me acenavam com um país proibido, e eu ansiava por transpô-las.

Fiquei pouco tempo em Peshawar, porém foi o bastante para eu saber que adorava tio Mirza. Ele era um velho bondoso, que fizera uma brilhante carreira militar; um afegão que — estando no lado errado da fronteira artificial — teve de servir no exército imperial britânico durante a Segunda Guerra Mundial.

A desgraça de sua vida foi sua mulher — produto, eu queria lembrar-lhe, de um casamento arranjado por seus pais. Possivelmente para dirigir meus pensamentos para o matrimônio, ele me contou a história de seu namoro.

"Quando eu era um jovem tenente, o casamento era arranjado. Claro que, naquela época, o noivo estava terminantemente proibido de ver a noiva antes da cerimônia nupcial. Mas eu não podia me comprometer a passar o resto da vida com uma mulher que nunca tinha visto, nem sequer de relance. Assim, uma noite, esgueirei-me com outro oficial até a porta do quarto dela para espiá-la pelo buraco da fechadura. No último instante não tive coragem. E pedi a meu amigo: 'Olhe por mim e me diga se ela é aceitável'. Ele espiou e falou: 'Ela é aceitável; você pode ir em frente'."

Na casa de tio Mirza, como na maioria das casas muçulmanas tradicionais, tia Soraya era o chefe inconteste, que controlava a vida da família nos mínimos detalhes. Como muitas mulheres inteligentes, mas socialmente frustradas, ela era muito religiosa, embora sua devoção ao islã — religião cujo nome significa submissão à vontade de Alá — não a livrasse de ataques de fúria que chegavam às raias da insanidade. Muitas vezes era difícil saber onde cessavam as preces e tinham início os vitupérios.

"Que Alá seja testemunha! Você andou jogando dinheiro fora de novo", ela gritava, quando meu tio fazia suas doações aos *mujahidin* afegãos ou saía num dia quente para ajudar os refugiados. "Como é que nós vamos viver? Você devia cuidar de sua família em primeiro lugar. Você se diz muçulmano? Nem fez a oração vespertina! Deus me defenda de você — você não é melhor que um infiel!"

Uma vez, num acesso de raiva, ela vendeu a horta de tio Mirza para um construtor. Aqui e ali ele se lembrava dessa devastação, e seus olhos se enchiam de tristeza. "Minha linda horta. Ela a vendeu. Melões maravilhosos. Belos pepinos. Não sobrou nada." E suspirava, e se punha a mascar mais um punhado de bétele.

No dia em que me revelou suas ambições matrimoniais, tio Mirza me fez sentar a sua direita para almoçar. Tal demonstração de favoritismo lhe permitia passar seus petiscos prediletos diretamente de seu prato para o meu. O que de modo algum constituía puro prazer. Muitas vezes ele generosamente tirava uma iguaria da própria boca, já meio mastigada, e a enfiava na minha com todo o carinho: um hábito afegão com o qual tenho tentado conviver desde então. Era seu jeito de me dizer que eu era querida e fazia parte da família.

Até esse momento eu não conhecera ninguém parecido com minha família nuclear — e, de repente, ali estavam, em nossa tribo extensa, dezenas de pessoas idênticas a nós. Foi como encontrar a parte que faltava num quebra-cabeça; compreendi de repente muitas excentricidades e muitos costumes que até então considerava meras esquisitices de meus pais. O lado oriental de meu cérebro percebeu que, num casamento arranjado, eu não me uniria a um indivíduo, e sim a uma família, a uma tribo, a um estilo de vida; a um lugar que seria meu. Uma perspectiva sedutora.

Um número enorme de parentes comparecera para assistir ao casamento. Não havia privacidade. Meu irmão, que, graças a sua condição superior de macho, ganhara um quarto só para ele, acordou um dia com uma desconhecida de meia-idade, mas ainda voluptuosa, roncando em sua cama.

"Quem é a senhora?", ele perguntou, no horror de seus quinze anos.

"Sou sua tia, claro", a mulher respondeu.

Minha tia favorita era a velha que saiu da Índia sozinha e viajou cinco dias de ônibus. Ela usava duas tranças grisalhas e escorridas e um sári surrado. Não tinha um único dente, mas nem por isso deixou de empanturrar-se com quantidades imensas de *pilau*. Quando me viu pela primeira vez, agarrou meu véu, beijou-o e prontamente o enrolou no pescoço. Depois foi se juntar aos outros convidados. Ela era arroz-de-festa profissional, especializada em casamentos.

Também gostei muito de Raj Bibi, uma criaturinha linda e tímida cujo status era difícil de definir. Ela andava mais malajambrada que meus primos, porém estava sempre limpa e alegre. Parecia encarregada de uma quantidade imensa de tarefas. Era muito pálida, tinha enormes olhos negros e, segundo me informaram, provinha das regiões montanhosas de Chitral, nos territórios setentrionais do Paquistão.

"Raj Bibi *não* é uma empregada", minha prima Aisha me falou, enquanto a coitadinha recebia mais uma ordem para cumprir.

"Como foi que ela entrou para a família?", perguntei.

"Ela é casada com Ikramullah Jan, o cozinheiro", Aisha respondeu. "Meu pai Mirza viajou até Chitral para comprá-la no mercado matrimonial de lá. Foi uma dificuldade tremenda. Em Chitral, há ventos terríveis na primavera, um calor abrasador no verão e, no outono, escorpiões tão mortíferos que, se você não tiver o antídoto na mão, morre em apenas vinte minutos."

"E no inverno?", perguntei, espantada.

"No inverno a neve torna os caminhos intransitáveis. Foi muita bondade de Mirza fazer essa viagem. Por aí você vê que Raj Bibi faz parte da família."

Dias depois o homem com o qual minha família queria me casar foi conduzido à ala privativa da casa. Disseram-me que era um primo distante, carinhosamente apelidado de Jimmy. Achavam que seu viçoso bigode negro compensava a falta de altura. Contaram-me, empolgadíssimos, que ele era piloto de caça na força aérea paquistanesa.

Comecei a perceber a utilidade do sistema da família extensa no tocante a arranjar casamento. Se não pertencesse à família, Jimmy não teria permissão de se encontrar com uma moça solteira. Mas, sendo parente, tinha trânsito livre na casa. E, como as regras limitavam essa área ao uso exclusivo da família, as mulheres amamentavam os pimpolhos ou andavam de um lado para o outro em trajes caseiros.

Sempre que eu aparecia, uma de minhas primas jogava um bebê nos braços de Jimmy. Ele posava com a criança, o bigode crispando-se ligeiramente, enquanto as mulheres arrulhavam sua admiração. Graças a seus 38 anos e a sua respeitável atividade de militar, Jimmy era um partido cobiçado, embora fosse um pouco baixinho, gordo e cambeta. Falava uma espécie de gíria subcontinental dos idos de 1920. "Oh, meu Deus, que catita!", exclamou, quando lhe jogaram mais um bebê no colo. A criança tinha lábio leporino — conseqüência nada surpreendente da obsessão de minha família por guardar seus genes para si mesma.

Era tudo muito confuso. Nascida e criada na distante Inglaterra, filha e neta de casamentos mistos, eu mantivera a fé: ainda me aferrava à crença de que era afegã. Jimmy, porém, embora nascido e criado a apenas 48 quilômetros da fronteira afegã, tornara-se paquistanês.

Enquanto ele segurava o bebê, minhas primas me lançavam olhares sugestivos. Eu me sentia amada e feliz. Elas queriam que eu não fosse embora tanto quanto eu queria ficar. Queriam que me tornasse sua irmã.

Durante o jantar, tio Mirza explicou: "Ninguém, a não ser os afegãos, ousava zombar do poderio do exército imperial britânico. Os afegãos nunca tiveram medo de tentar o impossível. Ora, em 1919 o rei Amanullah Khan não esperou que a Inglaterra invadisse o Afeganistão. Ele mandou seu famoso general Nadir Khan cruzar o Hindu Kush, atravessar um terreno tido como intransponível e invadir o império britânico! Foi graças a esse tipo de espírito que os ingleses nunca conseguiram nos colonizar".

Agora outra guerra estava em curso, do outro lado da fronteira. Peshawar era a cidade onde se organizava a resistência dos *mujahidin*, mas, naquela época da Guerra Fria, o mundo pensava que nenhum país "sovietizado" escaparia do redil. O Ocidente considerava os *mujahidin* corajosos e um tanto engraçados.

Tio Mirza me serviu uma xícara de chá preto e doce, tirado do bule com torneirinha que uma empregada carregava de um lado para o outro. Ao chá acrescentou-se leite concentrado, que todos chamavam de Carnation Milk; mais um resquício da dominação britânica. Tio Mirza retomou sua aula de história. "Foi só com a Segunda Guerra Mundial que os povos colonizados descobriram, pouco a pouco, o que os afegãos sempre souberam:

os ingleses eram falíveis. Quando estive na Birmânia, os japoneses se escondiam na copa das árvores e atiravam em nós. Foi uma tremenda carnificina. Procuramos nossos oficiais britânicos e constatamos que eles tinham mandado as tropas nativas na frente. Esse foi um momento importante: foi quando percebemos que os ingleses tinham medo." Eu sabia que esse relato da humilhação e da covardia dos ingleses, que eram a superpotência da época, tinha um propósito. Meu tio estava tentando nos dizer — e talvez dizer a si mesmo — que a luta dos afegãos contra a União Soviética valia a pena. Que não se devia ver a guerra no outro lado da fronteira com o olhar pessimista da opinião mundial. Que essa guerra fazia parte de uma roda da história em constante movimento e que, em outros tempos, outras batalhas pareceram no mínimo tão impossíveis quanto a que agora se travava.

"No fim, aprendemos a disparar saraivadas de balas nas copas das árvores", tio Mirza prosseguiu. "E os japoneses iam caindo. Ploct! Ploct! Ploct!"

"Ploct! Ploct! Ploct!", ele repetiu, como se estivesse saboreando uma cena só sua, invisível e deliciosa. E tomou mais um gole daquele chá enjoativo e viscoso. "Adoro guerra", declarou. "Fantástico."

"Jamil Haidar!", uma criada anunciou.

Todos corremos para a varanda, onde um indivíduo que parecia um rei-bandido de antigamente se instalara numa das belas poltronas de vime. Ele usava um enorme turbante de seda preto e um colete da mesma cor. Tinha a barba hirsuta, mas os olhos eram verdes e sonhadores como os de um poeta. Seu peito estava coberto de cartucheiras para alimentar sua única concessão à modernidade: o AK-47 que ele segurava despreocupadamente numa das mãos. Rodeavam-no uns quinze homens, vestidos e equipados da mesma forma. Alguma coisa em Jamil Haidar me disse, instantaneamente, que ele era o chefe de um grupo de *mujahidin* afegãos.

Uma criada foi buscar um delicado chá verde, aromatizado com cardamomo e servido na mais fina porcelana de meu tio. Sentados na varanda, com os fuzis Kalashnikov nos joelhos (os AK-47), os homens sorviam o chá gole a gole. Jamil Haidar havia colhido uma rosa no jardim e, pensativo, inalava seu forte perfume.

"Meu menino querido!", tio Mirza exclamou. "Quais são as novidades de Paghman, nossa terra?"

No melodioso persa das montanhas, Jamil Haidar respondeu: "Duas semanas atrás, houve uma grande batalha em Paghman. Muitos de nossos homens morreram, mas, graças a Alá, conseguimos repelir o inimigo. Tem havido bombardeio intenso por lá, e lamento informar que a sede de nossa família, a cidadela dos príncipes, foi irremediavelmente destruída".

Eu escutava, fascinada. Esse tipo de conversa era irresistível para uma adolescente de dezessete anos. Esses homens rudes pareciam pertencer a um mundo absurdamente romântico e, ao mesmo tempo, espantosamente imediato. Haviam transposto o Hindu Kush como se tivessem saído para dar um passeio. Travaram terríveis batalhas com a União Soviética, um inimigo munido de um armamento tão superior ao deles que o mundo exterior estava certo de que só sua ingenuidade os levara a tentar tal façanha. E, no entanto, ali estavam eles, no jardim ensolarado de meu tio, aspirando a fragrância das flores e saboreando seu chá. Levaram-me a guerra, apontando-me todo um mundo de emoções que ficava logo ali, diante dos portões da casa de tio Mirza. Eu não via a hora de partir. A vida em família já não me bastava.

Os preparativos para o casamento seguiam seu curso. Sentado em plena tempestade, cercado por suas numerosas parentas, estava o noivo, Zulfikar. Seu *shilwar kamis* nupcial, de seda furta-cor, descaía-lhe pelo corpo esguio. Seu *pagri* — o turbante cerimonial — dourado era grandioso demais para ser usado com um ar de tamanha resignação.

Zulfikar parecia alheio à confusão ao seu redor, como se fosse uma manifestação exterior da natureza que fugia inteiramente ao seu controle. Perguntei-me o que ele diria, ou se acaso se importaria, se soubesse que seu pai andara flertando com a idéia de, no último instante, substituir sua noiva por mim.

Bem no olho do furacão, resplandecente em seu traje de gala esmeralda e ouro, estava minha tia Soraya. Como mãe do noivo, era a dona da festa. Para enfatizar a importância da ocasião, abandonara suas objeções religiosas à maquiagem. Seu rosto devastado exibia uns cílios carregados de rímel, como os de uma huri, e uma boca pintada em forma de coraçao, como a de uma ninfa de Hollywood. Durante horas a fio ela permaneceu sentada ao lado do filho, oferecendo-lhe petiscos com seus dedos roliços e de quando em quando sufocando um soluço. Só se interrompia para lançar imprecações aos batalhões de mulheres que corriam para cumprir suas ordens.

A festa devia durar no mínimo catorze dias e catorze noites. Nesse período uns trezentos ou quatrocentos convidados tinham de ser regiamente alimentados. Assistido por um exército de lacaios, o cozinheiro Ikramullah Jan, marido de Raj Bibi, esfalfava-se para preparar montanhas de arroz de casamento. Todos concordavam que as cores tradicionais desse prato — rosa, verde e laranja — melhoraram muito desde a invenção dos corantes alimentícios sintéticos. Ikramullah Jan ficaria horrorizado com o conceito de *nouvelle cuisine*. Ele amontoava o *pilau* nas travessas douradas e polvilhava-o com raspas de coco e casca de laranja. A ênfase recaía na abundância; o objetivo era impressionar.

As celebrações prosseguiam noite adentro. Uma noite nós, os parentes do noivo, carregamos velas até à casa da noiva. E comemos mais *pilau*, dessa vez oferecido pela família da moça.

Como eram particularmente liberais, eles também ofereceram música de discoteca — ao menos para os homens. Nós, as mulheres, ficamos sentadas, com toda a nossa aparatosa elegância, tomando soda limonada de canudinho e fingindo que não víamos o rodopio dos varões. Foi como participar do ritual de acasalamento de algumas espécies curiosas de ave.

A noiva era uma jovem de uns dezoito anos, quieta e bem-educada. Como muitos afegãos, tinha cabelo loiro e pele clara. Sua família abastada fugira da guerra, cruzando a fronteira, e seus olhos estavam cheios de tristeza. Suas novas parentas passavam horas pintando com hena intricados desenhos em seus pés e em suas mãos. Ela ficara feliz por esposar Zulfikar, mas agora suportava o ritual pacientemente, sem sorrir nem suspirar. Talvez lamentasse ter perdido as montanhas de sua amada Cabul.

As festividades culminaram numa recepção. O jovem casal sentou-se num estrado para receber os cumprimentos dos parentes. O noivo podia rir e conversar, porém a noiva devia se manter imóvel e muda, com os olhos recatadamente abaixados. Não vi essa moça se mexer num período de quatro horas. Ela dava a impressão de estar mergulhada num transe hipnótico. Com seu *shilwar kamis* bordado a ouro, o pescoço envolto em ouro, o rosto pesadamente maquilado, as mãos e os pés pintados com hena, as costas curvadas, ela parecia derrotada, como um pássaro com a asa quebrada.

Observando esse *tableau vivant* de uma submissa noiva afegã, percebi que o casamento nunca seria meu passaporte para o Oriente. A pátria mitológica de meu pai era um reino onde eu podia viver através dos olhos do contador de histórias. Em meu desejo de vivenciar o conto de fadas, eu havia desconsiderado o óbvio ululante: o contador de histórias era um homem. Aqui, no mundo real, o encantamento se rompeu. Eu tinha assumido meu corpo de mulher. Se queria liberdade, teria de abrir meu próprio caminho.

No dia seguinte os parentes menos resistentes começaram a partir. Eu me sentia cada vez mais inquieta. Esse lugar aconchegante também podia ser uma prisão para uma mulher. Antes de visitar a família de tio Mirza, eu nunca sofrera nenhuma restrição em termos de liberdade, instrução ou status por causa de meu sexo. Agora, como jovem solteira, não podia nem sair de casa sem acompanhante. Meu irmão ia e vinha à vontade. Estava se divertindo muito. Seus primos o levaram às fábricas de armas e ao mercado de ópio, e ele passara horas jogando gamão nas insalubres casas de chá do bazar dos contadores de histórias. Já uma moça não podia freqüentar nenhum desses lugares.

Comecei a entender por que tia Soraya — inteligente e capaz como era — recorrera à religião para exercer algum controle. A devoção lhe permitia impor sua vontade aos demais. Era um padrão de comportamento que minha tia Amina reconheceu de imediato. Nesse instante ela e Soraya discutiam se, no islamismo, era lícito pintar as unhas. Ambas sabiam que o que estava em jogo era a luta pela supremacia dentro da casa. Amina dera para citar frases de seus ancestrais, segundo os quais sua linhagem estaria ligada ao Profeta mais diretamente que a de Soraya. Não obstante, Soraya ainda detinha o controle, graças a um rígido programa de devoções voluntárias extras. Durante o dia e até altas horas da noite, ela raramente deixava seu estrado de oração. Eu observava essa luta de titãs com interesse, mas sabia que não poderia entrar no jogo. Chegar ao topo da hierarquia era um processo que levava anos. Idade contava muito.

Pela primeira vez na vida eu me vi desejando ter nascido homem. Decidi que estava na hora de mudar. Eu infringiria as normas tão afrontosamente que minha família teria ou de me expulsar ou de se conformar. Eu já usava cabelo curto e, aos dezessete anos, parecia um garoto. Vestida num *shilwar kamis* de meu irmão, apresentei-me para tomar o café-da-manhã como se nada estivesse acontecendo. Esperava me aproveitar da famosa distração de tio Mirza. Tia Soraya soltou um rosnado de horror ao me ver. Ela achava tremendamente indecoroso uma moça usar roupas de homem. Mas eu era sua hóspede. Ela não podia ordenar que eu me trocasse. Até aí tudo bem. Meu tio aparentemente não tomou conhecimento de minha indumentária.

Passei a manhã inteira ouvindo-o contar suas histórias de guerra. Às onze horas, estávamos vendo sua coleção de medalhas. No almoço, ele se pôs a me chamar de "esplêndido rapaz", o que, naturalmente, era o que queria que eu fosse.

À tarde, perguntei-lhe se poderia visitar um campo de refugiados afegãos. Ele sorriu. "Claro, meu querido. Aliás, eu estava mesmo pensando em distribuir um dinheiro em Nasirbagh, que é um dos campos maiores. Vamos agora mesmo."

Tio Mirza pôs o chapéu, entramos em seu velho Toyota e partimos. Sua casa ficava no Cantonment, a antiga área militar britânica de Peshawar. Depois da Independência, os oficiais paquistaneses simplesmente se mudaram para os simpáticos bangalôs brancos de seus ex-comandantes. Canhões ornamentais ainda guardavam a entrada das casas. As avenidas largas eram arborizadas, sendo os troncos das árvores caiados até pouco acima da altura em que as cabras delinqüentes conseguiriam mordiscá-los.

O Cantonment parecia essencialmente inglês. Aqui e ali, no entanto, eu me deparava com alguma coisa errada. Um búfalo se arrastava, conduzido por um pastor esfarrapado. Ou de repente passávamos por uma loja de armas: "Abdul Qadir. Armamentos Modernos". O que uma loja de armas poderia ter de moderno? Para que alguém precisa de armas modernas?

A intervalos de uns poucos metros, meu tio apontava uma placa. "Residência, comandante do regimento, Província da Fronteira Noroeste... casa do governador... escola de cadetes... hospital militar."

Fora do Cantonment, o caos apenas sugerido até então reinava soberano. Riquixás estalejavam por entre carros de boi, rebanhos de cabras e mulheres envoltas na burca da cabeça aos pés. Caminhões afegãos avançavam pesadamente, decorados com imagens vistosas: huris do Paraíso e lança-foguetes de cano múltiplo. Os painéis laterais alardeavam suas origens: Cabul, Jalalabad, Kandahar, Herat. Condizentes com o espírito livre dos pushtuns, os caminhões raramente se atinham a uma única pista. Afinal, já haviam ignorado uma fronteira nacional e a linha de frente do conflito com a superpotência.

Enquanto o velho Toyota Corolla rodava sem pressa, perguntei a tio Mirza uma coisa que andava me intrigando. Depois de tantos anos ele se considerava paquistanês ou afegão? Ele sorriu. "Sirvo o Paquistão desde o dia de sua criação. Saúdo a bandeira paquistanesa. Defendi o Paquistão na guerra e tenho ajudado a construir uma nação na paz. Não há dúvida de que sou paquistanês. Mas ser afegão... é um estado de espírito. Os afegãos são ingovernáveis."

A essa altura nos encontrávamos numa rua estreita. Um caminhão Bedford se aproximava lentamente na contramão. Ao invés de desviar, tio Mirza se manteve firme. "Um pedaço de papel pode fazer de você um paquistanês", disse, "mas você precisa continuar a exercitar o lado afegão."

O caminhão que se aproximava estava lotado de pushtuns mal-encarados, que não demonstravam a mínima intenção de sair da frente. "Eu sou um oficial do exército paquistanês", meu tio resmungou. "Eles que parem."

"Mas o senhor está à paisana. Como é que eles vão saber?"

"Seja o que Alá quiser."

O caminhão avançava, buzinando freneticamente. O que mais me assustou foi que os pushtuns estavam adorando a situação. Um momento antes do impacto, ouvi seus berros de alegria. A força imbatível encontrara o objeto inamovível. Fechei os olhos.

Houve um choque violento, e, para minha surpresa, descobri que ainda estava viva. O caminhão desviara no último instante e batera no canto do capô do Toyota.

Pushtuns amistosos saltaram do caminhão. Em seu dialeto, as expressões de preocupação soavam como seixos rolando montanha abaixo. Habituados a gritar uns com os outros, de um cume a outro, não se comunicavam em nenhum volume inferior a um rugido. Deram tapinhas nas costas de tio Mirza: ele tinha sido o mais prejudicado, porém não perdera a calma. Nesse páreo desigual, ele era o vencedor inconteste.

Algum tempo depois da colisão, meu tio me contou uma piada sobre o que significa ser afegão. Nunca descobri se havia relação entre as duas coisas.

Um comerciante iraniano estava prestes a iniciar uma perigosa viagem. E disfarçou-se de afegão, pois ninguém se atrevia a importunar os imprevisíveis homens da fronteira. No caminho o iraniano cruzou com um afegão de verdade. O afegão puxou a faca e falou: "Vou matá-lo — está com medo?". O comerciante disse que estava. "E você me dá todo o seu dinheiro, se eu lhe poupar a vida?" O comerciante disse que sim. "Então você não é afegão. Você tem medo da morte e troca sua vida por dinheiro. Um afegão de verdade não liga para essas coisas."

Em 1982 já havia 2,5 milhões de refugiados afegãos no Paquistão. E mais refugiados chegavam diariamente. Nasirbagh era um dos melhores campos. Em meio às barracas, casebres de barro brotavam da terra vermelha. Pensei: pó sobre pó.

Os refugiados eram montanheses. E traziam expresso nos olhos o espanto de se encontrarem nesse deserto. O sol forte os castigava o dia inteiro. Os regatos murmulhantes do Afeganistão cederam lugar a um canal estagnado, onde os meninos teimavam em nadar. As crianças tinham problemas oftálmicos e respiratórios, causados pela água suja e pela poeira.

Para essa gente não havia esperança de emprego, permanência ou moradia; não havia a possibilidade de deixar os campos e começar uma nova vida. A comunidade internacional queria manter a ficção de que os refugiados logo estariam voltando para casa. Todos os dias eles faziam fila para ganhar rações de farinha e óleo. Todos os dias recebiam notícias do front, onde seus parentes estavam lutando. Todos os dias, a todo momento, boatos se espalhavam pelo campo.

Havia uma atmosfera específica de campo, que eu nunca vou esquecer e que muitas vezes tenho reencontrado. O lugar inteiro tremia, à beira de uma histeria sem nome. Todos os olhares me seguiam. Quando eu passava, braços se estendiam em minha direção, como se eu fosse um pólo magnético.

Uma velha, ainda usando a vistosa indumentária com que fugira do Afeganistão, chamou-me com um gesto. Fui até sua barraca, onde se apinhavam suas três filhas e muitos netos. Um bebê, deitado num monte de trapos, respirava com dificuldade e parecia febril. A família tinha uma panela enegrecida, apoiada em duas varetas sobre o fogo. Tinha também um saco de farinha. E nada mais.

Com gestos que representavam explosões e disparos, eles me contaram que eram da província de Kunar. Um dia os helicópteros atacaram sua aldeia. Destruíram tudo — plantações e animais. No mesmo dia essa família partiu para o Paquistão e demorou semanas para cruzar as montanhas. No caminho ocorreu um ataque. Uma das mulheres estava com o filho nos braços. Um estilhaço de granada matou o bebê. Arrancou-lhe o tampo da cabeça. A mãe, uma jovem bonita, de feições delicadas, chegou arrastada para confirmar a história.

Saí dali zonza, mas, quando entrei em outra barraca, outras pessoas me contaram a mesma história do bebê e juraram que havia acontecido com elas.

Pensei: estou presenciando o surgimento de um mito. Um lamento primevo. Parecia que as terríveis experiências de cada um, os traumas de cada um, as esperanças e os medos de cada um tinham sido colocados numa roda gigantesca, onde giraram e saltaram até que se deformaram e se amplificaram. Até que adquiriram uma força própria, invencível — e agora pertenciam a todos.

Tio Mirza parecia não ver a miséria e a sujeira de Nasirbagh. Quando crianças esqueléticas corriam para ele, dava-lhes umas balas e ria, satisfeito, da algazarra que se seguia. Meu tio falou com o administrador do campo, um paquistanês magricela, cuja expressão de cansada resignação demonstrava que ele sabia muito bem o que estava por vir.

"Olá, meu jovem. Este garoto e eu viemos distribuir um dinheirinho para essas pobres mulheres e crianças."

"Ah, não, coronel. O senhor sabe que é contra o regulamento. Por que o senhor não faz suas doações pelos canais competentes? As Nações Unidas, talvez..."

Meu tio bateu-lhe nas costas com tanta força que os óculos do homenzinho deslizaram nariz abaixo. "Desde quando dar *zakat*, esmolas para os pobres — obrigação de todo muçulmano, como você bem sabe —, é contra o regulamento num país islâmico? Providencie uma mesa!"

Uma mesa de cavalete foi montada na parte mais poeirenta do campo. Em questão de segundos formou-se uma fila imensa. "Por favor, por sua própria segurança..." Um olhar de meu tio silenciou o pequeno burocrata.

Essa rotina se repetia com freqüência. Desde que seus compatriotas começaram a cruzar a fronteira em grande número, tio Mirza passara a tirar de suas economias da vida inteira para dar aos refugiados que lhe pedissem. Com isso enfurecia tia Soraya, mas não se deixava intimidar nem pelas repreensões, nem pela evidente inutilidade de seu gesto nesse imenso mar de necessidades.

Os refugiados conheciam as normas. Cada chefe de família — muitas vezes uma criança — postava-se diante da mesa. Essa era uma gente que nunca precisara pedir nada a ninguém. Iniciava-se um complexo ritual de saudações. Cada pessoa contava a história de sua família: de onde eram, como sofreram, quem havia morrido no trajeto. Meu tio poderia ser o chefe da tribo, prosaicamente distribuindo o que podia a quem necessitava.

Chegada a hora da prece vespertina, havíamos dado tudo que tínhamos: cerca de oitocentas libras, uma fortuna para meu tio. No entanto a fila de refugiados era mais comprida que nunca. Vi desânimo, decepção e, depois, raiva nos rostos que se apinhavam em torno da mesa.

Comecei a me preocupar. O burocrata paquistanês tinha escapulido fazia muito tempo. A confusão estava se formando. Imperturbável, tio Mirza juntou suas coisas, e nos pusemos a abrir caminho entre a multidão. As mulheres tocavam a borda de nossas roupas, no tradicional gesto oriental de solicitação. A intensidade de sua necessidade era como um golpe físico. Não podíamos fazer nada para atenuar sua penúria. Eu estava quase chorando — de raiva, pela destruição de um povo inteiro, e de medo, por nós dois.

Então a multidão se separou para dar passagem. Montado num belo cavalo branco, Jamil Haidar avançava em nossa direção. Eu me senti transportada para a época da cavalaria andante. Ele nos cumprimentou à moda tradicional. "Que o senhor nunca se canse, estimado coronel."

"Que você nunca seja infeliz", meu tio respondeu, como se ser resgatado por um cavaleiro afegão em luta pela liberdade fosse um fato corriqueiro.

"Procurei o senhor por toda parte. Disseram-me que estaria aqui. Uma pessoa muito doente precisa de sua ajuda."

Para o bom coronel um pedido de ajuda era como néctar para uma abelha. Entramos no velho Toyota. Precedidos por

Jamil Haidar em seu cavalo, atravessamos ruidosamente a favela que crescia ao lado do campo.

Na beira do canal cruzamos com um cortejo ainda mais estranho. Seis homens, cujos fuzis e cartucheiras os identificavam como *mujahidin*, carregavam um *charpoy*, ou estrado de madeira, convertido em padiola.

Jamil Haidar parou e apeou-se. Os padioleiros depuseram sua carga na sombra de uma mangueira. Jamil Haidar delicadamente destapou o *charpoy*.

Havia uma mulher na maca improvisada. Ela arquejava e parecia não ter consciência do que estava acontecendo. Tudo nela — as mãos delicadas, largadas sobre o lençol, o nariz reto, tipicamente afegão, os malares altos, os olhos semicerrados, cegados pela febre — era de um amarelo intenso.

"Icterícia", meu tio murmurou.

O comandante lançou-lhe um olhar feroz. "Nunca um homem que não era da família viu o rosto de minha mulher", disse. "Agora estou num país estranho, sou um refugiado e não tenho parentes a quem recorrer; só tenho o senhor — meu *ham-watan*, meu conterrâneo de Paghman. Por favor, leve minha mulher para o hospital, onde podem curá-la."

Tio Mirza imediatamente entrou em ação. Como não houvesse jeito de enfiar o *charpoy* no carro, ele calmamente se plantou no meio da rua e parou um Land Rover da polícia paquistanesa que ia passando.

"Ora essa, é só uma refugiada afegã", o policial resmungou.

"Sou coronel do exército paquistanês, e isto é assunto do exército", meu tio rebateu.

Partimos em comboio para o hospital militar, onde tio Mirza entrou com absoluta autoridade, apesar de seu traje civil e de seu chapéu inglês. A expressão do oficial de plantão indicava que estava acostumado a vê-lo por ali. "Este é um hospital do exército", o médico falou. "O senhor sabe muito bem que é exclusivo dos militares e suas famílias."

Meu tio assumiu sua postura mais benevolente. "Esta mulher é minha conterrânea. Está sob minha proteção e, portanto, é de minha família", explicou. "Agora, lembre que Alá recompensa o justo e comporte-se como deve."

Para que eu precisava de contos de fada? Eu havia entrado num mundo em que jovens guerreiros realmente cavalgavam corcéis brancos e em que meu próprio tio resgatara uma donzela em perigo. Eu não tinha dúvida: os *mujahidin* eram altivos e nobres. A romântica luta dos afegãos era real. O mito era verdadeiro, e eu estava vivendo-o.

Entretanto eu ainda tinha de resolver a questão do casamento com Jimmy. Ele havia voltado para sua base aérea, em Quetta, e não parava de me enviar presentes: ricos bordados do Baluquistão, véus, delicadas sapatilhas.

Eu estava examinando meu tesouro, quando tia Soraya anunciou que meu suposto noivo queria falar comigo. Jimmy era seu grande favorito e um parente de sangue muito mais próximo dela que de tio Mirza. Ela estava disposta a promover o casamento.

Quando tia Soraya me passou o telefone, Jimmy pronunciou uma frase que evidentemente tirara de um filme indiano: "E se o nosso fosse um casamento por amor, *ach-cha*?".

Eu não quis ouvir mais nada. Bati o telefone e fui falar com tia Amina. Depois de me escutar, ela declarou: "Bom, estou contente que você finalmente desistiu dessa bobagem de procurar suas raízes. Agora só tenho de tirar você dessa confusão. Espere aqui; vou pôr uma roupa mais imponente". Ela foi até o quarto e três minutos depois reapareceu, trajando um esplêndido cafetã. Para enfatizar sua superioridade, em lugar de um véu colocou três, de diferentes cores e tamanhos. Ao preparar-se para o confronto, pintara as sobrancelhas de negro, o que lhe deu uma aparência assustadora e arrogante. Ela era a própria imagem da megera muçulmana.

Soraya estava em seu estrado de oração, rezando e resmungando imprecações contra tio Mirza. Amina entrou tal qual um furacão, dispersando as criadas como se fossem farelo. Eu fiquei espiando pelo buraco da fechadura. Segundos depois, alguém bateu na janela do quarto. A pequena Raj Bibi tinha escapado da tempestade iminente e agora estava ansiosa para assistir à confusão de uma distância segura. Ajudei-a a entrar e arranjei-lhe espaço no buraco da fechadura. Senti uma estranha afinidade com essa pobre criatura, como se fôssemos duas donzelas de um romance vitoriano limitadas a escutar atrás das portas, enquanto os outros decidiam nosso destino.

Na sala de estar, Amina avançava como um veleiro a todo o pano. Imaginei dois galeões posicionando-se para a batalha. "Seu parente Jimmy...", Amina disparou, "... anda fazendo comentários obscenos para minha sobrinha." Soraya abriu a boca, porém, antes que encontrasse a voz, Amina acionou sua artilharia mais pesada: "Pelo *telefone*!".

"Como você se atreve?", Soraya começou.

Era exatamente a oportunidade de que Amina precisava para passar ao massacre. "O quê? Você apóia essa indecência? Estamos, por acaso, num filme americano? Será que vivemos numa película de Hollywood? Desde quando jovens de sexos diferentes podem *telefonar* um para o outro? E muito menos — como lamento informar que foi o que seu sobrinho fez — telefonar para falar de amor! Desde quando amor tem alguma coisa a ver com casamento? Que conceito absurdo e perigoso! Quem chamou minha sobrinha para atender o telefonema desse predador?"

Soraya parecia estar lutando para respirar. "Eu nunca pensei..."

"Você nunca pensou? Uma mulher de sua idade, de sua posição? Uma mulher que, até agora, eu acreditava que respeitava a decência e a religião?" Amina se empertigou toda. Agitados pelos ventiladores do teto, seus véus tremulavam como estandartes triunfais. Soraya fora rebaixada tanto na escala social quanto na religiosa.

Chegara a hora de desfechar o *coup de grâce*. "Minha sobrinha é uma rosa que não foi colhida", Amina trovejou. "Meu dever, como tia e como acompanhante, é assegurar a continuidade dessa feliz situação. Sei que falo pelo pai dela quando digo que um casamento em tais circunstâncias — seja qual for a ligação familiar — está inteiramente fora de cogitação. O compromisso está rompido. Tenha uma boa noite."

Tia Soraya produziu um som rouco, inumano. Havia perdido sua batalha pela supremacia moral e também, ao que parecia, sua luta pela sanidade. Abrindo a boca de um jeito brusco, particularmente repulsivo, ela se pôs a latir como um cachorro.

No quarto, tia Amina, Raj Bibi e eu festejamos. "A senhora estava inspirada", declarei. "Venceu-a no campo dela."

Amina me lançou um olhar fulminante. "Isso não foi nada em comparação com o que eu fiz quando meu pai me prometeu ao pretendente ao trono da Albânia. Demorei uma semana para me livrar. E olhe que naquela época as coisas poderiam ter tomado outro rumo, se ele não tivesse dezoito anos e eu, quarenta e três."

No dia seguinte, a enfurecida Soraya convocou Jimmy. Informado de que devia esperar uma péssima notícia, na manhã seguinte ele correu para Peshawar. Eu estava na cama, ouvindo os ruídos de sua chegada. Quando ele ergueu a cabeça para beijar o Alcorão, que, segundo a tradição, é apresentado, na soleira da porta, ao viajante que retorna, sua testa colidiu com uma pesada frigideira de ferro, empunhada por minha ensandecida tia Soraya.

Ponderando sobre o assunto, resolvi guardar os presentes que ele me dera. Nunca mais se tocou no assunto.

Naquela tarde, depois que Jimmy foi recambiado a seus deveres militares, Jamil Haidar reapareceu, montado em seu cavalo branco. Tio Mirza e eu estávamos na varanda. Tia Soraya se trancara no quarto, com um acesso de fúria violenta, que felizmente ninguém presenciou nem ouviu. Jamil Haidar apeou-se e ofereceu uma maçã a meu tio. "É de seu pomar, em Paghman", disse. "É tudo que tenho para lhe agradecer. Minha mulher está bem melhor e — se Alá quiser — escapará."

Tio Mirza me deu a maçã. "Fique com ela, meu rapaz. Assim você vai voltar", explicou. "*Az khude ma hasten*: você é um de nós."

Sorri e guardei a maçã no bolso. Em meu coração, eu sabia que ele estava certo.

5. O elefante no escuro

Uns hindus estavam exibindo um elefante numa tenda, e muita gente se apinhou para ver essa maravilha. Todavia, como estava escuro demais para ver o elefante, foi preciso senti-lo com as mãos, para se ter uma idéia de como ele era.

Um homem apalpou a tromba e declarou que o animal parecia uma mangueira. Outro tateou a orelha e disse que devia ser um leque enorme. Um terceiro tocou-lhe a pata e julgou que se tratava de um pilar. Outro ainda apalpou o dorso e proclamou: "Vocês estão enganados, meus irmãos; esta criatura nada mais é que um grande trono".

Teu olho exterior é como a palma da mão:
A palma não pode conter o objeto inteiro...
Ah, tu, que estás dormindo no barco de teu corpo,
Vês apenas a água; contempla a água das águas!

Masnavi, Jalaluddin Rumi

Zahir Shah tinha o mesmo nome do rei afegão exilado, porém não poderia haver dúvidas sobre quem era mais orgulhoso.

Enquanto o rei perdera seu reino e morava em Roma com sua corte, Zahir Shah era o comandante inconteste de uma fortaleza situada no sopé do Hindu Kush. Enquanto o rei estava praticamente careca, Zahir Shah ostentava uma barba magnífica e viçosas costeletas. E ainda tinha armas sofisticadas, na maioria fornecidas pelos americanos. E aqui, na área tribal que se estende pela fronteira entre o Paquistão e o Afeganistão, armas de verdade contam. Até hoje nenhum governo central se atreveu a administrar essa região: o AK-47 e o velho código de honra dos pushtuns — *Pashtunwali* — ditam as normas.

Zahir Shah terminou de limpar seu enorme prato de *pilau* temperado com banha de carneiro rançosa e transferiu a gordura das mãos para a barba luxuriante. Seu olhar cruzou com o meu, e seu sorriso revelou a ausência surpreendente de alguns dentes essenciais. "A barba é o símbolo de minha virilidade", explicou ele. "Por que não haveria de comer também?"

Ele procurou o bolso do colete, escondido sob uma quantidade impressionante de cartucheiras e granadas que lhe pendiam do largo peito. Das profundezas do bolso sacou um espelho e um pente de plástico cor-de-rosa. E se pôs a pentear as costeletas, expressando com mal contidos murmúrios de satisfação sua despudorada admiração pelo rosto duro e assustador que o espelho refletia.

Sentados em torno de nós, seus homens o observavam em respeitoso silêncio. Nenhum deles tinha uma barba tão bonita, nem um peito tão largo. Por isso Zahir Shah era o chefe.

O bando era bem heterogêneo. Pelo menos um de seus integrantes tinha as faces cavas, os olhos febris e o escarro abundante que sugeriam um estágio avançado de tuberculose. O membro mais jovem era um menino que não devia ter mais que doze ou treze anos. Recebia de Zahir Shah um tratamento especial, que me incomodava.

"*Gandom*", disse o comandante, beliscando-lhe a bochecha. "A pele deste garoto é da cor do trigo. Muito bonita." De repente ele me lançou um olhar oblíquo. "Sua pele também é da cor do trigo."

Percebi que o espelho e o pente formavam um conjunto. Eram guardados numa caixinha de papelão que orgulhosamente proclamava: "Elegante conjunto para cavalheiros afridis, Kohat".

Estávamos no território dos afridis, uma das tribos que habitam a fronteira entre o Paquistão e o Afeganistão. A área tribal, que recebeu a eufemística designação de zona tribalmente administrada, é proibida aos estrangeiros, além de ser perigosíssima.

Por mais de uma vez perguntei a mim mesma que diabos estava eu fazendo numa fortaleza perdida em algum lugar de uma terra sem lei conversando com um comandante pushtun com o qual esperava entrar ilegalmente no Afeganistão.

Aos 21 anos eu havia cumprido a profecia de meu tio e voltara para a região em 1986. Agora, porém, eu me rebelara. Não estava contente com o Afeganistão de nossos mitos e lendas. Queria os fatos e estava decidida a descobrir a verdade.

Passei alguns anos preparando-me para essa viagem. Na universidade, li persa e árabe. Tomei aulas de artes marciais. Para ganhar mais coragem, saltei de pára-quedas várias vezes. E principalmente devorei todas as informações relativas ao Afeganistão. Pouco a pouco os jardins e as fontes de minha infância cederam lugar a uma ditadura comunista e a um nobre exército de resistência engajado numa guerra que não poderia ter a esperança de ganhar. Nunca parei para pensar que talvez tivesse simplesmente substituído um mundo mítico por outro.

Como o Afeganistão estava em guerra, resolvi me tornar jornalista. Comecei a buscar a verdade espalhando mentiras nas redações da Fleet Street.* Que eu falava persa fluentemente; que

* Rua londrina que concentra os maiores jornais do país. (N. E.)

conhecia a maioria dos líderes *mujahidin* em pessoa; que era uma repórter tarimbada, com vasta experiência em combates. Ao mesmo tempo que contava essas mentiras deslavadas, eu duvidava que alguém acreditasse.

Na época não percebi, mas inconscientemente eu estava seguindo os mitos que tentava deixar para trás. Era uma vez um remendão chamado Maruf que pediu dinheiro emprestado a vários mercadores ricos, dizendo que aguardava a chegada de uma suntuosa caravana. E começou a acreditar na história que tinha inventado. Em lugar de investir o dinheiro, esbanjou-o. Na mesma proporção em que suas dívidas cresciam, aumentavam — em sua cabeça e na cabeça de toda a população — os tesouros maravilhosos de sua mítica caravana.

Como Maruf, eu também comecei a acreditar em minhas mentiras. Essa versão intrépida de mim mesma agradava-me mais que a verdade. Minha segurança era contagiante. Quando pedia cartas de recomendação, ninguém recusava.

A história de Maruf tem um desfecho inesperado. No momento em que ele se preparava para fugir, uma suntuosa cáfila carregada de jóias entrou na cidade. O mito em que ele acreditava — e do qual convencera todos que o rodeavam — realmente tomou forma e se concretizou.

E essa é, em suma, a dificuldade que sempre enfrentei. Quanto mais meu lado ocidental se dispõe a descobrir os fatos sobre o Afeganistão, mais eu me volto para o mito.

Quando finalmente parti para Peshawar, em setembro de 1986, os carrancudos *mujahidin* veteranos cofiaram a barba e desviaram os olhos daquele farelo de gente que era eu para o monte de papéis que jogara sobre a mesa. E acabaram concordando em me levar para a linha de frente.

Zahir Shah me cobriu com uma burca para eu passar pelo posto de controle paquistanês, na fronteira da área tribal. "Podemos ir em meu carro. Todo mundo vai pensar que somos casados", disse ele, insinuante.

Sufocados dentro da burca, meus sentidos estavam tão tensos que chegavam a doer. Eu tinha medo de perder alguma coisa. Perscrutava a estrada proibida que emergia da escuridão para nos encontrar. Meus anos de preparação pareciam inúteis, absurdos. Como é que alguém se prepara para entrar num conto de fadas?

Zahir Shah e eu nos comunicávamos em persa, uma língua estrangeira para ambos. Enquanto eu ofegava debaixo da burca, ele falava sem parar. Os assuntos eram curiosos. "Um inglês morava numa aldeia daqui. Era uma pessoa ótima. Deixou crescer a barba, passou a usar *shilwar kamis* e aprendeu pushtu. Se não fosse pelos olhos amarelos, ninguém diria que ele era inglês."

"O que ele estava fazendo aqui?"

"Não sei. Nunca perguntei."

Ao cair da noite, Zahir Shah parou o carro. "Vou buscar a bagagem", anunciou e saiu correndo por um campo. Logo sumiu de vista. Em questão de segundos, um bando de meninos cercou o carro, tendo-o encontrado na escuridão silenciosa tão misteriosamente quanto as formigas encontram mel. Dez minutos depois, Zahir Shah reapareceu e enxotou a meninada com um piparote. A "bagagem" se resumia a um facão e seis ou sete cartuchos de Kalashnikov.

Seguimos viagem. E então a estrada se acabou. Não é que foi se estreitando pouco a pouco até virar uma trilha; não: ela simplesmente acabou. De repente estávamos percorrendo o leito de um rio juncado de seixos do tamanho de uma bola de futebol. Montanhas se erguiam de ambos os lados. Alguns trechos do caminho estavam cobertos de água. Finalmente chegamos a uma parede quase invisível, barro sobre barro. Na parede havia uma porta.

Entramos numa fortaleza que se esparramava ao redor de dois pátios. Ainda não estávamos no Afeganistão. Estávamos no reduto de Zahir Shah, no território livre dos pushtuns, tecnicamente dentro do Paquistão.

Levaram-me a um quarto que obviamente era a suíte nupcial. Enfeites dourados e flâmulas reluzentes pendiam do teto. As paredes eram pintadas de azul-celeste e adornadas com imagens da Suíça. Sua decoração se completava com um intricado motivo de fios elétricos.

A família se apinhou ao nosso redor: um bando de filhos e uma esposa que parecia chocada. Ela sumiu num instante para retornar com uma trouxa que continha quatro pães ázimos bem velhos. A mulher distribuiu os pães para que os usássemos como descansos de prato individuais.

Zahir Shah ficou cheio de si. "Eu não disse a ela que tínhamos uma convidada."

Depois do jantar ela me perguntou se eu queria chá verde ou preto. Optei pelo verde. Seguiu-se um murmurinho em pushtu, no qual creio ter captado a palavra "açúcar", repetida várias vezes. Por fim a mulher de Zahir Shah reapareceu com o chá e um enorme açucareiro tampado. Nós dois cravamos os olhos no açucareiro. Então ela corajosamente pegou uma colher e, mantendo a tampa bem fechada, perguntou, com voz firme: "Açúcar?".

"Não, obrigada. Prefiro o chá amargo", respondi, em persa.

A família soltou um suspiro quase imperceptível. A mulher de Zahir Shah prontamente me passou uma chávena. Ele também tomou o chá sem açúcar. Sua sogra chegou, e informaram-lhe, em pushtu, que não havia açúcar. Esvaziamos o bule; ninguém abriu o açucareiro. O chá tinha gosto de coisa viva; a água tinha gosto de pântano.

No dia seguinte, acordei cedo. O café-da-manhã propiciou o ressurgimento da trouxa e dos pães ázimos.

"Vamos mandar fazer mais pão?", Zahir Shah perguntou, com ares de grandeza. "Este está seco."

A essa altura eu já conhecia o processo. "Não, obrigada. Este está delicioso", respondi.

Comemos queijo e bolachas. Numa exibição de fanfarronice, Zahir Shah tentou partir um pão, não conseguiu e desistiu. Como o açucareiro, o pão adquirira caráter de símbolo.

Mais tarde os *mujahidin* chegaram. Passaram parte da noite enchendo cartuchos de pólvora, que as crianças ajudaram a empilhar. De acordo com o costume, os homens que não eram da família ficavam confinados à sala de visitas. Eu me dirigi à ala das mulheres, onde a esposa de Zahir Shah febrilmente arrumava fatias de melão numa travessa.

"*Mande nabash*", disse ela. "Que você nunca se canse."

"*Jor bash*, que você esteja bem. Posso fazer alguma coisa para ajudar?"

"Não! Não!", ela praticamente gritou. "Você é nossa hóspede. Fique aqui e converse com a gente."

Só então percebi que havia mais duas mulheres no cômodo. "Minha mãe e minha irmã", minha anfitriã explicou. Sentei-me de pernas cruzadas, enquanto as mulheres se esfalfavam para enfiar almofadas embaixo de mim. Gostei daquela ala — aposentos coletivos, como se diz nas casas afegãs. Logo descobri que, ao visitar uma família segregacionista, vale a pena ser mulher. Os homens ficam na formal e distante sala de visitas, condenados a conversar polidamente; já a ala das mulheres é a casa das máquinas: a panela enegrecida no fogo; as crianças correndo para um lado e para o outro; as galinhas entrando e saindo.

Zahir Shah apareceu para acarinhar a prole e sorrir, feliz, para seu mulherio. Ali ele se despiu de sua arrogância, daquele ar gabola que era obrigado a manter diante de seus homens. Ali ele se desmanchou em pieguice, quando sua filha de cinco anos o abraçou.

"Tenho dez filhos", ele proclamou, deixando a menina brincar com as pontas de seu bigode cuidadosamente penteado. "Cada um é uma bênção de Alá. E, se Alá quiser, esta aqui vai me dar mais vinte." Dito isso, ele voltou para o mundo dos homens.

"Hum!", fez sua mulher. A mãe dela cutucou-a e murmurou alguma coisa. Ela corou.

"O que foi?", perguntei.

"Vamos, responda", a velha ordenou.

A mulher de Zahir Shah respirou fundo e despejou: "Ouvi dizer que no Ocidente há uma pílula mágica que faz a gente parar de ter filho".

A mãe e a irmã desataram a rir desse boato ridículo. A jovem esposa de Zahir Shah se debruçou e agarrou minha mão com surpreendente intensidade. "Não diga nada a meu marido, mas como eu posso conseguir uma pílula dessa?"

"Hã... para que é que você quer isso? Os filhos não são uma bênção de Alá?"

Ela olhou em torno, com uma expressão de tristeza no rosto. "Eu amo meus filhos — mas estou cansada. Chega de ter filho. Não quero mais. Você pode me arrumar essa pílula?"

Eu me pus a pensar. Provavelmente nunca mais voltaria a ver aquela gente. Não havia um médico ou um dispensário num raio de quilômetros. Se encontrasse algum, ela teria de enfrentar a fúria do marido. Se ele descobrisse, ela cairia em desgraça, seria repudiada ou até mesmo — nesse lugar em que imperavam reputação, honra e lei tribal — perderia a vida. Eu não podia fazer nada. "Na verdade não sei se isso existe", murmurei.

"Está vendo?", a mãe gritou. "Nós falamos que era impossível. Agora que você escutou com seus próprios ouvidos, pare de sonhar bobagens e entenda que Alá quer que as mulheres fiquem em casa, tenham muitos filhos e não encham a cabeça com fantasias inúteis."

A realidade de uma pessoa é a lenda de outra. A mulher de Zahir Shah morava a alguns quilômetros do que procurava, mas era como se morasse na Lua.

Havia uma barreira imperceptível que nos impedia de partir para o Afeganistão. Dia após dia, enquanto eu esperava, no quarto de hóspedes, que a viagem tivesse início, minhas percepções se ajustavam a meu ambiente. Entendi que os complexos motivos de fios nas paredes azuis eram puramente decorativos: a eletricidade não havia chegado à região. Quanto mais eu contemplava as idealizadas cenas alpinas nas paredes, mais absurdo se tornava o conceito de Suíça. O que me garantia que a Suíça existia?

Zahir Shah continuava arrumando pretextos para postergar a viagem. Sempre que eu lhe perguntava quando íamos partir, ele respondia, arrogante: "Ainda tenho de concluir uns preparativos".

Eu não sabia qual era o problema, porém tinha a impressão de que estava relacionado com minha roupa. Para não chamar muito a atenção, eu usava *shilwar kamis* e colete de homem. Usava também umas botas de lona — produto local — azul-escuras com listras brancas. Embora nunca tivesse praticado alpinismo, eu tinha uma vaga noção de que as botas eram importantes.

Desde o começo Zahir Shah olhava para esses calçados com ar de desaprovação. Agora estava mergulhado numa depressão terrível, que piorava toda vez que seu olhar encontrava minhas botas.

Um dia ele anunciou abruptamente que íamos visitar o mercado negro. Ali, no lado paquistanês de seu território, os tribais tinham se valido de seu status especial para estabelecer uma zona de livre-comércio isenta de tributos e de leis. Uma Meca para tudo que era ilícito, imoral ou até mortífero. Aparelhos de ar condicionado e geladeiras de fabricação russa — retirados das casas de oficiais soviéticos de alto coturno e contrabandeados em caminhões Bedford até o outro lado da fronteira afegã — apinhavam-se entre artigos japoneses provenientes de Karachi. Ópio de produção local convivia candidamente com frascos de xampu Silvikrin procedentes da Europa. A goma de mascar para garanhões (retarda a ejaculação!) aparentemente era um sucesso de vendas — embora eu me perguntasse se aqueles homens grisalhos de olhos cinzentos que espiavam por baixo dos turbantes teriam alguma idéia do fantástico anúncio, em inglês, estampado na embalagem.

Vi até uma caneca com a imagem de um porco. "Que bicho é esse?", perguntei ao vendedor, só para apoquentá-lo.

Ele evitou olhar para mim. "É um tipo esquisito de elefante", respondeu.

O gado da região tinha os olhos vidrados: o lixo que lhes servia de alimento incluía caules podres de papoula sonífera. Num canto do mercado uma fila de veículos roubados de agentes humanitários esperava que seus donos aparecessem para pagar o resgate. Em outro canto, meninos pequenos recarregavam cartuchos de metal com pólvora de fabricação caseira. Uma criança de sete anos se ofereceu para arrumar uma arma para qualquer projétil de grosso calibre que eu tivesse.

A área tribal é o tipo de lugar que funciona. Como a Harrods, o mercado parecia se orgulhar de poder fornecer qualquer coisa ao cliente, desde que dispusesse de tempo suficiente e recebesse o dinheiro adequado. Funcionou com Zahir Shah. Minutos depois ele voltou, um sorriso pairando nos lábios, o bigode retorcendo-se de prazer.

Sem pronunciar uma palavra, ele apontou para seus pés enormes. Estava usando botas novinhas em folha, exatamente do mesmo estilo e da mesma cor das minhas. Ninguém mais poderia dizer que o comandante do grupo tinha um calçado inferior ao de uma reles mulher.

"Concluí os preparativos." Ele sorriu, radiante. "Amanhã podemos partir para o Afeganistão."

Estremeci: eu estava prestes a realizar minha primeira viagem de verdade — o tão esperado retorno à pátria que eu nunca tinha visto. Na noite anterior à partida, fiquei algum tempo no pátio, contemplando as estrelas distantes num estado de exaltação. "Finalmente estou aqui", disse a elas. "Eu vim, como sempre prometi."

Pois minha agenda secreta era a seguinte: embora me irritasse com a versão da realidade apresentada pelo contador de histórias, eu estava procurando o conto de fadas. Embora exigisse a verdade, estava buscando um mito.

Eu esperava que o mito da romântica resistência afegã correspondesse aos rigores de minha investigação jornalística. Eu esperava que o mapa de histórias de minha família pudesse me guiar sem me obrigar a sacrificar o método ocidental. E acima de tudo eu esperava que, resolvendo essas contradições, pudesse reconciliar meus mundos incompatíveis, o oriental e o ocidental.

6. O vale da Canção

Uma ave doméstica pode ter te adotado,
A ti, que és um patinho, e te alimentado,
Porém tua mãe era pata aquática...
Teu desejo de água vem de tua mãe.
Teu desejo de terra vem de tua ama.
Deixa tua ama, pois com ela hás de perder-te...
Não tenhas medo, corre para a água.

Masnavi, Jalaluddin Rumi

Lá nas montanhas do nordeste do Afeganistão mora um ferreiro que adora cantar. Suas canções falam de reinos distantes, princesas perdidas, tesouros inimagináveis. A melhor de todas é a que fala de um vale maravilhoso, do outro lado das montanhas. Essa canção é estranha, fica na memória e toca o coração. Quem a escuta sente que alguma parte de si mesmo conhece o vale da Canção. Quem a escuta anseia pelo vale.

O ferreiro tem certeza de que o vale é real — mais real, talvez, que o mundo dos sentidos —, porém acha que não é correto tentar chegar lá. Acontece que ele está apaixonado por uma donzela chamada Fawzia. Ela é a jovem mais linda da aldeia e tem muitos pretendentes. Fawzia diz que só se casará com o ferreiro se ele lhe provar seu amor, viajando para o vale da Canção.

E, assim, o ferreiro parte. E escala encosta após encosta. Atrás de cada montanha, encontra outra, ainda mais alta e mais íngreme. Por fim chega a uma montanha parecida com aquela onde ele mora. Mais além há uma aldeia que não lhe é estranha.

Muitos meses se passaram, e, ao entrar em sua aldeia, o ferreiro é um velho frágil. Os aldeões correm a recebê-lo, e, hesitante, como se as palavras fossem veneno, ele despeja a terrível verdade. A aldeia do vale da Canção não é só parecida com a aldeia deles: *é a aldeia deles*. Cada um deles tem uma contraparte vivendo uma vida paralela no vale da Canção. "Mas o pior é que eles não são nossas sombras", o ferreiro prossegue. "Nós é que somos as sombras deles. Nós somos simples reflexos, e *eles* é que são reais." Pouco depois, o ferreiro definha e morre, assim como todos que ouviram a história de seus próprios lábios também definham e morrem, sem suportar a verdade que ele revelou.

Quando criança, eu suplicava que me contassem de novo e de novo essa história do folclore afegão. Nunca me cansava de escutá-la. Havia nela alguma coisa que me intrigava. Eu achava que só poderia descobrir o que era quando encontrasse o vale da Canção.

Agora, ao subir na carroceria da picape Toyota Hilux com os homens de Zahir Shah, eu finalmente estava a caminho.

Havia na Hilux uma sensação de prazer palpável. Eu sentia que, a cada giro das rodas, meu lado ocidental se dissolvia e meu lado afegão se fortalecia. Eu estava envolvida, eu fazia parte. O rumo fora traçado havia séculos por meus ancestrais. Ainda hoje tenho saudade do Afeganistão, se demoro a ir para lá. Naquele dia então eu tinha saudade de algo que não conhecia.

Ao cruzarmos a fronteira, guardas paquistaneses nos gritaram adeus — e estávamos do outro lado. Parecia que toda uma vida de restrições e normas ficara para trás; que acabávamos de entrar no último país livre da terra.

Algum tempo depois, deixamos a picape e começamos a subir a encosta a pé. Ainda me lembro vividamente da montanha turquesa diante de mim. Do cheiro do ar fresco. Havia arbustos que pareciam azevinho, mas tinham glandes. Havia seixos e regatos. Logo esqueci minha garrafa de água iodada e fui beber nos riachos, junto com os outros. Eu tinha sede de experiências, e não me importava quanto iriam custar.

Deixamos um leito seco de rio no fundo do vale e subimos por um cinturão de pinheiros e abetos que cingia o ventre da montanha. O ar se tornava cada vez mais rarefeito, e senti a primeira tontura.

Atravessamos o arvoredo para dar num ermo de pedras e neve. Agora eu estava com uma sede terrível. Continuamos subindo. Esqueci tudo que tinha lido nos livros e mastiguei um pouco de neve. Zahir Shah me deu resina de pinheiro para aliviar o mal das montanhas. Mesmo assim, eu tinha de parar a intervalos de minutos, por achar que ia vomitar. Bastava me sentar e permanecer imóvel por trinta segundos para me sentir bem — mas, no instante em que me levantava, a tontura, a náusea e a sede voltavam a me castigar.

Depois do que pareceram horas, chegamos ao cume, onde o ar era extremamente rarefeito, porém a paisagem era deslumbrante: só montanhas, estendendo-se em todas as direções, salpicadas de neve reluzente, e o céu. O estranho tilintar dos arreios de um jumento propagava-se pelo ar parado desde o vale, lá embaixo, a quilômetros de distância — e não havia mais para onde ir, a não ser para baixo. O cansaço sumiu.

O bando inteiro deslizou encosta abaixo, aos berros — uma dúzia de soldados duros, cansados de guerra, com seus ombros largos e suas barbas densas, sentados na neve, rindo como crianças e segurando seus Kalashnikovs acima da cabeça. Então, quando não havia mais neve, acabamos de descer às carreiras, tropeçando nas pedras, rolando e rindo.

E de repente estávamos na floresta sombria, e depois no vale, e — com uma guinada — percebi que tudo ia recomeçar. Os picos denteados que eu vira estendendo-se em todas as direções eram nosso destino: não havia outro jeito de chegar lá a não ser andando. Eu ainda não sabia que a viagem levaria semanas.

Uma solidão quase insuportável nos envolveu. Nas raras vezes em que avistávamos gente nas encostas mais baixas, gritávamos nossas saudações. Crianças que estavam pastoreando cabras desciam a montanha onde se encontravam e subiam a encosta onde nos achávamos só para nos cumprimentar.

"*Tzingay?* Como vai?"

"*Kheim!* Bem."

"*Be-kher rawla!* Seja bem-vindo!"

As saudações em pushtu soavam como o estrondo das avalanches. Ao meio-dia vimos um homem vendendo pilhas AA, esmalte de unha, balas e uma imitação barata de Nívea — "Vinea", dizia o rótulo, toscamente estampado com estêncil. Tomada por uma súbita febre de consumo, comprei um pouco de tudo, inclusive um esmalte de cada cor.

Eu tinha acionado o piloto automático. Apesar de minha boa forma, a junta da coxa me doía tanto que andar era um sofrimento e subir encosta era uma tortura. Contudo aquele sobe-e-desce constante ajudava de algum modo a aliviar a dor. Depois de escalar dois terços da encosta, tendo chegado ao ponto em que o ar era realmente rarefeito, eu entrava numa espécie de transe. Uma vez, arrastando-me pela neve a uns 5 mil metros de altitude, senti uma leve ferroada — e vi uma vespa picando minha mão. A dor parecia distante.

Agora eu entendia por que essa cordilheira espetacular se chama "Hindu Kush" — assassina de hindu. O nome se deve aos agiotas hindus que se aventuravam por ela, arriscando a vida na esperança de induzir aldeias inteiras a contraírem dívidas que lhes renderiam 30% de juros ao mês. De acordo com a lenda, quando os agiotas empreendiam sua viagem de volta a Peshawar, carregados das jóias que haviam tirado dos aldeões, os homens rudes dessas montanhas estavam à sua espera para cravar-lhes uma faca enferrujada na jugular e deixar mais um corpo congelando na neve.

A cada cume a água que se infiltrava em minhas botas de lona congelava, e eu sentia os pedacinhos de gelo rangendo entre os artelhos.

Na hora do almoço, parávamos por alguns minutos à beira de um riacho, sob um sol intenso. Zahir Shah desamarrava um *pattu* — o cobertor cor de mingau de aveia que todo pushtun carrega consigo — e revelava um banquete composto de pão ázimo e carne de bode. O *pattu* se convertia em toalha de mesa. O pão era duro — os pushtuns têm uma atitude desdenhosa em relação ao pão: seu tipo favorito é o que chamam de "orelha de elefante", por causa do formato, da textura e, pelo que sei, do sabor. Eles o pregam nos muros de esterco de suas cabanas, deixam-no endurecer e o servem meses depois. A carne de bode tinha um gosto forte e estava coberta de lanugem. Regávamos esse repasto com a água das fontes da montanha, e ainda me lembro da delícia que era.

Depois retomávamos a caminhada. Eu só descansava quando Zahir Shah encontrava uma pedra particularmente pitoresca. Então ele insistia em posar para uma foto numa pose heróica. Com a mesquinhez de quem se vê preso em uma situação repetitiva, comecei a me irritar com seu inofensivo convencimento. Eu tinha comprado determinado número de filmes e, nesse ritmo, todos acabariam sendo usados com Zahir Shah.

Evidentemente ele proibira seus homens de falar comigo — eu tinha certeza de que alguns entendiam persa, embora sua língua nativa fosse pushtu, que eu pouco entendia. Sempre que eu tentava conversar, eles desviavam os olhos e se afastavam em silêncio. Zahir Shah, no entanto, era louco por atenções, e eu me via recusando rispidamente suas ofertas de ajuda nas encostas mais íngremes.

Na primeira noite paramos numa *chai-khana*, casa de chá, onde havia um fogão barulhento e muitos copos de chá doce, preto e verde. Não era mais que um barracão de madeira, à margem de um riacho. As montanhas se erguiam por todos os lados.

Sentei-me num *bist-o-band* — um confortável monte de trapos — e entusiasticamente me uni aos homens que secavam as meias no fogão, no centro da casa.

Depois de uma meia hora, olhei para cima, e alguma coisa me chamou a atenção. Um projétil roliço, que não detonara, atravessava o teto. Media mais de um metro de comprimento e uns trinta centímetros de diâmetro. Tive a sensação de que nos espiava, enquanto tomávamos nosso chá. Pelo que pude ver, apenas um calço de madeira e palha o sustentava.

Não parecia uma boa idéia pernoitar na *chai-khana*, mas lá fora o frio era de gelar. Resolvi fingir que não tinha visto nada.

Quando terminamos de jantar, comemos *yakhnee* — um prato com o qual eu já estava bem acostumada. Consiste em banha de carneiro, devidamente rançosa, derretida na água. Os homens acrescentavam a essa mistura viscosa o pão duro que chamavam de orelha de elefante e ruidosamente lambiam os beiços e os dedos, ao mergulhar as mãos sujas na tigela comunitária. A vantagem do *yakhnee* era que seus ingredientes agüentavam dias ou semanas dentro de um *pattu* sem se deteriorarem ainda mais.

O *yakhnee* também tinha um bocado de gordura para se esfregar numa esplêndida barba negra. Quando o bando todo resolveu se dedicar a esse tipo de entretenimento, tratei de tirar minhas lentes de contato. Em questão de segundos tornei-me o centro das atenções. Uma dúzia de pares de olhos fascinados se aproximou para observar bem de perto. Escutei cochichos como: "Está vendo? Ela consegue tirar os olhos. É realmente um prodígio".

No dia seguinte acordei de madrugada, quando o grupo se reuniu para rezar. Um cheiro de lenha pegando fogo penetrou o ar gelado, e dali a pouco já se aquecia água para fazer chá verde. Enquanto aguardavam a fervura, o menino de treze anos, que apelidei de Gandom, e o tuberculoso examinavam animadamente um segundo projétil que não detonara. Essa bomba era mais comprida e mais delgada que a do teto e estava lá fora, fincada no solo pedregoso.

Zahir Shah, que não conseguia ficar por muito tempo afastado do centro de tudo, correu para lá, munido de um portentoso canivete, e tentou erguer o projétil com o acessório concebido para tirar pedras dos cascos dos cavalos.

Tratava-se, obviamente, de uma demonstração do que, lá em casa, chamávamos de Escola Afegã de Engenharia. Entusiasmo na dose certa e criatividade mal direcionada caracterizam essa escola, cujo fundador documentado foi Ahmad Shah, o primeiro rei do Afeganistão moderno. Em 1751, Ahmad Shah ordenou a seus engenheiros que concebessem um canhão capaz de disparar uma bala de 225 quilos. Assim que o canhão ficou pronto, o rei não se deu ao trabalho de testá-lo e levou-o até a cidade de Nishapur, que por acaso estava sitiando. Ao tomar conhecimento da presença dessa arma formidável, os habitantes de Nishapur se apavoraram de tal modo que imediatamente se renderam — o que foi uma sorte para Ahmad Shah, pois no primeiro disparo o canhão explodiu.

Felizmente para todos nós, no momento em que Zahir Shah encontrou uma fiação perigosa, a água do chá começou a ferver e os *mujahidin* puderam abandonar sua tarefa com a honra intacta.

Os dias transcorriam num sobe-e-desce incessante. Perdi a noção do tempo. Estávamos na província de Kunar, no nordeste do Afeganistão. Tinha havido lutas recentes nessa região. Eu dizia a mim mesma que ia avaliar a organização e a capacidade dos *mujahidin* locais. Dentro de mim uma voz implacável murmurava que eu entendia pouco de jornalismo, de guerra ou da vida no mundo real. Na verdade eu estava ali para aprender sobre mim mesma.

Viajamos dias e dias sem avistar nenhum tipo de habitação. Às vezes nos deparávamos com aldeias reduzidas a ruínas. Tudo bombardeado, construções arrasadas, plantações destruídas.

Os terrenos mais planos que percorríamos ocasionalmente eram um choque para mim: pareciam a superfície lunar. Crateras imensas cortavam o solo de um cinzento uniforme. Disseram-me para ter cuidado com as minas terrestres. Foram lançadas de avião ou enterradas nas proximidades de aldeias abandonadas. Esse era um massacre sem mapa — não havia registros. Até hoje o Afeganistão luta contra minas incontáveis e inencontráveis.

As minas faziam parte de uma estratégia concebida para despovoar regiões que apoiavam os *mujahidin*. Comecei a entender os motivos pelos quais os refugiados que eu tinha visto no Paquistão haviam partido — e os perigos que enfrentaram pelo caminho. Os fugitivos — mulheres e crianças — se arrastaram pelas mesmas montanhas com que eu vinha brigando. Tinham perdido a maior parte de seus animais. No Paquistão, aguardavam sem esperança, em meio à poeira ressequida, vendo os filhos sucumbirem à desnutrição e às infecções respiratórias, sonhando com plantações e aldeias desde muito destruídas.

Passaram-se dias. No vale do Kunar, encontramos os restos de um comboio soviético. Metal enferrujado, anatomia esquelética de uma batalha que há muito tempo caiu no esquecimento. Contei os destroços retorcidos de uma dúzia de tanques.

Sentamo-nos no tanque maior e comemos pão. O sol estava quente. O espetáculo dos tanques destruídos ao longo da estrada evidentemente fazia bem aos *mujahidin* — como se o lembrete dessa vitória local justificasse sua louca esperança de ganhar a guerra. Tive de me beliscar para lembrar que estava na linha de frente de um conflito com uma superpotência. O Exército Vermelho — talvez a força armada mais poderosa do mundo — tinha a missão de manter o Afeganistão nas mãos dos soviéticos. Do outro lado do planeta, homens da CIA trabalhavam dobrado, fornecendo armas aos *mujahidin*, patrocinando gente como essa: um bando de homens desgrenhados, que riam como crianças ao calor do sol.

Na época quase tudo que a imprensa ocidental publicava sobre os *mujahidin* tinha conotação política de uma cor ou de outra. Os *mujahidin* eram ou heróis valentes do mundo livre, ou bandidos reacionários. Ambas as definições eram invenções do Ocidente. Esses homens nem odiavam os comunistas (a não ser como infiéis), nem admiravam os Estados Unidos.

Tanta caminhada estava acabando comigo. Minhas juntas doíam horrivelmente, e eu vivia irritada. Já não suportava o cheiro forte e enjoativo do *yakhnee*. Zahir Shah também tinha indigestão. Mas se recusava a admitir. Para completar seus pontos fracos, ele era um grande hipocondríaco. "Meu coração!", gritava dramaticamente, batendo com tanta força no peito que a cartucheira chacoalhava. "Meu coração está muito fraco."

Para nosso alívio, agora avistávamos finalmente umas casas aqui e ali. Amontoadas nas encostas como ninhos de vespa, elas me lembravam um pouco os chalés suíços. Estávamos chegando à fronteira de Nuristan, província afegã cujo nome significa literalmente "terra de luz".

Um grupo de homens caminhava em minha direção, e eu pensei: deve ser uma equipe de cinegrafistas ocidentais. Eles tinham algo de impalpavelmente europeu. Talvez a brancura: eram todos loiros ou ruivos. Talvez o andar decidido — muito diferente do passo lento dos pushtuns. Talvez o esmero com que amarraram o *pattu* na cintura, em vez de jogá-lo nos ombros displicentemente, como os pushtuns. Ou talvez fosse o jeito como usavam o *pukkal* — gorro de lã — desenrolado e reenrolado frouxamente, como se fosse um acessório estranho e estrangeiro. Quando se aproximaram, no entanto, fiquei pasma ao ouvi-los falar pushtu.

A história e as origens dos nuristanis se perdem nas brumas do tempo, mas eles são os únicos da região que usam cadeiras para se sentar à mesa, fabricam colheres de madeira, moram em chalés e observam mais uma infinidade de costumes que parecem pertencer a outro hemisfério. Diz-se que descendem dos remanescentes do exército de Alexandre, o Grande. Até 1896 eram infiéis. Então, cumprindo um dever piedoso, Amir Abdurrahman Khan os conquistou e os obrigou a abraçar o islamismo.

Zahir Shah pediu-lhes algumas das faixas com que eles tradicionalmente envolvem as pernas, do tornozelo ao joelho. Com isso seu *shilwar* ficou empapuçado acima do joelho, à semelhança de um calção bufante, dando-lhe a aparência de um tirolês maluco numa farsa alpina.

Atravessamos um cemitério nuristani. Esculturas de madeira assinalavam as últimas moradas — tão diferentes dos túmulos abandonados dos afegãos e dos paquistaneses, que acreditam que as almas dos mortos partem para outra esfera e, portanto, não vêem motivo para reverenciar uma simples carcaça.

E então começamos a encontrar aldeias. Mas elas não se pareciam com nenhuma aldeia que já vi. Para visitá-las era preciso caminhar semanas inteiras pelas montanhas inóspitas. Poucos habitantes dessas aldeias já foram além dos vales vizinhos. Essa gente levava uma vida medieval, intocada pelo mundo moderno, praticamente alheia à guerra feroz que se travava bem perto dali e já havia custado a vida de mais de 1 milhão de seus compatriotas.

As passagens altas só eram transitáveis no verão — nem mesmo as mulas e os jumentos conseguiam transpô-las nas outras épocas do ano. Quase ninguém ali jamais viu um veículo motorizado; não havia estradas num raio de alguns quilômetros. Eletricidade e água encanada não passavam de rumores.

A história do vale da Canção parecia ganhar vida nesse lugar, onde vales distantes se sucediam. A população local não podia ter mais que uma pálida idéia do que existia para além da infindável cordilheira. Eu alimentava uma vaga esperança de encontrar meu Duplo, ou, quem sabe, uma réplica do vilarejo de Kent onde cresci. Ou talvez estivesse delirando em função da andança constante, da alimentação precária, da falta de sono.

As casas dessa região eram de madeira e tinham dois ou três andares, como os chalés suíços. O gado ficava no térreo, nos estábulos cheios de feno; a família morava no andar de cima. O sótão comumente servia de celeiro.

Apesar de viajarmos a pé e usarmos trajes locais, os aldeões nos olharam com espanto. Mas nos receberam bem, pois éramos uma fonte preciosa de notícias sobre o mundo exterior. Em troca informaram a um agoniado Zahir Shah que tinham a sorte de possuir um boticário — a apenas duas horas de caminhada. A essa altura tal distância parecia nada, de modo que, quando Zahir Shah resolveu visitar o boticário, fui atrás dele, por pura curiosidade.

Como era de esperar, encontramos uma pequena farmácia, imaculadamente limpa, administrada por um rapaz de seus vinte anos. É bem verdade que os medicamentos estavam com o prazo de validade vencido. Transportados em lombo de jumento durante semanas, depois em costas de homem por mais uma semana, também estavam em más condições. No entanto o simples fato de vê-los ali já era um milagre.

O boticário se chamava Hashem. Timidamente ele explicou que seu pai fora farmacêutico. Sendo tal aptidão hereditária, como todo mundo sabe, Hashem herdou a farmácia e o título quando seu pai morreu.

Zahir Shah estava no sétimo céu. Comprou um monte de antibióticos de várias cores e se pôs a mastigar punhados inteiros. "Este remédio é muito bom — vai curar todas as minhas dores", dizia.

Ora, se um comprimido representa uma cura, dúzias de comprimidos representam a vida eterna e a prosperidade sem fim. Partindo dessa premissa, ele resolveu tomar também uma injeção de penicilina. O pobre Hashem foi obrigado a preparar uma agulha enferrujada — a única que ele tinha — e uma ampola misturada com água suja do córrego. Zahir Shah entrou no cômodo ao lado para tomar uma injeção na nádega. Ao voltar, gemia loucamente — a dor do tratamento fortalecera sua convicção de que se encontrava à beira da morte.

Hashem estava eufórico com nossa visita. E, sem se importar com o fato de que éramos doze, insistiu para que todos nós fôssemos a sua casa. Sua mulher faria *pilau*. Aceitamos o convite de bom grado. Antes, porém, tínhamos de cumprimentar o líder da aldeia — o Khan local.

Foram mais duas horas de caminhada; agora o sol estava quase tocando os cumes das grandes montanhas que rodeiam esse Shangri-lá. O Khan nos esperava. Em conformidade com sua alta posição, usava uma esplêndida *chapan*, ou túnica, de seda bordada. Como eu já estava farta de Zahir Shah, tratei de me esgueirar até os aposentos das mulheres, onde o Khan não demorou a aparecer.

Ele me apresentou suas duas esposas. Uma aparentava cerca de sessenta anos, mas provavelmente estava na casa dos quarenta. O Afeganistão tem uma das expectativas de vida mais baixas do planeta — em torno de 46 anos —, e eu sempre me surpreendia ao descobrir que a maioria das pessoas que conheci era uns vinte anos mais nova do que parecia.

A esposa mais jovem tinha uns vinte e poucos anos e três ou quatro filhos. A mais velha observava com tristeza as crianças que brincavam. "Esta é Fátima", o Khan informou, indicando a mulher mais jovem. "Ótima parideira." E apontou a mais velha: "Salma não é tão boa. Ela parou de ter filhos".

Fiquei indignada com esse comentário, porém Salma sorriu e balançou a cabeça, como se estivéssemos falando do tempo.

"Ela me deu sete filhos", o Khan prosseguiu. "Quer dizer que também já foi boa." Esse foi o único elogio que Salma recebeu, mas parece que a confortou.

Encerrada a visita, voltamos para a casa de Hashem. Tendo os *mujahidin* calculado mal o tempo, como de hábito, percorremos a maior parte do trajeto no escuro. Arrastamo-nos pelo leito seco e pedregoso de um rio e pelo atalho escavado na encosta da montanha. Não tínhamos uma tocha sequer. Nossa única luz era a das intensas estrelas verdes que pareciam pender do firmamento como cachos de uva, a um braço de distância. Estrelas da montanha: tão próximas no ar rarefeito que tínhamos a impressão de roçar o céu.

Hashem nos conduziu à sala de visitas. Depois das dificuldades que enfrentamos no caminho, sua sala parecia o suprassumo do luxo. *Lihaf*, ou acolchoados, e almofadas bordadas espalhavam-se pelo chão. Aparentemente não havia pulgas. Serviram o chá em bules de porcelana Gardiner, fabricada na Rússia imperial por um inglês excêntrico e muito apreciada no Afeganistão.

Nosso anfitrião me perguntou se eu gostaria de conhecer sua esposa, na ala das mulheres. Fiquei encantada, embora a lembrança dos comentários do Khan ainda me enfurecesse.

Guiada por Hashem, subi a escada de madeira e acho que fiquei boquiaberta ao entrar no quarto. Pois me vi num quadro pintado por um mestre da Renascença. Ali havia tudo o que o conforto doméstico exigia, mas nem um único objeto que não pudesse existir no século XIV.

Painéis de madeira escura e cortinados de cores vivas revestiam as paredes. Um raio de luz dourada atravessava as janelas e iluminava um conjunto de tigela e colher de madeira trabalhada que se encontrava em uma mesa. O mobiliário incluía cadeiras baixas e uma roca de fiar. Um berço entalhado pendia do teto e balançava suavemente. O bebê dormia sob cobertas bordadas, com um gorro de lã na cabeça. Avistei no lado de fora umas galinhas ciscando num tablado, um fogão rústico e um forno de barro. O conjunto era encantador. Despertava-me uma sensação de *déjà vu*. Parecia tão familiar quanto uma lembrança da infância. Eu me sentia em casa.

No meio desse império estava a muher de Hashem: uma jovem belíssima, de rosto em formato de coração, profundos olhos cinzentos, faces rosadas, pele de cetim. Como os montanheses em geral, ela era roliça e robusta. Sua única concessão ao século XX estava no cabelo. Evidentemente os grampos já haviam chegado ao vale na mochila de um mascate. Karima usava-os às dúzias, cuidadosamente dispostos um sob o outro, tal qual na embalagem. Estava claro que os via como um adorno para sua cabeleira ondulada e conseguia produzir um efeito bastante agradável. Contudo os grampos — e um certo brilho em seus olhos travessos — indicavam uma consumidora frustrada.

Não havia dúvida de que ela era mimada. Hashem inchou de orgulho ao apresentá-la: "Minha mulher é filha de um khan. Não é linda? Eu me casei com a moça mais linda da aldeia".

Três vezes na vida cruzei com pessoas com as quais senti uma afinidade inexplicável — uma mulher numa aldeia egípcia, uma criança num campo de refugiados curdos e Karima. Nos olhos de cada uma delas encontrei o reconhecimento dessa afinidade, como se todas tivéssemos percebido, para nossa grande surpresa, que em algum nível havia alguma ligação entre nós. Se meus ancestrais tivessem tomado um rumo diferente — se tivessem controlado sua inquietação interior —, eu poderia ser Karima: dona desse quarto delicioso, filha de um khan, mulher do boticário local.

Karima encantou-se tanto comigo quanto eu com ela. A princípio pensou que eu fosse um rapaz e, com um murmúrio de espanto, fez menção de se cobrir com o véu. Ao ouvir minha voz, olhou-me com mais atenção. "Você é mulher", disse. "Por que está vestida desse jeito?"

Em seu contexto cultural minha figura devia ser o equivalente a um homem com meias e ligas de mulher ou a uma velha com uniforme de bombeiro, mas ela não demonstrou desaprovação nem ironia, apenas uma intensa curiosidade sobre algo tão alheio à órbita de seu cotidiano. Por sorte ela falava persa, e pudemos nos comunicar sem intermediários.

Expliquei-lhe que havia ido ao Afeganistão para poder contar ao mundo o que estava acontecendo ali. Para isso tinha de viajar com os *mujahidin*, e esse traje era o mais adequado às circunstâncias.

"Você não tem problema em andar por aí com tantos homens?"

Contei-lhe que os *mujahidin* estavam empenhados numa *jihad*, numa guerra santa. Eu não imaginava outro grupo de soldados com o qual pudesse viajar com tanta segurança.

Ela refletiu sobre isso por alguns momentos. E me pediu que lhe falasse do que tinha visto e aprendido ao longo da viagem.

Comentei que os nuristani se pareciam com os ocidentais sob muitos aspectos, enquanto a maioria dos afegãos era bem diferente.

Eu queria saber mais sobre ela. Porém Karima ardia de curiosidade, estava faminta de informações sobre o mundo existente além de seu vale, de sua aldeia. O que as mulheres vestiam no Ocidente? Homens e mulheres conversavam livremente? Havia meios de transporte prodigiosos, capazes de levar uma pessoa de um lado a outro num piscar de olhos, inclusive pelo ar? Como eu tinha ido ao Paquistão? Quando pretendia voltar?

Respondi suas perguntas o melhor que pude, ciente de que, mesmo encontrando vontade de entender, é praticamente impossível transmitir conceitos alheios à experiência cultural do outro. Quando lhe falei do avião, por exemplo, vi que sua cabeça estava em tapetes voadores e fórmulas mágicas — a idéia de que um aparelho desse podia ser operado por meios mecânicos, como o moinho de sua aldeia, era simplesmente absurda.

"Mas, e os djins do ar?", ela perguntou. "Essa criatura voadora deve precisar da cooperação deles — a não ser que também seja um djim, e um djim mais poderoso que os outros." Naturalmente a existência dos djins era indiscutível.

Conversamos até tarde da noite. A princípio o boticário ficou ouvindo, mas depois foi fazer companhia aos homens, na sala de visitas. Nesse vale de conto de fadas, todo um mundo distante e único era o padrão — e o Ocidente é que era o conto de fadas.

No fim Karima me fitou com uma expressão marota e anunciou: "Vou me vestir de homem e viajar com você até o Paquistão. Quero ver com meus próprios olhos essas maravilhas".

Por uma fração de segundo vi a vida através de seus olhos. a tacanhice da existência no vale, a visitante exótica que vinha de outro mundo, muito mais fascinante, acenando com seus mistérios, o caminho aparentemente livre. "A viagem pelas montanhas é longa e dura", argumentei.

"Sou mais forte que você. Veja só este braço. Estou acostumada a carregar água e ordenhar cabra."

"Bom, acho que você não iria gostar do mundo moderno tanto quanto imagina."

"De qualquer modo vou com você e, se não gostar de lá, eu volto."

Mais uma vez me lembrei da história do vale da Canção: assim como o ferreiro nunca conseguiu retomar a vida que levava antes de sua descoberta, ela tampouco conseguiria. Se partisse comigo, sua experiência a mudaria para sempre e a excluiria de seu mundo.

Naquela noite, pouco antes de adormecer sob um edredom macio, ouvi Karima e Hashem cochichando animadamente em seu colchão, no outro lado do quarto. Era evidente que estavam apaixonadíssimos: duas almas em perfeita harmonia, seu vínculo selado por uma confiança e um respeito mútuo raros de se encontrar em qualquer lugar do mundo. Seu amor atenuava de algum modo o egoísmo e a crueldade do Khan para com a esposa mais velha. Lembrei que Karima era filha de um khan, provavelmente o mesmo, e me perguntei se ela temia acabar como sua mãe, amada um dia e agora desprezada. Concluí que provavelmente não temia.

Em silêncio, rezei com fervor para que Karima nunca cedesse ao desejo de seu coração e nunca deixasse esse vale misterioso para perseguir uma quimera no outro lado das montanhas. Pobre Karima: anos depois, milhões de seus compatriotas ainda estão retidos no Paquistão. Todos eles sonham com seus vales verdes e suas águas puras, mas não podem retornar.

No dia seguinte eu me despedi de Karima e Hashem, e deixamos o vale da Canção. Com freqüência penso neles, levando suas vidas paralelas à minha. E creio que agora sei o que me intrigava na história. Em vez de enfraquecer minha vontade de viver, a serena existência daquele casal enriquece a minha. Às vezes me pergunto se conseguiria refazer minha viagem pelas montanhas implacáveis e, caso conseguisse, se os encontraria lá — ou se a aldeia e o vale teriam se perdido na bruma. Se os encontrasse, eu não deixaria que aquele lugar me escapasse dos dedos novamente. Eu me instalaria lá e desapareceria para sempre no vale remoto demais para ser tocado pelo tempo ou pela guerra.

7. A honra de um homem

A noite é escura — mas contaram-se as maçãs.
Provérbio pushtu

Meu avô tinha um único vício. Era apaixonado por romances baratos sobre o Velho Oeste. Sua coleção de brochuras amareladas incluía títulos como *Os ossos do búfalo* e *Tiroteio na mina de prata.* Acho que para ele esses livrecos eram relatos fiéis de acontecimentos históricos. Lembravam-lhe os pushtuns indomáveis, que ninguém conseguira realmente conquistar.

Nos livros de sua autoria ele descreve os homens orgulhosos da fronteira afega num estilo influenciado tanto por seus queridos romances do Velho Oeste quanto pelas *Mil e uma noites.* Eu devorava sua obra. Aquele era um mundo onde a mínima desfeita, ainda que imaginária, podia desencadear uma rixa sangrenta que se arrastava por gerações. Onde donzelas eram raptadas — nem sempre contra a vontade — na calada da noite por seus fogosos pretendentes afridis. Onde as mulheres tinham o cuidado de usar calças vermelhas para não levar um tiro nas freqüentes guerras intertribais. Onde os homens podiam sibilar uma praga como: "Tomara que você viva para pagar impostos".

Os pushtuns naturalmente não se curvavam à lei dos homens. Porém tinham seu próprio código, o *Pushtunwali* — e a penalidade por uma transgressão era pior que a morte: significava desonra. Eu era versada nas qualidades e nos deveres definidos pelo *Pushtunwali*. Entre outras coisas, a lei da hospitalidade reza que quem comeu o sal de um pushtun tem direito a proteção e respeito; *badal* exige que se vingue sangue ou insulto com sangue; *mamus* impõe o dever de proteger e respeitar as mulheres; e *ghayrat* estabelece o direito de defender a propriedade e a honra pela força, se necessário.

A reverência de meu avô pela independência dos pushtuns era quase mística. Ele tendia a relevar certos pontos do *Pushtunwali*, como a retaliação por perdas materiais e a tediosa obrigação de manter a dignidade perante os demais. Via o código como uma metáfora do refinamento que o espírito humano consegue alcançar. Em sua insistência na honra, na generosidade e na nobreza identificava um conjunto de valores capaz de transformar a alma.

Até então eu tinha um conhecimento puramente teórico da cultura da fronteira afegã. Zahir Shah e seus homens foram os primeiros pushtuns que me proporcionaram a oportunidade de observá-la de perto. Retomamos a penosa viagem. Estávamos exaustos e ainda tínhamos um longo caminho pela frente.

Zahir Shah sofria horrivelmente com o abscesso que a agulha suja provocara em sua nádega. Eu bem que me esforçava para ter pena dele, mas no fundo achava engraçada a tortura que ele mesmo se infligira. Agora que os antibióticos podiam ser-lhe úteis, Zahir Shah não confiava mais neles. Usava seu vasto estoque de comprimidos coloridos para pagar nossa hospedagem nos *chai-khanas* ou para presentear as crianças. A notícia de nossa chegada nos precedia, e por toda parte os aldeões corriam a encontrar-nos, gritando: "*Dawa! Dawa!* Remédio! Remédio!".

Ao retomar a caminhada, retomávamos também o invariável cardápio de *yakhnee* e pão. Eu estava doente e hipersensível. Agora, quando Zahir Shah se prontificava a me ajudar nos trechos mais difíceis, eu achava suas ofertas não só gratuitas como obscenas. E mal conseguia me controlar para não gritar com ele.

Em razão das várias semanas de viagem, da tensão constante, da ausência de privacidade e da absoluta falta de controle sobre o ritmo em que nos deslocávamos, eu me encontrava bem próxima a um estado de espírito que em Peshawar chamam de "apagamento afegão". Um dos sintomas é a convicção de que só a gente é completamente racional, enquanto o resto do mundo age de modo inexplicável.

A marcha estava demorando muito mais do que eu pensara. Os *mujahidin* com freqüência se perdiam — é uma ilusão dos ocidentais acreditar que os montanheses possuem uma espécie de radar invisível para se orientarem num terreno tão árido. Pior: eu tinha fortes suspeitas de que Zahir Shah fazia longos desvios, às vezes suportando dias de privação, na esperança de encontrar instalações confortáveis e boa comida numa aldeia distante.

Tudo isso me desnorteava e me enfurecia, e eu não tinha como descarregar a raiva. Estava toda mordida de pulga. À noite eu sentia que me arrancavam pequenos nacos de carne. (Quando finalmente voltei para casa, fiquei horrorizada ao ver meu corpo macilento e marcado; contei mais de trezentas picadas de pulga, antes de desistir do resultado final.)

Certa casa de chá parecia excepcionalmente confortável. Até eu perceber que a palha que cobria o chão estava se mexendo. Tive de reunir toda a minha autodisciplina para entrar e sentar-me. Então vi milhões de grilos saltando por entre a palha. Ora, os grilos são criaturinhas amistosas, porém naquela noite tive um sono agitado e cheguei a gritar, acordando o quarto inteiro — um sinal inequívoco de que estava com as idéias embaralhadas. Zahir Shah sorriu para mim e se ofereceu para me massagear os pés. Não sei por que aceitei a oferta.

Numa outra noite fui eu que acordei com gritos. Ao uivo aflito de uma criança acrescentava-se um elemento que não consegui identificar, algo como uma angústia sobre-humana. Descobri que a fonte do berreiro era o pequeno Gandom, o menino de faces cor de trigo. "Qual é o problema?", perguntei, sonolenta.

"O comandante lhe passou uma descompostura", um dos homens me explicou, evitando meu olhar. "Ele está chorando de vergonha."

Nesse momento eu me dei conta de que estava inteiramente à mercê de Zahir Shah e seu bando. Não podia nem descer a montanha sozinha; um forasteiro desarmado não tinha muita chance de sobreviver no Afeganistão. Agora eu era presa da aventura que iniciara com tanta alegria. Arrastando-me pelas encostas, pus-me a matutar sobre cada fragmento do folclore pushtun que conseguia tirar do baú da memória.

Aqui e ali meu pai acrescentara uma dose de cautela às histórias que meu avô contava, exaltando a honra, a bravura e a intrepidez dos pushtuns. "*Zar*, *zan* e *zameen* — ouro, mulheres e terra — são as três fraquezas terríveis dos pushtuns. Tenha cuidado, Saira Jan, aquela gente é perigosa." E ainda: "Por que você acha que os pushtuns fazem tanto estardalhaço com o *Pushtunwali*? Não é porque o cumprem religiosamente. O código está ali para lembrar-lhes como eles deveriam ser".

No dia seguinte entramos na área controlada pelos *mujahidin*, que era nosso destino desde o início, conforme constatei. Para Zahir Shah isso era civilização. Pela primeira vez encontramos outros *mujahidin*. Eles estavam guarnecendo as trincheiras de artilharia antiaérea. Aparentemente chegáramos, por fim, a uma zona de guerra. Mas não havia sinal de ofensiva. Ao contrário, fui convidada a fotografar um grupo de meninos que estavam polindo os Kalashnikovs, enquanto Zahir Shah, refestelado num canto, desfiava suas patranhas de heroísmo.

A base central dos *mujahidin* situava-se a apenas dois dias de viagem. Lá, tínhamos certeza, encontraríamos conforto e sossego: condições para lavar roupa e boa comida. Percorremos um leito seco de rio. Uma expressão de indescritível malandragem instalou-se nas duras feições de Zahir Shah. Ele caminhava a meu lado. "Quando chegarmos à base, você será hóspede dos *mujahidin* por no mínimo um mês."

Então, os planos haviam mudado. Zahir Shah estava evidentemente cansado de andar. Percebi, com um aperto no coração, que eu já estava atrasada — imaginei que a viagem demoraria umas duas semanas, e havíamos levado mais que isso embrenhando-nos Afeganistão adentro. A essa altura meus pais teriam recebido minha carta. Com a dramaticidade de meus 21 anos, eu começara com as seguintes palavras: "Quando lerem esta, eu estarei na linha de frente, dentro do Afeganistão...". Hoje em dia a lembrança dessa crueldade me enche de remorso — mas na época eu apenas começava a imaginar o efeito que a carta teria produzido em minha mãe. E o pior era que em breve meu irmão chegaria a Peshawar, e eu prometera que estaria lá para recebê-lo. Agora essa promessa era tudo que me restava. "Obrigada pela hospitalidade, Zahir Shah", falei, com firmeza. "Mas, como você sabe, tenho de estar em Peshawar no final do mês."

Era um jeito absurdamente ocidental de encarar as coisas. O que era um dia, uma semana, um mês, um ano nesse lugar? O conceito de tempo era ridículo nesse mundo, onde nos esfalfávamos pelas duras encostas, onde se mediam distâncias pela quantidade de chão que um jumento consegue percorrer no período de um dia.

Zahir Shah riu — porém seus olhos se apertaram. "O quê? Você andou tanto para simplesmente virar as costas e caminhar tudo de novo? Você acha que eu sou bobo?"

"Eu sei que você é um homem honrado — e como tal vai honrar sua promessa de me levar a Peshawar até o fim do mês."

Andamos em silêncio por algum tempo. Então ele tentou outra tática. "Os *mujahidin* me disseram que já nevou nos passos altos. Seis pessoas morreram numa avalanche. Só na primavera vai dar para cruzar as montanhas."

Esse era um argumento muito mais difícil de refutar. E se fosse verdade? Se a passagem estivesse fechada? Não me restaria outra alternativa senão esperar até a primavera, ou até os *mujahidin* decidirem me levar. Eu não conseguiria avisar meus pais, e eles me dariam por morta. Eu não podia fazer isso com minha família.

Acho que fiquei meio louca. Invoquei a obrigação da hospitalidade e lembrei que era hóspede dos *mujahidin*. Zahir Shah simplesmente apertou os olhos: travava-se ali uma luta entre duas vontades opostas.

Esbravejei. A hospitalidade dos *mujahidin* não valia nada. E eu que pensei que eles eram homens de palavra. O clã de Zahir Shah tinha esquecido o *Pushtunwali*, o velho código de honra que todo homem livre do Hindu Kush seguia fielmente?

Ofender a honra de uma gente tão rápida no gatilho era perigoso: em todas as histórias do *Pushtunwali* que meu avô contava era terminantemente proibido causar dano às mulheres, mas parece que confiar minha segurança ao mito que me incutiram na infância representava um progresso e tanto em termos de fé. Eu estava fora de mim.

Tirei o cinto no qual guardava meu dinheiro e joguei o conteúdo no rio. Notas de quinhentas rupias ficaram boiando por toda parte. "Esse é o *baksheesh*, a gratificação que eu pretendia dar aos bravos *mujahidin*. Pois agora é do rio. O rio é mais honrado que eles!"

Quando eu era criança, tia Amina me contava a história de uma princesa que era filha de um homem e de uma criatura mágica chamada *Peri*. Quando a princesa cresceu, a mãe dela a mandou para o mundo dos humanos, ao qual ela pertencia. Ao despedir-se da filha, a *Peri* deu-lhe uma pena de sua cauda e recomendou-lhe que a queimasse, se por acaso se visse numa situação desesperadora. Nas circunstâncias adequadas, o talismã faria a temível criatura aparecer. As histórias do *Pushtunwali* que meu avô me contara também eram um talismã. Forneceram-me a teoria da honra dos pushtuns com a qual poderia conjurar sua prática. Eu tinha falado sem pensar, alheia ao simbolismo de meu ato, porém Zahir Shah prontamente se rendeu. "Ainda que todos nós morramos tentando, vou levar você de volta", ele rugiu. "A honra dos *mujahidin* assim o exige."

Achei alarmante essa transformação repentina. Tive a desagradável impressão de que havia desencadeado forças que não entendia. Minha raiva se dissipou tão rapidamente quanto surgira. Agora eu estava envergonhada. Os *mujahidin* se aproximaram cautelosamente e me entregaram os maços de notas que tiraram do rio e secaram como puderam.

Eu me perguntava qual seria o desfecho dessa crise. Alguma coisa me dizia que, embora tivesse alcançado meu objetivo imediato de voltar para Peshawar, eu havia suscitado uma série de circunstâncias que talvez viesse a lamentar.

Seguimos viagem e, à noite, chegamos a outra base. Agora Zahir Shah estava uma seda. Emprestou-me um *shilwar kamis* limpo e mandou os *mujahidin* lavarem o meu.

Fui até um tanque e lavei o cabelo na água gelada. Além do *yakhnee* e do pão de sempre, a base tinha uma pequena horta. Eu não cabia em mim de alegria. Sabia que nos serviriam toda iguaria vegetal que cultivavam. Talvez umas cenourinhas, um pouco de espinafre... qualquer coisa, menos aquela banha de carneiro rançosa.

No entanto, quando o *yakhnee* apareceu, tudo que o acompanhava era um prato de raízes grandes, brancas e nodosas. Mordi uma. O gosto era inconfundível. Por algum motivo que só eles conheciam, os *mujahidin* dessa base tinham resolvido dedicar toda a sua horta aos rabanetes. E seus rabanetes eram tão ardidos e fortes que me bastou comer um para ter indigestão.

Fui me deitar. No lugar do dormitório habitual, havia uma série de celas. Como convidada de honra, tive direito a uma cela que abrigava duas camas de ferro. Desabei numa delas, encantada com tamanho conforto.

Não sei quanto tempo se passou até eu ouvir um baque e uma chocalhada. Zahir Shah tinha entrado na cela e se apoderado da outra cama.

"Saia daqui!", rosnei, acordando repentinamente. Zahir Shah hesitou, mas caiu na cama.

"Você sabe o que é *azzat*?", perguntou, na escuridão.

"Sei. É honra", respondi, tentando imaginar aonde aquela conversa ia nos levar.

"*Azzat* é a coisa mais importante. A honra de um homem. O que os outros dizem sobre ele. Essa história do dinheiro, do *baksheesh* dos *mujahidin* que você jogou no rio. Isso vai dar o que falar — não lá fora, claro, mas aqui, entre nosso *qom*, nossa própria gente. Podem dizer que os *mujahidin* não deram a devida atenção a um hóspede — o que é perda de *azzat*."

Agora eu estava morrendo de vergonha. Disse a Zahir Shah que ele era um homem extremamente honrado e que em circunstâncias adversas uma mulher fraca podia se descontrolar.

Zahir Shah aproveitou a deixa. "Saira Jan, por que não posso me deitar com você?" Depois do discurso sobre honra, a pergunta me deu vontade de rir. Mas então escutei o inconfundível estalido de uma trava de segurança sendo aberta e me lembrei da arma que ele sempre trazia no cinto. No silêncio que se seguiu, pensei no que faria, se ele me ameaçasse. Percebi que não estava com medo. Só me sentia decidida.

"Tenho uma arma e poderia atirar em você", ele anunciou.

"Muito bem, se seu *azzat* lhe permite atirar numa mulher, vá em frente."

Por um momento o silêncio voltou a se instalar, exasperante. Apurei os ouvidos e escutei um deslizar de cartuchos — será que Zahir Shah estava recarregando a arma? Ele deu alguns passos em minha direção. Achei que não se atreveria a disparar, porém não estava cem por cento segura. Pensei em meu avô e esperei que suas histórias sobre a honra dos pushtuns contivessem ao menos um pingo de verdade.

Alguma coisa caiu em meu colchão. Era a arma. "Você tem de me matar, porque de qualquer modo será responsável por minha morte", Zahir Shah falou. De repente entendi que o ruído que eu escutara era das balas sendo retiradas do pente. Foi difícil não rir dessa combinação de drama e cautela. Guardei a arma embaixo do travesseiro. "Boa noite."

Silêncio. "Se não vai atirar em mim, devolva-me a arma", ele pediu por fim.

"Prometa por sua honra de afegão, de comandante e de pushtun que vai me deixar em paz, e eu lhe devolvo."

No dia seguinte, não sei como, chegamos a um acordo: partiríamos para Peshawar sem demora. Eu o tinha vencido em particular, porém seu plano dera certo. Zahir Shah recuperara o prestígio diante de seus homens. Tudo que eles sabiam era que eu tinha passado a noite sozinha com o comandante. Evidentemente eu era uma prostituta ocidental, apesar de toda a minha conversa bonita. Zahir Shah se pavoneava de macho —

e eu começava a perceber o valor das *aparências* no tocante à honra.

"Os *mujahidin* são fortes e corajosos. Por sua hóspede desafiarão a morte no gelo e na nevasca", Zahir Shah trovejou. E assumiu uma pose heróica, enquanto seus homens observavam com ar de aprovação. Salvaram-se as aparências. Sua reputação se mantivera.

Quando vi a quantidade de neve nos passos altos, comecei a pensar que a conversa de Zahir Shah talvez não fosse mera retórica. Num período de duas semanas o limite das neves eternas despencara, encontrando-se agora bem abaixo das árvores, o que significava o dobro de dificuldade em cada encosta. Escorregávamos e patinhávamos no gelo. Eu tentava me agarrar nos galhos carregados de neve para me manter em pé. Agoniava-me a idéia de que, se uma avalanche nos matasse, seria minha culpa. A comida era escassa como nunca. Era difícil conseguir até pão e banha de carneiro. Mascávamos resina de pinheiro para tapear a fome.

Alguns acontecimentos se destacam do borrão em que se converteram o andar e o dormir, as picadas de pulga e as pausas para o chá verde.

Arrastávamo-nos pela neve — e não havia nada numa extensão de quilômetros, além dos cumes e da alvura resplandecente. Então, na direção contrária, avistamos um estranho cortejo: cerca de seis homens carregando uma padiola tapada com cobertores. A cena lembrava uma miniatura medieval. A silenciosa intensidade do grupo nos deteve. Aguardamos, imóveis, que se aproximassem — o que demorou cinco ou dez minutos. Ninguém gritou os cumprimentos de praxe. Ninguém disse uma palavra até que nos vimos frente a frente. O que estava acontecendo? Se carregavam um inválido, por que levá-lo para longe do Paquistão e dos cuidados médicos? Se carregavam um morto, por que se arriscar numa viagem tão perigosa?

Os padioleiros de olhos de pedra nos explicaram que haviam transportado um homem até o Paquistão a fim de procurar ajuda médica. Depois de uma semana de caminhada, cruzaram a fronteira, porém o homem morreu em função de seus ferimentos. Com isso converteu-se em mártir, com direito à maior veneração. Agora sua alma estava nas mãos de Alá, e o grupo empreendia a longa viagem de volta a sua aldeia natal, carregando seus restos mortais: quem tinha feito o maior sacrifício não devia sofrer a indignidade do sepultamento em terra estrangeira.

Foi meu primeiro lembrete, em semanas, de que isso não era um jogo. De que se travava uma guerra nessas montanhas, o que era muito mais importante que as poses e as bazófias machistas dos *mujahidin*. Ficamos parados, observando o cortejo até perdê-lo de vista. Ele parecia representar a dignidade da qual a alma humana é capaz nas circunstâncias mais adversas.

Foi também um sombrio lembrete de nossa difícil situação. Ali, ainda longe da fronteira, um ferimento no estômago equivalia a uma sentença de morte. Assim como uma emergência médica — uma apendicite, por exemplo. E pisar numa das incontáveis minas terrestres que juncavam o local podia significar morte instantânea.

Ao cair da noite, contornamos uma aldeia. Normalmente esse era o tipo de lugar que Zahir Shah procurava para pedir comida e abrigo. Percebi que uma tensão se instalou entre o grupo. Dois homens foram na frente, com os Kalashnikovs a postos. Outros dois protegeram a retaguarda. Zahir Shah e eu ficamos no meio.

"O que está acontecendo?", perguntei.

"Rixa", Zahir Shah respondeu sucintamente. "Mataram o irmão desse *mujahid*, e ele liquidou dois homens da família do assassino. Agora querem matá-lo. Essa aldeia não é segura para nosso grupo."

Empreendemos uma longa marcha forçada na escuridão, avançando às cegas pelo atalho da encosta íngreme. Parecia próprio desse mundo misterioso guardar seus mistérios, por mais que eu me esforçasse em espiá-lo.

O rapaz que matara os parentes dos assassinos de seu irmão foi escoltado por outro atalho, mais distante da aldeia. Tinha uns dezessete anos, cabelo castanho encaracolado e olhos de menino.

Quase chegando à fronteira, passamos por um pastor com suas cabras — o primeiro rebanho que vimos num período de semanas. Em vez de graciosos animaizinhos, meus olhos famintos avistaram comida. Subitamente inspirada, perguntei quanto custaria um bicho daqueles. Cerca de quarenta libras, uma quantia considerável no Afeganistão — e para mim.

Comprei-o imediatamente. E de repente era feriado para nós. Os *mujahidin* se revezaram para conduzir o cabrito por uma corda. Seus balidos desesperados só contribuíam para intensificar o clima de festa. Sorríamos quando nossos olhares se cruzavam. Logo mais à noite faríamos um banquete.

Com a guarda baixa, marchamos direto para a emboscada.

Agora o caminho se alargara, e atravessávamos um vale. Bombas de morteiro começaram a chover adiante e atrás de nós — o que, depois eu soube, geralmente é mau sinal: significa que você está no meio da linha-de-tiro.

Meu primeiro sentimento foi uma espécie de indignação. Tive ganas de gritar: "Eu sou *legal*, idiotas, eu sou uma pessoa *legal* — nunca fiz mal a ninguém. Para que desperdiçar munição comigo?". Semanas antes eu estava na faculdade, participando de noitadas estudantis e tomando cappuccino no café do grêmio.

Um projétil explodiu na estrada, e a topografia se rearranjou em minha cabeça. Joguei-me numa vala que não tinha visto um momento antes. O pessoal do morteiro evidentemente conseguira o alcance desejado, pois agora os disparos se sucediam com maior rapidez. À medida que a adrenalina me clareava as idéias, meu cérebro acelerava. Eu tinha muito tempo para tomar decisões. Fui contando as explosões, num sussurro. Depois de oito ou nove, já estávamos todos reagrupados na vala e Zahir Shah finalmente teve uma oportunidade de nos demonstrar por que era o comandante.

"Não adianta voltar atrás. Eles nos viram no atalho e esperaram até chegarmos bem no meio do matadouro. Temos de seguir em frente", ele disse.

Entendi o raciocínio, mas avançar em direção ao fogo ainda parecia absurdo. E no entanto eu tinha certeza de que sobreviveria. Estava na hora de delegar responsabilidade. Não tinha nada a ver com religião: era mais como aceitação. Um mecanismo de sobrevivência, talvez. Esse nível de alerta era estimulante, como respirar oxigênio puro. Pensei: é assim que os seres humanos devem ser. Rápidos assim, e seguros assim.

A um sinal de Zahir Shah deixamos o abrigo da vala e saímos correndo. Abaixei-me para me proteger mais vezes que o necessário, porém até nesses momentos estava aprendendo. Meu ouvido se familiarizava com as cadências dos disparos: aquele estampido é intenso, mas você tem de continuar correndo. Esse zunido indica que um projétil está passando bem perto — é melhor buscar abrigo.

De repente escutei um silvo bem nítido e, não tendo onde me esconder, joguei-me na estrada poeirenta. E vi uma bomba cair. Consigo reconstituir esse momento com extrema precisão, como se estivesse vendo uma fita de vídeo com os olhos da memória: a bomba aterrissou no capim ralo, a minha direita, e ricocheteou ao atingir o solo. Surpreendentemente não explodiu. Isso me impressionou muito: se tivesse explodido, teria me matado. Instantes depois sobrevivi a uma segunda bomba, que também falhou.

Lembrei-me vagamente do cabrito assustado que balia atrás de mim. Minha parte Tunbridge Wells pensou: se sairmos disto vivos, devo libertar o coitado. Então, em poucos minutos, ultrapassamos o ponto em que um morteiro poderia nos atingir. Ao constatar que todos nós estávamos fora de seu alcance, o adversário invisível pouco a pouco parou de atirar. Cumprimentamo-nos como amigos que não se viam fazia muito tempo, admirados por descobrir que havíamos escapado ilesos. Como emboscada, foi uma ação insignificante, com muita bomba e pouco proveito. Uma onda de satisfação misturada com culpa me envolveu. Finalmente eu podia dizer que tinha visto a guerra.

O cabrito espumava pela boca e revirava os olhos. Com minha parte faminta reanimada, concluí que não poderia privar os *mujahidin* de sua primeira refeição substancial num período de algumas semanas, ainda mais que arriscaram a vida para preservar o repasto.

Naquela noite fizemos um banquete de cabrito. Cumprindo com grande espalhafato seus deveres de anfitrião, Zahir Shah insistiu que eu fosse a primeira a provar do miolo. Ele mesmo partiu um naco com os dedos imundos. Estava delicioso e muito macio. O comandante devorou o resto, diante dos olhos famintos de seus homens.

Na manhã seguinte enchemos os bolsos de carne fria. Era maravilhoso estarmos vivos, caminhando no frescor do fim de outono, com os bolsos cheios de carne de cabrito. Brincávamos uns com os outros e nos dávamos tapinhas nas costas, finalmente unidos. Esquecidas suas tribulações e humilhações, Zahir Shah estava orgulhoso da maneira como conduzira seu grupo em meio ao perigo. E comemorava seu feito subindo em uma pedra e outra e assumindo uma pose triunfal, com a mão em pala na testa e os olhos perscrutando as montanhas. Pela primeira vez tive gosto em fotografá-lo. Era o mínimo que eu podia fazer.

Voltamos para as áreas tribais sem mais incidentes, e nos três dias que passei ali, aceitando a hospitalidade de Zahir Shah até ele resolver me mandar para Peshawar, tive dificuldade em seguir as normas da boa educação.

Ainda escandalizada com minha indumentária masculina, que agora estava um trapo, a mulher do comandante gentilmente me deu uma roupa de mulher. Quando finalmente vesti a burca para retornar a Peshawar, Zahir Shah comentou: "Você é uma mulher muito varonil". Era o maior elogio de seu vocabulário.

Assim que chegamos, fomos visitar o ex-brigadeiro do exército afegão, agora um dos líderes *mujahidin*, que tinha providenciado minha viagem. Ele ficou encantado de me ver e insistiu que nos sentássemos para comer *pilau*. Estávamos comendo quando meu irmão Tahir apareceu, terrivelmente pálido. Fazia dias que procurava freneticamente descobrir meu paradeiro. Mais ou menos na ocasião em que fomos bombardeados, Tahir encontrou o brigadeiro. Após algumas investigações, o brigadeiro soube que tínhamos caído numa emboscada. Não obteve, porém, nenhuma informação sobre mortos ou feridos. Ele hospedou Tahir, que, de acordo com as regras do *Pushtunwali*, bem podia ter viajado a mando da família para vingar com sangue o rapto e a perda da irmã.

Ao tomar conhecimento de que escapáramos, o endiabrado brigadeiro contou a meu irmão que tínhamos nos envolvido numa escaramuça e provavelmente estávamos mortos. Depois o convidou a comer *pilau* e conversar. A princípio Tahir não me reconheceu: estava muito concentrado em não olhar para a afegã que, para seu espanto, partilhava a refeição dos homens. Quando o cumprimentei, uma expressão de profundo alívio estampou-se em seu rosto. "Graças a Deus", disse-me ele. "A mãe me mataria, se eu tivesse de contar a ela que você morreu."

* * *

Penso com freqüência nessa viagem mágica e sempre me pergunto o que terá acontecido com as mulheres extraordinárias, como Karima e Salma, a esposa do Khan, que conheci.

Quanto a Zahir Shah, nunca mais o vi, porém tive notícias dele. Mais de três anos depois, graças a uma série de curiosas circunstâncias, eu estava em Berna, trabalhando para uma rádio suíça e tentando entender o noticiário local. O editor me entregou um telegrama: "Você não disse que sabe alguma coisa do Afeganistão? Esse cara é importante?".

O telegrama se resumia a quatro linhas. Informava que Zahir Shah fora morto nas áreas tribais do Paquistão e que as características do assassinato indicavam que fora cometido por radicais islâmicos de um grupo rival dos *mujahidin*. Algum subeditor confundira seu nome com o do antigo rei do Afeganistão, e essa era a única razão do telegrama.

"Não, ele não é importante. É outro Zahir Shah", minha voz respondeu, mas minha mente estava longe.

Lembrei-me dele posando nas pedras, conduzindo-nos sob o fogo do morteiro, descarregando sua arma antes de confiá-la a mim, passando banha de carneiro na barba negra e brilhante. Não consegui deixar de pensar nele com carinho — ou em sua mulher, que agora não precisa mais daquela pílula para parar de ter filho.

8. A velha e o falcão

O falcão de um rei saiu voando e pousou na casa de uma velha. Ela nunca tinha visto um falcão na vida e resolveu cuidar dele. Aparou-lhe o bico adunco até torná-lo reto, podou-lhe a crista e cortou-lhe as garras. "Pronto", disse então. "Agora você ficou muito mais parecido com um pombo."

Masnavi, Jalaluddin Rumi

Ao voltar de minha viagem com Zahir Shah, instalei-me em Peshawar e passei a trabalhar como freelance para vários jornais e revistas. Era o final de 1986, o abismo mais gelado da Guerra Fria do presidente Reagan. Considerava-se que, com o Exército Vermelho tão próximo de suas fronteiras, o Paquistão se encontrava numa posição delicada e precisava de proteção. A ditadura militar do general Zia ul-Haq recebeu dos Estados Unidos bilhões de dólares em ajuda militar, devendo em troca abrigar 2,5 milhões de refugiados afegãos e facções rivais de *mujahidin* afegãos.

Os Estados Unidos queriam tanto ver o conflito em termos de comunismo versus democracia que não perceberam que seus aliados travavam uma guerra diferente. Os americanos contavam com o ISI, Interserviços de Inteligência do Paquistão, para fazer sua ajuda militar chegar às mãos dos *mujahidin*. No entanto um grupo de oficiais paquistaneses a distribuía entre seus próprios amigos. Graças ao ISI, os Estados Unidos alimentavam um islamismo político extremista que, até o momento, o Afeganistão praticamente desconhecia.

A parte do leão da ajuda militar americana cabia a um pushtun chamado Gulbuddin Hikmatyar, exilado no Paquistão havia anos. Gulbuddin fora comunista por um breve período; depois passou por uma repentina conversão e se tornou um radical islâmico. As duas posições eram paradoxalmente semelhantes: seus adeptos acreditavam que só a revolução conseguiria acabar com a antiquada sociedade tradicional do Afeganistão. Gulbuddin agia por ódio — mas não ao comunismo: a todos os infiéis, inclusive aos que o apoiavam. Os diplomatas americanos sabiam muito bem disso e brincavam abertamente: "Que diabo, quanto mais uma facção política nos detesta, mais dinheiro lhe damos".

Eu não precisava que ninguém me ensinasse a ver o que eu queria ver. Eu não queria esse país fraturado, dividido pela guerra: eu queria a pátria perdida da qual me falaram.

Não demorei muito para conhecer uma pessoa que personificava meu Afeganistão idealizado. O professor Majrooh era um intelectual internacionalmente aclamado. Com suas sobrancelhas hirsutas, parecia um falcão feroz e, às vezes, raivoso. Contudo seus olhos penetrantes brilhavam de prazer e eram bondosos.

O professor Majrooh fazia parte da elite culta que usara a própria influência para sair do país; sua Cabul era uma cidade de restaurantes italianos, passeios agradáveis e excursões culturais. Ele podia ter ido embora, ter assumido um posto lucrativo numa universidade americana, mas, em vez disso, permanecia em Peshawar, numa salinha minúscula, com o serviçal de cara de gnomo que fugira com ele de Cabul.

Eu o visitava em seu cubículo para ouvir suas opiniões sobre o conflito, mas não como jornalista. Eu queria um mentor e, talvez, outra figura paterna de contador de histórias para substituir a que eu deixara na Inglaterra.

Majrooh era uma das poucas pessoas que lamentavam que os dólares americanos estivessem alimentando o radicalismo islâmico. "Esse fundamentalismo é estranho ao Afeganistão. Não é islamismo", dizia.

Eu concordava com um gesto, numa atitude de adoração, porém na verdade não o ouvia. Eu dera para espreitá-lo. Parecia-me que só ele possuía a chave do amado Afeganistão de meu mito. Aos 21 anos eu era ingênua e chata, e ele me agüentava com uma paciência infinita. Muitas vezes piscava para mim e dizia: "Volte amanhã depois das quatro". Nessa hora, munido de uma garrafa de uísque, ele se tornava efusivo. Sua salinha sumia, e eu me convertia em sua discípula atenta. Eu nunca sabia se ia ouvir uma análise política ou um exuberante tratado sobre os poetas-filósofos do classicismo persa. Sua eloqüência alçava vôo nas asas do enigmático Hafiz, do lírico Khayyam e do assombroso Rumi. Qualquer que fosse o assunto de sua tese, ele sempre acabava se voltando para o presente.

"O poeta Hafiz só escrevia depois de tomar um copo de vinho. No entanto a força espiritual de sua poesia ainda impressiona. Temos nossa própria tradição de islamismo no Afeganistão. O que interessa é o interior, o absoluto, e não o exterior: a roupa que você usa, os rituais que você realiza. Que importância tem isso, comparado com o verdadeiro estado do indivíduo?"

Nessa época Peshawar vivia num limite perigoso, algo como uma junção de Velho Oeste e Casablanca, equilibrando-se, por assim dizer, à beira de um caos sem nome que podia tragá-la a qualquer momento. Para tomar um drinque num dos poucos bares da cidade o cliente precisava jurar três vezes que era infiel e alcoólatra. O que emprestava ao ato um ar de ilegalidade.

Entre meus companheiros de bar havia propagandistas, espiões, traficantes de drogas, contrabandistas de armas, reformadores sociais fracassados, mercenários, desocupados e malucos. Eu convivia com um tipo de gente que nunca encontraria em Tunbridge Wells. Havia um polonês que só queria uma chance de lutar com os russos. Havia um policial de Nova York empenhado numa missão secreta que envolvia heroína. Havia um bando de ex-colegiais de Fulham ansiosos para excursionar pelo Afeganistão com os "muj" e recolher alguns cartuchos vazios para levar como troféu. Havia uma população flutuante de veteranos correspondentes de guerra americanos que tinham coberto 'Nam e 'Boja e achavam que podiam cobrir Afe* também antes de se aposentarem.

E havia Hank, freqüentador assíduo do bar do American Club. Hank era correspondente de um canal de televisão americano, mas gostava de insinuar que essa função não passava de um disfarce e que na verdade trabalhava para a CIA. Ele se desdobrava para alimentar essa imagem, mantendo, sem ganhar para tanto, um casarão encimado por uma enorme antena parabólica. Uma foto estrategicamente colocada em sua mesa de jantar mostrava-o cumprimentando um perplexo presidente Reagan.

Muitas vezes me pergunto que prazer a vida poderá proporcionar a Hank agora que a União Soviética não existe mais. Quem ele terá encontrado para odiar com tamanha veemência? Hank temia a contaminação política da mesma forma que os devotos se afligem com a corrupção espiritual. Fazia de tudo para evitar os sujeitos suspeitos de não estar "do nosso lado". Mal cheguei a Peshawar, ele se pôs a cochichar em meu ouvido: "Você conhece

* Respectivamente: Vietnã, Camboja e Afeganistão. (N. T.)

fulano? É comunista! Conhece beltrano? Da KGB! Sabe quem é aquele? Da KHAD, serviço secreto afegão!". Eu acreditava em tudo, até conhecer uma pessoa que puxou papo comigo, dizendo: "Hank me falou que você é espiã...". A partir daí duvidei muito que ele trabalhasse para a CIA.

Baixinho, olhos saltados, dentes encardidos, Hank se via como um romântico Lawrence da Arábia. Usava roupas afegãs, deixou crescer a barba e ditava aos outros repórteres o que deviam e não deviam escrever. A certa altura passou a criar aves de rapina e muitas vezes era visto com um falcão no pulso, passeando em solitário esplendor pelos jardins de seu casarão vazio.

Assim como precisava que os soviéticos fossem maus, Hank exigia que os *mujahidin* fossem nobres. Não só tinham de ser bons como sua bondade tinha de ser do tipo que ele conseguisse compreender. Hank se impacientava com um conflito cada vez mais faccionado num país com um delicado equilíbrio religioso e étnico. Queria acreditar que os *mujahidin* estavam lutando porque, assim como ele, detestavam o comunismo. Queria um mito — e o queria tanto que se esforçava para impô-lo a todo mundo.

Quanto a mim, ninguém duvidava que eu fosse repórter, apesar de que, no começo, eu andava tão dura que, se não vendia uma matéria, às vezes ia até o Afeganistão só para comer às custas dos *mujahidin*.

Todos em Peshawar vivíamos num mundo estranho, paralelo à guerra no Afeganistão; éramos simples fantoches, sombras dos verdadeiros atores que agiam do outro lado da fronteira. Todos vigiávamos atentamente a estrada que levava à fronteira. Todos sonhávamos percorrer essa estrada um dia, quando a guerra terminasse. E todos temíamos secretamente que, ao contrário, um dia a guerra e a peste chegassem por ali.

No momento a estrada estava bloqueada. Nos limites da cidade, um posto de controle paquistanês barrava a entrada de estrangeiros. Os refugiados afegãos não precisavam de um posto de controle para lhes dizer que estavam presos naquele deserto poeirento. Havia em Peshawar um clima sufocante, como se cada respiro tivesse o poder de apertar o peito e arruinar os pulmões. Ou talvez fosse eu: respirando com sofreguidão e bebendo nesse selvagem mundo novo em que me lançara.

Durante o dia eu ficava no Lala's Grill, o restaurante de um hotel caindo aos pedaços, chamado Green's. Jornais farfalhavam quando alguém entrava ali. Pertenciam às legiões de espiões dos muitos serviços de inteligência do Paquistão que vigiavam os estrangeiros. Não se demorava muito para reconhecer esses espiões: eles invariavelmente usavam *chappals* — sandálias — de sola grossa e óculos escuros. A idéia de que eu era suficientemente importante para que os serviços secretos me vigiassem só tornava o local ainda mais empolgante. Eu adorava entrar no Lala's Grill.

Hermeticamente fechada nesse aquário, eu observava através dos vidros coloridos a gloriosa e retumbante loucura do mundo exterior. Quase sempre ocorria algum tipo de manifestação: "sair em passeata", como se dizia, funcionava como a válvula de escape aceitável para as tensões insuportáveis e contraditórias de Peshawar. Às vezes eram produtores de ópio que reivindicavam o direito legal de cultivar papoula. Outras vezes eram universitários que reclamavam permissão para colar nos exames. De quando em quando radicais islâmicos — o coração intumescido pelas orações da sexta-feira na mesquita mais acima — gritavam vivas a Alá e disparavam seus Kalashnikovs para o alto. Uma vez uma festiva multidão passou por ali correndo para ir pôr fogo na redação do *Frontier Post*, o jornal local, que cometera a heresia de publicar retratos nus de Adão e Eva, veneradas figuras islâmicas.

Eu ficava horas e horas sentada em minha inabalável bolha, como um espectador na aurora da criação, acompanhando os desdobramentos dessa paisagem nova, divertida e intrigante. Contudo, ao tentar entender esse lugar, mesmo ali dentro de meu aquário, eu esbarrava em barreiras muito mais sutis que uma vidraça suja. Pedir um drinque no Lala's Grill era um suplício diário.

"Um *lassi* com sal, por favor", eu dizia.

"Pois não, madame. Mais para salgado ou mais para doce?"

"Hã... mais para salgado."

O garçom anotava o pedido triunfalmente: "Mais para... doce".

Sempre me parecia extremamente importante transmitir minha mensagem com clareza; ao menos ali — ao menos em minha bolha. Assim, durante algum tempo, ficávamos empacados numa farsa grotesca, tentando nos entender naquele cruzamento de culturas.

"Mais para doce?"

"Mais para salgado!"

"Mais para DOCE!"

"MAIS PARA SALGADO!"

Quando meu *lassi* chegava, naturalmente era sempre doce. Em Peshawar os mundos do Oriente e do Ocidente com freqüência colidiam, mas jamais conseguiam se comunicar.

Nessa época minha irmã Safia, então com dezenove anos, viajou ao Paquistão a fim de trabalhar para uma organização de ajuda humanitária, e durante algum tempo dividimos um quartinho no Peshawar Club o único lugar, além de sua casa, que tio Mirza podia admitir que abrigasse suas sobrinhas.

O clube — um fóssil remanescente da dominação britânica — era o respeitabilíssimo ponto de encontro de coronéis aposentados. Velhos garçons uniformizados se arrastavam entre a sede e os bangalôs, carregando suas bandejas de prata. O menu se resumia a "almoço simples", composto de frango com batata frita, e "almoço completo", composto de frango com batata frita e gelatina verde. Uma substância chamada de bolo amarelo era servida no chá.

Entretanto, com uma deliciosa ironia oriental, por trás de sua fachada austera o clube era um antro de perdição. Muitos coronéis alugavam quartos para jogar, tomar uísque e receber prostitutas. Esse domínio decente por fora e decadente por dentro era o cenário perfeito para nossa paradoxal condição de criaturas suspensas entre o Oriente e o Ocidente.

Em meu papel de obediente sobrinha muçulmana, fui apresentada por tio Mirza a moças solteiras da classe média e de minha idade. Minha origem mista era um ponto a meu favor — *outré* o bastante aos olhos de adolescentes rebeldes e absolutamente respeitável do ponto de vista de suas famílias. Mergulhei no mundo ilusório de jovens que lançavam mão de toda a sua criatividade para se tornarem "incasáveis". Akila só usava roupas masculinas e cabelo curto, como um garoto. Nargiss optara pelo extremo oposto: usava batom bem vermelho e salto bem alto para escandalizar as mães dos pretendentes em potencial. Minha favorita era Samira, que sabia que sua família preferia morrer a casá-la com um homem de instrução inferior. No momento ela estava a caminho de seu terceiro doutorado.

Quando algum rapaz passava para nos ver, sua visita ganhava um sabor ainda mais picante, ante a possibilidade de nossos parentes de Peshawar aparecerem a qualquer momento, sem aviso prévio. Um americano chamado Jim Lindelof costumava nos levar cerveja, que era proibida. Enorme, bronzeado, bonachão, ele estava em Peshawar aguardando sua oportunidade de viajar para o Afeganistão. Num lugar onde todo mundo vivia tramando, suspeitando e se fechando num silêncio paranóico, Jim tinha um jeito cativante e particularmente americano de confiar sem restrições. Era maravilhoso estar com alguém tão despreocupado. Safia, Jim e eu tomávamos cerveja, conversávamos alegremente e nos refestelávamos naquela pequenina parte da Califórnia que ele introduzia em nossa vida.

Era inevitável que um dia nossos mundos irreconciliáveis colidissem. Estávamos tomando cerveja com Jim quando escutamos uma furiosa buzinação. Olhei pela janela e vi o carro de tio Mirza estacionando, lotado de parentes. No banco do passageiro, rezando, estava tia Soraya. Não havia tempo para explicar a Jim. Sem trocar uma palavra, Safia e eu agimos em perfeito acordo: eu abri o guarda-roupa, e ela empurrou Jim para dentro, com cerveja e tudo. Segundos depois, os parentes entraram como uma enxurrada. Durante uma hora o quarto se converteu num posto avançado de nossa família extensa. Minha tia mandou buscar bolo amarelo, amamentaram-se bebês, realizaram-se abluções e recitaram-se preces. De quando em quando, tia Soraya olhava em torno, desconfiada, como se a intuição a prevenisse de que havia algo errado. No entanto, por mais atentamente que olhasse, não viu nada além de duas recatadas moças muçulmanas.

Assim que os parentes foram embora, Safia e eu corremos para o guarda-roupa e libertamos Jim. Ele saiu do esconderijo sem um fio de cabelo fora do lugar e apenas ligeiramente intrigado com nossa estranha maneira de tratar as visitas. Sua natureza tolerante o poupara da cena lamentável que teria ocorrido se ele tivesse aberto o guarda-roupa. Quando finalmente Jim partiu para o Afeganistão, eu fiquei torcendo para que aquela mesma bondade tão ingênua e tão americana o envolvesse em seu manto protetor.

Pouco a pouco minhas rebeldes adolescentes muçulmanas também saíram de minha vida. Uma a uma, todas sucumbiram à determinação da família e aceitaram o marido que lhes arranjaram. Akila, a moleca, casou-se com um rapaz espinhento, que não poderia esperar uma beldade. Nargiss, a vampe, casou-se com um jogador de pólo de Lahore, onde os costumes eram bem liberais. E a pobre Samira teve mais azar que as outras: sua família desencavou um decrépito professor da universidade de Peshawar, que ficou encantado por se unir a uma jovem acadêmica.

Lá no fundo uma vozinha me avisava que minha impunidade não duraria para sempre. Quanto mais se intricava meu show de equilibrismo entre Oriente e Ocidente, mais crescia a probabilidade de eu me estatelar de cara no chão.

Em 1987, ocorriam explosões em Peshawar quase toda noite e, muitas vezes, também de dia, porém não as levávamos a sério. Em nossos jantares tínhamos um jogo. Quando ouvíamos a infalível detonação, alguém calculava: "Meio quilo de explosivos plásticos, a dois quilômetros daqui".

E alguém rebatia: "Não! Um quilo a três quilômetros".

Então nos amontoávamos, todos bêbados, no Land Cruiser de algum agente humanitário para ir verificar quem tinha razão. Encontrávamos uma cratera, talvez um ou dois policiais paquistaneses atarantados e, eventualmente, pedaços de carne humana. Depois de algum tempo, nos cansamos. As explosões continuaram, mas paramos de registrá-las. Elas faziam parte da trilha sonora de nossa vida em Peshawar e eram tão ubíquas e discretas quanto música ambiente.

Ficávamos indignados ao ver cadáveres boiando no canal, com a garganta cortada, porém não me lembro de ter escrito uma única matéria sobre essa matança inexplicável. Ninguém a achava importante. Pensávamos em termos de um conflito de superpotência e nunca juntávamos as peças. Como na fábula de Rumi, sobre o elefante no escuro, chamávamos a tromba de mangueira e a orelha de leque e não identificávamos o animal.

Como sempre, as escaramuças em Peshawar eram apenas um pálido reflexo das crescentes rivalidades internas do Afeganistão. Lá, travava-se uma batalha pelo controle da resistência que não tinha relação nenhuma com a guerra contra a União Soviética. O grupo Hizb Islami, de Gulbuddin, competia com o Jamiat Islami, outra facção de *mujahidin*, cujo líder mais famoso era Ahmad Shah Massoud. Muitos ocidentais o visitavam, e naquele ano os *mujahidin* de Gulbuddin começaram a seqüestrar agentes humanitários e jornalistas estrangeiros.

Meses depois de sua partida para o Afeganistão, soubemos que Jim Lindelof — o bondoso Jim, que nos levava cerveja e ficara escondido em nosso guarda-roupa — morrera, junto com seu colega, Lee Shapiro. Os dois estavam viajando com os homens de Gulbuddin Hikmatyar, mas — para surpresa de muita gente em Peshawar — suas mortes não tiveram nada a ver com a rivalidade entre os *mujahidin*. Um helicóptero soviético os emboscara; Jim foi cortado ao meio por um disparo. Lee não morreu instantaneamente — uma testemunha relatou que um oficial soviético desferiu-lhe o *coup de grâce* com uma pistola. Afinal, um conflito de superpotência estava em curso.

Naturalmente os Estados Unidos achavam que, comparadas com a luta entre o comunismo e o mundo livre, as pequenas rivalidades entre os *mujahidin* eram irrelevantes. Suas disputas de cunho ideológico ou étnico não tinham importância. Embora enchessem Peshawar de espiões caros, embora exaltassem o heroísmo da resistência, embora fornecessem a esses heróis bilhões de dólares em ajuda militar, os americanos acreditavam fundamentalmente no mito do invencível Exército Vermelho. Ao contrário de seus aliados afegãos, nunca imaginaram que os *mujahidin* venceriam.

A administração Reagan era representada em Peshawar pelo Alto-Comissariado dos Estados Unidos. A medida do prestígio perante a representação estava nos convites para seus coquetéis.

Antes de viajar para o Paquistão eu nunca tinha ido a esse tipo de reunião e, portanto, não podia avaliar a excentricidade dos coquetéis promovidos pelo Alto-Comissariado americano. Estritamente falando, nunca serviam coquetel nenhum. Seus aliados, os radicais islâmicos, não toleravam álcool. Cabia a seu velho empregado paquistanês decidir se o convidado encontraria vodca no suco de laranja ou gim na limonada.

O professor Majrooh era esperto o bastante para conseguir convite para toda festa de expatriados que havia na cidade. Acho que ele ia a essas festas para amenizar o tédio de sua existência longe da sociedade cosmopolita de Cabul e também para renovar seu estoque de uísque. Mas sempre tive a impressão de que olhava com independência para os superpatronos dos *mujahidin*.

"Há fundamentalistas demais por aqui", resmungou certa vez. "A Coca-Cola que puseram no uísque está me dando dor de estômago."

Para animá-lo, apontei uma coleção de belas miniaturas Mogul que adornavam a parede. "Não são lindas?", falei.

O comentário foi desastroso. O professor se enfureceu. "Você não olhou bem! Examine-as com atenção!"

As miniaturas continham cenas de uma época mais feliz do islamismo: caçadores perseguindo um javali, huris de olhos negros brincando sob dosséis. Todos os detalhes estavam ali, mas era preciso ter uma lente de aumento para vê-los. Num dos quadros, um sultão montava um elefante. Olhando mais de perto, constatei que o elefante era uma colagem de milhares de animais. Estavam todos tão amontoados que uns mordiam a cauda dos outros. Eram, porém, mais que apenas um tigre, um peixe, uma raposa, um javali, um cachorro e por aí afora. Juntos, também eram o elefante. Havia algo escrito na margem da gravura. Tentei entender. "Ah, foi arrancada de um livro", deduzi.

O professor Majrooh baixou as sobrancelhas hirsutas. "Pois é o que eu estou dizendo. Para enquadrar essa gravura, destruiuse um livro. Ao arrancar uma imagem, esses vândalos profanaram o todo. Essa é apenas uma de uma série de gravuras e palavras que, juntas, contam uma história, encerram sabedoria. Em nome da Arte, sua função original se perdeu."

"Que pena", comentei. O que não apaziguou o professor.

"Em Cabul, eu tinha uma esplêndida coleção desses livros, repletos de miniaturas muito mais valiosas que essas. Tive de deixá-los lá. Os soviéticos são assassinos e ladrões, mas não tenho dúvida de que vão preservar meus livros. Pelo menos eles sabem quanto vale o conhecimento."

Nessa época Peshawar abrigava uma multidão de endinheirados dignitários americanos. E geralmente os brindava com uma partida de *buzkashi*, o violento esporte nacional do Afeganistão, que consiste numa paródia da guerra e é, talvez, o único jogo do mundo mais perigoso para o espectador que para o participante. O *buzkashi* oferecia aos visitantes uma clara metáfora de tudo que havia de nobre no amor dos afegãos pela luta, sem a inconveniência da desordem e da morte.

O *buzkashi*, que significa literalmente "arrasta-bode", é chamado de "rúgbi a cavalo", mas na verdade vem a ser um precursor do pólo. Em vez da bola, os jogadores disputam uma carcaça de cabrito. Nessa época Hank andava espalhando o boato de que no Afeganistão preferia-se jogar *buzkashi* com cabeças de russos capturados. A idéia deve ter infundido um medo kiplinguiano* no coração dos recrutas soviéticos amontoados em suas bases.

* O medo implícito nos versos de Rudyard Kipling (1865-1936) relativos à derrota de seus compatriotas em 1842: "Quando estiveres ferido e abandonado nas planícies do Afeganistão/ E as mulheres chegarem para despedaçar o que restou/ Toma teu rifle e estoura teus miolos". (N. T.)

Assim como estou convencida de que o *pilau* é o manjar dos deuses, também acredito fervorosamente que o *buzkashi* é o esporte de equipe mais empolgante que o homem inventou. Não há um número fixo de jogadores, nem um tamanho específico de campo. A equipe vencedora é a que se apodera da carcaça, carrega-a por toda a área e a joga de novo no meio do campo. Existem poucas regras: cada time pode fazer praticamente tudo para impedir o progresso do outro e apossar-se da carcaça. Os bravos cavalinhos, descendentes das montarias dos mongóis, são treinados para executar todo tipo de manobra e até para morder os cavalos do time adversário.

Um funcionário particularmente importante estava para chegar à cidade, e Hank passou algumas semanas ameaçando com a deportação imediata quem se atrevesse a escrever um artigo negativo sobre a visita. No grande dia organizou-se a infalível partida de *buzkashi*. Os convidados estrangeiros foram acomodados numa tenda, a uma distância considerada segura.

Em vez de ficar na tenda com os ocidentais, instalei-me na margem do campo improvisado para observar o aquecimento. Até isso era empolgante; os cavalos fintavam e se esquivavam, os jogadores brigavam entre si. Gritos, assobios, ruídos de cascos enchiam o ar. Eu me senti exposta, correndo o risco de ser pisoteada, mas esse era um perigo inebriante: o preço a pagar para ver de perto animais e homens se contorcendo.

Um jogador gentilmente me ofereceu sua montaria, e, quando me instalei no lombo da pequena égua cinzenta, meu mundo se transformou. Agora eu estava no mesmo nível dos cavaleiros. Deixara de ser mera espectadora para fazer parte do jogo.

A égua reagia a um complicado conjunto de movimentos e gritos. A um leve puxão das rédeas, ela avançava em linha reta. A um simples toque, virava para a direita ou para a esquerda. Um grito, e ela se punha em disparada. Um certo pontapé, e ela imediatamente estacava. A tudo obedecia sem a mínima demora. Eu ia acertando os comandos por ensaio e erro. Era sensacional, uma força primitiva me empurrando para meus ancestrais.

Quando eu era menina, meu pai me contou — com nenhuma autoridade, exceto a poética — que as manchas escuras em meu peito do pé são feridas hereditárias, resultantes do atrito com o estribo. Nossos antepassados galoparam milhares de quilômetros, cruzando desertos, montanhas e planícies, até chegar ao Afeganistão, no século VIII, com os invasores árabes. O *buzkashi* me parecia uma lembrança encapsulada, como minhas feridas hereditárias, como a saga de minha família. Montada na égua, eu fazia parte de algo maior, não só no espaço, mas também no tempo.

Os cavalos avançavam e recuavam, separavam-se e se uniam. Eu tentava ficar fora da confusão, mas meu animal acompanhava os outros, era seu satélite. Os movimentos dos cavalos eram rápidos demais para se detectar vontades individuais. Todos nos tornamos uma só vontade, um só corpo, um só movimento. Pensei: assim devia ser uma batalha — sem espaço para o medo, só uma investida arrebatadora, estonteante.

Imaginei esses cavaleiros juntando-se a outros, aos primeiros jogadores de *buzkashi*: as terríveis e inexoráveis hordas mongóis, devastando as estepes do norte como gafanhotos, a destruição pulsando-lhes nas veias. "A maior alegria é conquistar os inimigos, persegui-los, tomar-lhes as propriedades, ver suas famílias aos prantos, montar seus cavalos e possuir suas filhas e suas viúvas", disse Gengis Khan. Naquele momento, estrondeando pelo campo, eu o entendi.

A cultura afegã está tão impregnada de sua herança mongol quanto a terra está encharcada de todo o sangue que os mongóis derramaram. Jalaluddin Rumi, o grande poeta afegão, nasceu num momento em que as tropas de Gengis Khan se reuniam para assolar a Ásia Central. Os bárbaros juraram exterminar todos que não pertenciam a sua raça e quase o conseguiram. Mataram 30 milhões de pessoas — em combate, em chacinas de civis, pela fome e pelas doenças que provocaram deliberadamente. Foi a pior catástrofe causada pelo homem que o mundo já viu.

O jovem Rumi e seu pai deixaram Balkh, sua cidade natal, no norte do Afeganistão, e juntaram-se à torrente de civis esfomeados que fugiam dos invasores. Instalaram-se inicialmente em Nishapur, no atual Irã. Mas os mongóis estavam em seus calcanhares. Depois de massacrar a população de Herat, no Afeganistão, puseram-se a perseguir e executar os eventuais sobreviventes. E por fim — para ter certeza de que os que escaparam a sua fúria morreriam lentamente de fome, no duro inverno — queimaram os celeiros cheios de grãos. Ao término dessa carnificina, apenas quarenta pessoas se reuniram na grande mesquita de Herat. Eram tudo que restara de 1,5 milhão de habitantes. Seis meses antes, brincava-se que não se podia esticar a perna em Herat sem chutar um poeta ou um filósofo.

O jovem Rumi e seu pai partiram para Bagdá, onde souberam que sua cidade fora destruída e seus concidadãos foram trucidados. Pouco depois Nishapur, onde haviam se refugiado, caiu em poder dos bárbaros. Todas as criaturas vivas, inclusive cães e gatos, foram executadas, a cidade foi arrasada e em seu lugar semeou-se cevada.

Oito séculos mais tarde, a Ásia Central ainda conserva as marcas desse holocausto. A cevada ainda cresce nas ruínas de Nishapur. A população do Afeganistão nunca se recuperou. A sistemática destruição do delicado sistema de canais de irrigação tornou estéreis vastas áreas de solo fértil. Para os que viveram essa época terrível, deve ter sido como se as luzes da civilização estivessem se apagando.

Mas Rumi, que perdera a família, a casa, a pátria, o futuro — e toda a esperança de paz ou estabilidade ao longo de sua existência —, não aceitou confinar-se aos parâmetros de seu mundo destroçado. "Do ponto de vista do homem", afirma em seus *Discursos*, "uma coisa pode parecer boa ou má. No entanto, do ponto de vista de Deus, tudo é bom. Mostrai-me o bem que não contém nenhum mal, ou o mal em que não há nenhum bem. O bem e o mal são indivisíveis. O bem não pode existir sem o mal."

O mundo do Ocidente me dizia que estava em curso uma batalha entre o bem e o mal. O bloco soviético via as coisas da mesma forma — só invertia os papéis do bom e do mau. Contudo, ali, no lombo de uma égua de *buzkashi*, eu tinha uma visão resultante da semeadura e da colheita de incontáveis invasões: não existem absolutos em nosso mundo fragmentário; as divisões que criamos e nas quais acreditamos são artificiais. O próprio tempo não é uma linha reta de progresso organizado, e sim um ciclo que se repete indefinidamente — em nossas vidas e na história —, com o qual podemos aprender, se quisermos. O resto é uma massa rodopiante, uma força primordial, uma nuvem de poeira, com patas que estrondeiam e vozes que gritam, a emoção da caça, o derrubar e o construir.

As plantas que os mongóis cortaram tão brutalmente voltaram a crescer. A lembrança de sua devastação tornou-se parte do Afeganistão e nos fortaleceu, da mesma forma que nossa história empapada de sangue. Até nosso querido prato nacional, o *pilau*, originou-se, segundo consta, de toda essa violência, quando as tropas de Gengis Khan estenderam seus escudos para aparar a gordura que pingava dos animais capturados e mortos e a despejaram sobre o arroz — cereal que foram conhecer no Afeganistão — para então devorá-lo.

Olhei para os ocidentais em sua tenda segura e pensei: por mais que nos amem ou nos odeiem, por mais que queiram acreditar nos mitos que inventaram sobre nós, nunca hão de nos cortar o bico e a crista e as garras cruéis e transformar este falcão em pombo.

Um cavaleiro mergulhou no mar de cascos como um pescador de pérolas, e apenas seu pé, ainda firme no estribo, permaneceu visível. Ao emergir, carregava a carcaça embaixo do braço. E saiu cavalgando como o vento, com a horda em seus calcanhares. Os dignitários estrangeiros soltaram "ohs e ahs" no abrigo de sua tenda.

O cavaleiro voltou-se para escapar da horda. Os outros também se voltaram, levantando poeira como um remoinho. Desestabilizados pela própria força, perderam o equilíbrio. O jogo extravasou o limite do campo e se dirigiu para a tenda: a mesma tenda que abrigava os grandes e os justos da Europa e dos Estados Unidos. Pouco antes de ela desabar — esparramando a elite política de dois continentes diante de uma massa de cascos estrepitosos —, vi a imagem congelada de rostos perplexos de americanos.

Eles imaginaram que nesse esporte, nesse país e nessa guerra existia alguma coisa como distância segura. Confiaram em sua tenda. Não conseguiam acreditar que ela não os protegera do bravo e nobre, orgulhoso e aguerrido povo afegão, que lutava contra os comunistas. Que a força que haviam desencadeado crescera e se levantara para tomar de assalto sua tenda e seus estandartes, suas cadeiras douradas e os emblemas de sua civilização e jogá-los na lama.

9. Guerra de verdade

Se não podes suportar um ferrão, não ponhas o dedo na toca do escorpião.

Sheikh Sa'adi de Shiraz

No início de 1987, os Estados Unidos finalmente começaram a fornecer armas sofisticadas aos *mujahidin*. Em especial, os mísseis portáteis antiaéreos chamados Stinger, que estavam alterando o equilíbrio de forças. Eram capazes de abater um jato soviético em pleno vôo.

Hank acreditava que noticiar a eficiência das novas armas só servia para fazer os comunistas se esforçarem para tê-las. Ele ameaçou usar seus contatos na inteligência para cancelar o visto de qualquer jornalista estrangeiro que cobrisse a atuação dos Stingers. Diante disso, é claro que essa cobertura foi exatamente o que decidi tentar fazer em minha viagem seguinte ao Afeganistão.

Contudo, antes de partir eu tinha de resolver um assunto urgente. Ao voltar de Kunar, eu confiara meus preciosos filmes em preto-e-branco a um dos supostos laboratórios fotográficos de Peshawar. Dias depois as fotos simplesmente desbotaram. O laboratório tinha usado produtos do Leste Europeu com validade vencida. Se pretendia fotografar um Stinger em ação, precisava encontrar um lugar onde eu mesma pudesse revelar meus filmes. Dizia-se que Beat Kraettli, um jornalista suíço, tinha uma câmara escura, e tratei de procurá-lo. Numa ruela sinuosa e imunda, encontrei uma placa, anunciando em letras grandes mas ligeiramente irregulares: "Serviço de Informação Suíço".

Mal bati, a porta se escancarou. Um homem baixinho, com chapéu de feltro, saiu como um furacão. E me vi empurrada para uma salinha coalhada de papéis que aparentemente as frenéticas atividades de meu anfitrião espalhara por toda parte. Um afegão de expressão resignada estava sentado num canto, recortando jornais com uma tesoura enorme. Sem ao menos perguntar se eu falava alemão, Beat se pôs a ler para mim o artigo de uma revista suíça que desencadeara sua raiva. Ao mesmo tempo, remexia impacientemente as pilhas de papéis que cobriam sua mesa, como se, mesmo lendo, não conseguisse parar quieto.

Quando por fim consegui despejar o motivo de minha visita, ele exclamou: "*Tscha!* Você realmente sabe revelar filme? Ensine-me agora mesmo!".

Fiquei perplexa ao constatar que ele se dera ao trabalho de montar uma câmara escura sem saber usá-la. Seu laboratório fora aparelhado com um detalhismo suíço. Frascos de revelador e fixador aguardavam, intactos, nas prateleiras. Havia bandejas para papel fotográfico, pinças, pregadores e um moderno e imponente ampliador. Gavetas e mais gavetas recobriam as paredes. Não faltava nada. Reuni tudo que eu precisava. Foi um prazer medir os produtos químicos, sentir novamente o cheiro do revelador, do banho interruptor, do fixador.

Beat assistia a tudo encantado. Parece que esses preparativos tiveram o dom de acabar com sua compulsão para falar e correr de um lado a outro. Quando estava pronta, apaguei a luz.

"Estou tirando o filme do carretel", expliquei, ciente de que devia lhe ensinar. "Agora vou enrolá-lo na espiral." Essa era uma operação delicada. Por alguns momentos o filme ficaria exposto; a mínima fresta de luz o destruiria. Enrolei o filme na espiral, mas, quando tateei a bancada, procurando o tanque de revelação, constatei que tinha me esquecido de localizá-lo. Agora eu não podia acender a luz para encontrá-lo.

Fui abrindo as gavetas e vasculhando-as às cegas. Estavam cheias de objetos estranhos, nenhum dos quais sugeria equipamento fotográfico. Havia uma coisa de plástico com duas aletas; sacudi-a e, pelo ruído, percebi que continha um líquido. Havia uma caixa de madeira esquisita, com uns quinze centímetros de comprimento, e uma variedade de pesadas esferas de metal. "Beat, que diabos você guarda nessas gavetas?", perguntei.

Escutei seus passos desajeitados na escuridão. "Ah, é... é só minha coleção de bombas não detonadas."

Escancarei a porta da câmara escura e corri para o jardim, enquanto Beat lamentava o destino de seu filme. Quando me recuperei, ele me mostrou sua coleção. A coisa de plástico era uma mina borboleta — o líquido que continha era explosivo.* Beat a ganhara de um *mujahid* e admitiu que não entendia por que ela não detonara com o impacto — devia estar com defeito. A caixa de madeira era uma velha mina terrestre. Sua carga de

* Produzidas pelos soviéticos, essas minas são chamadas assim por causa do formato de borboleta. São feitas de plástico branco, verde ou areia, cabem na palma da mão e contêm explosivo suficiente para mutilar uma pessoa. Aviões, helicópteros e morteiros lançaram-nas em grande número no Afeganistão durante a luta das forças de ocupação contra a resistência local. (N. T.)

explosivo sólido era instável, mas Beat não conseguia jogá-la fora. Eu estava lidando com um maluco, evidentemente. Nesse instante decidi que ele era um bom sujeito. Eu não sabia, porém estava dando início a um importante capítulo de minha vida.

Beat e eu resolvemos trabalhar juntos. Nosso primeiro projeto envolvia uma viagem ao Afeganistão, onde tentaríamos documentar os Stingers em ação. Um comandante de Jaji, próximo à fronteira paquistanesa, concordou em nos mostrar suas novas armas. Um *mujahid*, chamado Engenheiro Jan, seria nosso guia. Para um afegão, Engenheiro Jan era meio excêntrico. Num país em que geralmente um garoto pega seu fuzil automático AK-47 na puberdade, ele se recusava a portar arma. Franzino e dentuço, com um cabelo vermelho-fogo e um sorriso cativante, ele teria concluído o primeiro ano de um curso na Universidade de Cabul. A guerra interrompera seus estudos e o transformara num soldado da resistência. Engenheiro Jan nunca se queixava de seus sonhos despedaçados, mas às vezes uma nuvem lhe toldava o olhar, como se, por um instante, ele tivesse se transportado a um plano superior. Graças a sua condição de intelectual, usava um *shilwar kamis* azul-celeste e sempre era chamado de "Engenheiro". Embora tivesse perdido tudo que amava, era impossível imaginá-lo sucumbindo ao ódio ou ao fanatismo. Gostei dele no momento em que o conheci.

No dia de nossa partida para o que era então a linha de frente mais violenta da guerra, Engenheiro Jan foi nos buscar, usando seu traje azul. Ao preparar-se para uma luta em que ambos os lados dispunham de armamento de última geração, ele também se armara — com uma espingarda de ar comprimido. Parecia absurdo, um suicídio. Quando toquei no assunto, ele apenas sorriu, e aquela nuvem lhe toldou os olhos. "Seja o que Alá quiser", disse, ajeitando no ombro sua arma de brinquedo. "Os afegãos não têm medo de morrer."

Escondi-me na burca para passar pelos guardas paquistaneses, no limite da cidade. A falta de ar dentro daquela tenda me deixou tonta. Chegando à fronteira, ouvimos o estrondo inconfundível de uma bomba. Nosso ônibus era o alvo. Escutei os gritos dos homens e suas expressões de caos e pânico, porém não consegui ver seus rostos. Seguiu-se mais uma bomba, e mais outra: sufocando embaixo da burca, senti sua reverberação. Meu único pensamento foi: se tivermos de correr, nunca vou conseguir, sem bota! Enquanto eu tentava tirar as botas da sacola, os outros quase me pisotearam, ao descer do ônibus. Os cadarços estavam amarrados, e tive de saltar para fora ainda usando meus sapatos de plástico rosa-vivo. No pânico, não consegui arrancar o véu. Através da tela da burca, avistei o resto do grupo desaparecendo encosta acima, fugindo para longe do alcance das armas.

As bombas choviam: sinal de que eram disparadas por um lança-foguetes múltiplo, mais possante que o morteiro que nos emboscara em Kunar. Eu estava presa num mundo de sombras entrecruzadas e sons abafados: um pesadelo debaixo das cobertas. Por um instante me mantive absolutamente imóvel, agarrando-me à ilusória proteção da burca, como se esse tecido frágil pudesse rechaçar estilhaços. Depois saí correndo.

Ouvi uma respiração ofegante e percebi que era a minha. Tentar correr dentro de uma burca — ainda que descobrindo o rosto — é como correr uma maratona dentro de um gigantesco abafador de chá, com bordado e tudo. Para piorar a situação, minha burca era laranja e minhas calças eram vermelhas, de modo que eu devia estar terrivelmente visível. Ao longe, os outros se reduziam a minúsculos pontinhos, enquanto eu lutava com a burca. Consegui tirá-la, e por um instante sua seda volumosa flutuou atrás de mim como um pára-quedas ao pousar no chão.

Os sapatos de plástico eram outro problema — eu tinha de tirá-los. Mas o terreno era pedregoso e provavelmente estava minado. Seria sensato ficar descalça?

Várias outras bombas aterrissaram perto de mim. Imaginei que o inimigo invisível estivesse mirando minhas calças vermelhas. E com isso me decidi em relação aos sapatos de plástico. Arranquei-os e rumei em disparada para o local onde os outros se encontravam. Tendo passado pela linha de fogo, eles agora se abrigavam num matacão.

Consegui alcançá-los. A expressão de Beat sugeria que minha lerdeza era exatamente o que ele esperava de uma mulher. "Acho que estavam mirando minhas calças", falei abruptamente.

"Que bobagem. Eles queriam acertar o ônibus."

Só então me pus a tremer de medo, enquanto vestia meu traje de afegão. Beat e eu arquejávamos: a proximidade da morte nos deixara esbaforidos. Engenheiro Jan parecia imperturbável.

Começamos a escalada. Entramos na paisagem desolada que às vezes se vê em sonho. Antigamente havia aqui uma floresta viva. Agora o que existia era uma planície arrasada, pontilhada de troncos enegrecidos. Alguns tocos ainda queimavam, crepitando no silêncio. Não havia canto de pássaro, nem qualquer sinal de vida. Agora que o bombardeio cessara, envolvia-nos um silêncio opressivo, rompido de quando em quando por um estalido e um fio de fumaça que se desprendia de uma mina borboleta. Toda aquela área estava minada.

Avançamos cautelosamente por entre crateras de bombas. Parecia que estávamos no lugar mais abandonado e sinistro da face da Terra. Nenhum de nós o conhecia, mas seguimos em frente, rumo ao campo de batalha, movidos pelo espírito do islã.

O mundo tende a ver as divisões do islamismo em termos de escolas e credos, porém acho que há um conflito muito mais fundamental. É o que existe entre os que se aferram à letra da lei islâmica e os que enfatizam seus valores interiores. Numa ponta do espectro estão os fanáticos, os zelotes religiosos; na outra, os místicos islâmicos, que historicamente têm gozado de imensa popularidade no Afeganistão.

Quando eu era menina, diziam-me que o verdadeiro crente nunca deveria se definir como muçulmano. A palavra significa "aquele que se resigna à vontade de Deus" — e quem é capaz de viver em conformidade com isso? Essa recusa em permitir que alguém se esconda atrás de um rótulo religioso é típica da herança sufista do Afeganistão.

Antes de iniciar sua peregrinação a Meca, o santo Bayazid encontrou um homem que estava morrendo de fome. "Deixa que eu seja tua peregrinação", o pobre homem lhe pediu. Bayazid lhe entregou o dinheiro que economizara para fazer a viagem, deu sete voltas em torno do mendigo e considerou que, em espírito, cumprira as obrigações da peregrinação.

No século XIX, o austero movimento wahabi surgiu na Arábia Saudita para purgar o islamismo desse tipo de contaminação. Agora voluntários wahabis acorriam ao Afeganistão para combater os infiéis — e pôr fim às relaxadas práticas religiosas dos afegãos.

Cerca de duas horas depois, passamos por uma gigantesca instalação militar escavada na rocha que se erguia como uma muralha diante de nós. Alguém rabiscara na pedra uma frase em inglês: "*Down with Israel*" ["Abaixo Israel"]. Eu ri. O que Israel tinha a ver com esse conflito?

Estávamos no berço de um movimento islâmico de âmbito mundial. Acabávamos de passar por uma das instalações militares patrocinadas pela CIA, financiadas pela Arábia Saudita e arquitetadas por um jovem muçulmano idealista e incendiário. O nome dele era Osama bin Laden.

Vistos como árabes pelos afegãos, os voluntários eram, na verdade, radicais islâmicos procedentes de todo o mundo muçulmano. A maioria se unira às facções extremistas dos *mujahidin* de Gulbuddin Hikmatyar e de um erudito wahabi chamado Abdul Rasul Sayyaf. Uma vez no Afeganistão, passaram a formular uma nova, e híbrida, doutrina política islâmica.

Os estrangeiros em geral não eram tidos como bons soldados. "Eles não se importam de amarrar explosivos no corpo para se tornarem mártires, mas têm medo de uma bombinha", disse-me um comandante desgostoso.

No entanto eles ofereciam benefícios extras. Havia uma história famosa — e certamente apócrifa — sobre emissários da inteligência saudita que chegaram com malas cheias de dinheiro e procuraram facções de *mujahidin* que pudessem apoiar. Um após outro, os líderes da resistência acolhiam os árabes de braços abertos, ofereciam-lhes festas, empanturravam-nos de *pilau*, cobriam-nos de presentes, disparavam suas armas para o alto e geralmente se comportavam de um modo estranho para um afegão. Sayyaf comandava um grupo pequeno e militarmente insignificante, mas entendia a mentalidade dos homens sóbrios do deserto. Quando os árabes o encontraram, estava sozinho, sentado à sombra de uma árvore, aparentemente imerso em profunda contemplação. Ao invés de saudar os visitantes, o sábio de barba grisalha nem sequer olhou para eles. Um discípulo explicou que não se podia despertá-lo antes da hora da prece. Chegada essa hora, Sayyaf convidou os visitantes a participar de suas longas devoções. Só depois todos comeram do punhado de tâmaras que compunham o magro cardápio do mestre. Cansados mas eufóricos, os emissários árabes voltaram para casa de mala vazia e coração cheio. Não tinham dúvida de que haviam escolhido o mais digno receptor do lucro que acumularam vendendo o sangue negro do deserto ao dissoluto Ocidente.

Era uma boa história, cuja inspiração bem poderia ter partido de um conto de Nasrudin, o folclórico mulá de uma aldeia afegã com que cresci. Sentado diante de sua humilde choupana, com uma rede de pesca cobrindo-lhe os ombros, Nasrudin também encenou algo parecido para atrair a generosidade de um sultão. Obteve sua recompensa, porém um dia seu benfeitor retornou inesperadamente e encontrou o suposto asceta comendo bombons, divertindo-se com jovens donzelas e levando uma vida de luxo desregrado.

"Mulá!", exclamou o sultão. "O que aconteceu com sua rede de pescar?"

"Para que preciso dela", o mulá replicou, "se já peguei o peixe?"

Passamos por um posto de controle ocupado por *mujahidin* hostis. Em vez dos cumprimentos calorosos que costumávamos receber, eles nos dirigiram perguntas ríspidas. Tinham algo de diferente, mas demorei um pouco para identificar o que era. Então descobri: entre eles não havia riso, nem as brincadeiras irreverentes que geralmente acompanham qualquer grupo de afegãos. Esses homens de olhos frios não relaxaram por um instante, até que partimos.

Ocorreu-me que o senso de humor pode ser o oposto do fanatismo, ou pelo menos seu antídoto. É difícil sonhar com o martírio, se você consegue ver o lado engraçado da vida. Naturalmente o grande poeta afegão Jalaluddin Rumi chegou a essa conclusão séculos antes de mim e a formulou muito melhor que eu: "Se não tens senso de humor, tua alma não está completa".

Os afegãos comuns temiam os radicais e desconfiavam deles. Embora fosse bondoso demais para criticar abertamente seu semelhante, Engenheiro Jan resmungou alguma coisa sobre a falta de humor daqueles *mujahidin*. E contou uma piada: "Todo guerreiro afegão quer ser *ghazi*, herói, mas o árabe quer ser *shahid*, mártir. É por isso que tentamos ajudá-los, mandando-os para a linha de frente!". E soltou aquela risada curiosamente feminina dos afegãos.

Também rimos. A piada resumia bem duas posturas muito diferentes em relação à guerra, à religião, a tudo.

A base que íamos visitar situava-se exatamente na fronteira: dali avistamos as luzes do Paquistão brilhando ao longe.

Do outro lado, a artilharia alvejava um posto árabe, além do vale. A fumaça branca reluzia ao sol da manhã. De repente os atiradores mudaram a direção dos disparos e, pouco a pouco, centraram-se na montanha. Estavam seguindo um esquema para cobrir toda a área, metodicamente. A cada duas horas, era nossa vez. Durante uns dez minutos, a base virava um inferno. As bombas voavam, zumbindo, e aterrissavam por toda parte, enquanto nos encolhíamos em precários buracos. Então a roleta girava de novo, e nas duas horas seguintes a artilharia se desviava para outra parte da encosta. Toda vez que se voltava para nós, parecia estatisticamente mais provável que acabaria nos acertando, e então voaríamos pelos ares, esmigalhados.

A uma explosão mais intensa, mergulhei no buraco mais próximo. Deitada naquela cova estreita, pouco a pouco me dei conta de que estava sozinha. Levantei-me, e os *mujahidin* riram, deliciados. O barulho que tanto me apavorara fora produzido por seu próprio lança-foguetes BM-12. A vergonha que passei pelo menos me ensinou a distinguir entre fogo amigo e fogo inimigo.

Depois de algum tempo eu já não me assustava com bombardeios distantes. Mal registrava sua ocorrência, até que alcançavam determinado nível; então alguma sentinela invisível existente em minha mente me avisava que estava na hora de ter medo. Meus anfitriões se divertiam, imitando o zunido das bombas bem perto de mim, na esperança de me fazer passar a vergonha de me enfiar num buraco.

O Stinger era um objeto esquisito, quadrado, com forma de caixa. Parecia que tinha sido criado pelo departamento de cenografia da BBC com cartolina e pintura em spray. Um jovem *muja-*

hid tinha freqüentado um curso especial da CIA para aprender a manejá-lo, mas o custoso treinamento de nada lhe servira, pois cabia-lhe fazer chá, enquanto seus superiores se divertiam com o novo brinquedo. No começo os *mujahidin* se encantaram com a facilidade de derrubar jatos soviéticos. Com o tempo, porém, os aviões passaram a voar mais alto e a soltar labaredas que confundiam o sofisticado detector de calor do Stinger. De qualquer modo, os *mujahidin* geralmente disparavam contra eles, gritando e rindo — e desperdiçando mísseis preciosos.

A CIA e a inteligência paquistanesa deram a maior parte dos Stingers às facções extremistas dos *mujahidin*. Talvez fosse mais fácil lidar com os fanáticos macambúzios — eles podiam ter uma enfadonha obsessão pelo martírio, porém ao menos, a seu próprio modo, encaravam a morte com o devido grau de seriedade.

A rotina da base se tornou meu mundo. De dia eu observava as colunas de fumaça da artilharia soviética erguendo-se ao longe e os *mujahidin* disparando inutilmente contra os aviões. À noite, reuníamo-nos em torno do fogão, protegidos do ar frio da noite, e jogávamos baralho; Beat sempre ganhava. Valendo-se da escuridão, os jatos reapareciam todas as noites para despejar algumas bombas a baixa altitude. O ronco dos motores e o estrondo das explosões reverberavam pelas montanhas como uma tempestade de verão.

Uma noite escutei um pipocar extraordinário, como se milhares e milhares de bombinhas estivessem estourando. Depois das retumbantes detonações, esse barulho parecia quase frívolo. Corremos para fora, e me deparei com o mais espantoso dos espetáculos: as montanhas cintilavam com pequenos feixes de luz. Mesmo quando os jatos se afastaram, deixando um rastro de fogo, as luzes e os ruídos persistiram.

Os aviões tinham jogado minas borboleta, como a que fazia parte da coleção de Beat. Agora aprendi mais sobre elas em primeira mão. As "aletas", ou abas de plástico, permitiam-lhes espiralar suavemente para pousar no chão como sementes de sicômoro. O pouso suave era importante, pois cada mina continha uma quantidade de explosivo líquido e um detonador. Explodiria quando a pisassem.

Sua função era enfraquecer e desmoralizar o inimigo: confiná-lo em determinado lugar, enquanto a artilharia o martelava. Além de detonadores de contato, as minas também tinham timer, desativando-se ao cabo de 48 horas, para que as tropas terrestres pudessem avançar.

Depois de me explicar tudo isso, Beat concluiu: "Parece que é o que estão tentando fazer aqui. Enfraquecer a base para atacá-la por terra".

Quando os outros entraram, sentei-me numa pedra, de onde avistava o vale. Tendo visto muitos ferimentos causados por minas borboleta, eu sabia que elas eram perigosas. Mas não imaginei que fossem tão lindas, como milhões de flamejantes seres vivos, ou como estrelas perdidas, bruxuleando sem parar. Seu brilho intermitente iluminava os cumes escarpados. Quando, por uma fração de segundo, cada uma delas produzia seu frenético espetáculo de luz e som, as montanhas também pareciam assistir. Elas tinham uma eternidade para isso, pensei. Estariam aqui muito depois que todas as nossas luzes tivessem se apagado.

Tínhamos nossa matéria, uma das primeiras descrições dos Stingers em ação. O único problema era que estávamos ilhados na base. Toda noite os aviões despejavam mais minas borboleta. O caminho até a estrada que levava ao Paquistão atravessava um campo minado, e a estrada sofria bombardeios constantes. Não havia mais nenhum tipo de contato entre os *mujahidin* e o Paquistão.

Ao cabo de alguns dias mergulhei num profundo torpor. Até hoje me pergunto por que não me apavorei. Talvez por causa de minha inexperiência: nesse mundo novo, eu era apenas uma criança aprendendo a andar, capaz de abandonar uma posição sem perceber o perigo. Ou talvez não reconhecesse os efeitos insidiosos do estresse traumático. Quando as bombas se aproximavam, um mecanismo primitivo entrava em ação, e durante algum tempo eu me concentrava inteiramente na tarefa de sobreviver. Mas de resto meu cérebro se mantinha em posição de repouso, anestesiado. Era se como flocos de algodão envolvessem meu raciocínio, minhas emoções e tudo de que eu não precisasse urgentemente.

Eu passava o tempo gravando as explosões para uma matéria que esperava vender para uma emissora de rádio e discutindo com Beat. "Você tem de fotografar *todas* essas malditas bombas? É um clique a cada estouro. Está atrapalhando minha gravação."

"*Tscha*, você está atrapalhando minha foto."

"Você já tirou um milhão de fotos. Pra quê? Uma coluna de fumaça é exatamente igual às outras." Apontei uma coluna de fumaça próxima de nossos atiradores, e ambos ficamos observando. Parecia diferente de tudo que tínhamos visto: densa, untuosa, quase sólida. Talvez para quebrar o tédio, especulamos que poderia ser uma nuvem de gás químico.

"Vou dar uma olhada", Beat anunciou.

"Eu vou junto", falei.

Dissemos a nós mesmos que localizaríamos facilmente as minas borboleta no caminho pedregoso. Engenheiro Jan se prontificou a nos servir de guia. Estava cansado de ver os outros rirem de seu traje azul.

Não abrimos a boca. Estávamos ocupados demais em perscrutar o terreno à cata de minas. Quando chegamos ao lança-foguetes BM-12, a nuvem de gás havia se dissipado. Uma cabeça envolta num turbante de cor vistosa saiu de uma caverna. Essa aparição se dirigiu a nós no persa poético do norte: "Sepultem-se!".

Demorei um instante para entender que ele estava ordenando que nos protegêssemos. Ele acabara de disparar uma salva do BM-12 e aguardava a reação a qualquer momento. Agachamo-nos na estreita gruta de granito, e, enquanto nos apresentávamos, explosões se sucediam lá fora.

Dois *mujahidin* manejavam o BM-12. Ambos eram turcomanos afegãos. Sim, estavam bem longe de casa, ali, entre os pushtuns, mas, na *jihad*, todos os homens são irmãos. Tinham atuado no vale do Panjshir com o legendário Ahmad Shah Massoud e com Ismail Khan, em Herat. Depois disso ziguezaguearam sem pressa em direção ao sul, servindo-se dos *hujras*, os quartos de hóspedes que toda comunidade mantém para alojar gratuitamente os visitantes. Se não fosse a *jihad*, disseram, nunca teriam conhecido tanto o mundo.

Quando o bombardeio cessou, saímos cautelosamente da caverna. Nossos novos amigos lançaram um olhar desdenhoso para a espingarda de ar comprimido que Engenheiro Jan portava. Acho que um deles até riu sob o turbante. Engenheiro Jan não se abalou. "Estão vendo aquela pedra?", perguntou, apontando para um pedregulho minúsculo, a certa distância. Eles balançaram a cabeça afirmativamente. Antes que parassem de balançá-la, o pedregulho voou, zunindo, pelos ares. Engenheiro Jan era um excelente atirador.

O rádio deu um estalido, e seguiu-se uma conversa em voz alta. Captei o sentido: por pouco o inimigo não dera com suas coordenadas. Eles não podiam revelar sua posição, disparando o BM-12, e deviam retirar-se tão logo fosse seguro. Entretanto os setentrionais não haveriam de negligenciar os deveres da hospitalidade.

"Os viajantes são hóspedes de Deus!", gritou o que usava o turbante maior e tinha o brilho mais louco nos olhos negros. "Vocês vieram de longe para nos visitar. Não ficaremos em falta com vocês. Desobedeceremos às ordens e lhes mostraremos o foguete."

Tentamos dissuadi-los, mas eles replicaram, em tom de ameaça: "Temos um provérbio no Afeganistão. O hóspede escolhe o momento da chegada, e o anfitrião escolhe o momento da partida".

Recuamos uns trinta metros, enquanto eles preparavam o BM-12 para disparar. A geringonça, que parecia uma caixa de ovos comprida, com vários canos, tinha de ser carregada pela frente e era disparada quando se puxava um cordão. Os turcomanos executaram um número típico dos policiais de pastelão, esquecendo-se de afastar-se e abaixar-se no último instante. Em tais circunstâncias, não foi tão engraçado como poderia ter sido. Por fim, houve uma explosão ensurdecedora, e o BM-12 ejetou seus mísseis com tamanha força que o lançador escorregou para trás.

"Agora cumprimos o dever de hospitalidade obrigatório para todos os muçulmanos", gritaram nossos anfitriões. "Se morrermos no contra-ataque, receberemos nossa recompensa diretamente das mãos de Alá, no Paraíso. Vocês já podem ir. Que vivam mil anos."

"Que vivam para sempre", respondemos, carrancudos, e saímos correndo.

Enquanto tratávamos de colocar a máxima distância possível entre nós e o BM-12, a encosta estremecia com o ataque mais feroz que ocorrera até então. No alto da montanha, encontramos uma árvore solitária, que ainda não fora queimada. Abrigamo-nos embaixo dela e aproveitamos para recuperar o fôlego, como se tivéssemos escapado de uma tempestade. Um cavaleiro aproximou-se a todo o galope. Era um homem, com a mão direita sob o *shilwar kamis*. Uma bomba borboleta lhe arrancara a metade da mão, e ele estava indo prosaicamente para o Paquistão a fim de receber cuidados médicos. Um dito do Profeta me veio à mente:

"Trata este mundo como eu o trato, como um caminhante; como um cavaleiro que se detém por um tempo à sombra de uma árvore e segue viagem".

Foi um momento de inesperada tranqüilidade. Senti uma onda de afinidade com os valores islâmicos de minha infância — agora quase esquecidos no mundo mutável do islã. Quando cresci e descobri como tinha sido liberal minha criação, eu ainda me perguntava se tinha o direito de me chamar de muçulmana.

Certa vez meu avô conheceu um pastor unitarista e ficou encantado ao saber que ali estava um cristão que não acreditava na divindade de Jesus. E perguntou: "O senhor concorda que 'não existe outro Deus além de Deus e Maomé é o Mensageiro de Deus'?". O pastor disse que sim. "Meu caro senhor", o sirdar prosseguiu, "nesse caso, eu gostaria de lhe informar que na verdade o senhor sempre foi muçulmano."

Agora, abrigados, juntamente com o cavaleiro, em amistoso silêncio — companheiros de viagem aguardando uma trégua no bombardeio para seguir caminhos distintos —, senti-me em paz com minha fé, como quer que a rotulasse o mundo exterior. Pensei que talvez eu também sempre tenha sido muçulmana.

Na base central, o bombardeio perturbara até o carteado. Quando estávamos chegando, um projétil aterrissou perto do Stinger. Um estilhaço atingiu o cozinheiro, que resolvera experimentar as novas armas americanas. Ao tentarmos socorrê-lo, outra bomba praticamente passou de raspão, caindo a uns seis metros de nós. Por sorte a encosta era tão íngreme que a detonação ocorreu bem abaixo da base. Parece que os atiradores tinham dado com nossas coordenadas.

Outra notícia ainda mais desanimadora nos aguardava: agora que estávamos "enfraquecidos", um substancial comboio soviético avançava lentamente em nossa direção. Acreditava-se que em breve os soviéticos lançariam a ofensiva terrestre que, esperavam, resultaria na queda de Jaji. Se tivessem sucesso, aniquilariam a resistência em toda aquela área crucial. Estávamos quase sem munição, em posição de desvantagem e em inferioridade numérica.

E ilhados. Uma nova remessa de minas borboleta cuidara de manter nosso isolamento. Nossa movimentação, dentro e fora da base, tornara-se ainda mais restrita. Lá do alto avistávamos a estrada que tínhamos percorrido. A viagem de volta, montanha abaixo, não levaria muito tempo, mas entre nós e a estrada se interpunha um terreno minado. Parte desse caminho consistia num barranco coberto de mato, onde seria impossível avistar as minas.

"Podemos chamar o ônibus pelo rádio", sugeriu Engenheiro Jan, "mas chegar até ele pode ser um problema."

"Não é muito bom estar no lado errado da batalha", comentei.

"Até porque já temos nossa matéria", Beat concordou.

Olhei para ele. "A gente pode perder um pé, se der azar."

"Meio pé, provavelmente", disse Beat.

Embora desapontado porque não ficaríamos para a ofensiva terrestre e a provável derrota das forças do islã, Engenheiro Jan chamou o ônibus pelo rádio.

Na manhã seguinte, reunimo-nos com nossas mochilas. Vimos o ônibus nos esperando, um pontinho lá embaixo. De algum lugar das montanhas, um *mujahid* invisível atirou no ônibus e errou o alvo — mais uma demonstração do senso de humor afegão. Entretanto seu disparo continha uma mensagem séria: estava na hora de partir.

Os *mujahidin* se despediram de nós e rapidamente sumiram de vista. Era evidente que o comandante não estava disposto a correr o risco de perder um soldado, designando-o para conduzir uma dupla de jornalistas malucos, mesmo antes de a verdadeira luta começar. Foi com emoção que nos despedimos de Engenheiro Jan. "Tem certeza de que não quer vir com a gente?"

Ele olhou — tristonho, achei — para o ônibus e pendurou a espingarda no ombro. "Tenho. Vou ficar para a ofensiva. Afinal, eu sou um *mujahid*."

O ônibus parecia muito distante. Um fio de fumaça de uma mina cujo timer acabava de desativá-la erguia-se do barranco, como para nos lembrar de sua presença. Eu me perguntei se teria coragem. Passar o resto da vida sem uma perna, nunca mais ser uma pessoa inteira — sem falar na dor imediata e no coro de "eu bem que avisei" entoado por minha família.

Beat percebeu minha hesitação. "Tudo bem", falou bruscamente. "Eu vou na frente — você pisa onde eu pisar."

Ele jogou a mochila nas costas e começamos a descer a montanha. Quando chegamos ao barranco, eu descaradamente me pus a pisar em suas pegadas. Essa parte da viagem me deu a impressão de levar horas, porém provavelmente não demorou mais que cinco minutos. Eu não tirei os olhos do capim. Por umas duas vezes me assustei com ruídos de explosões e o revelador fio de fumaça a alguns centímetros de distância. Mas chegamos ao ônibus sãos e salvos.

A atuação de Beat foi o ato de bravura mais discreto que já vi. Depois disso, embora com freqüência eu tivesse de lembrar que ele era irritadiço e em geral imprudente, nunca esqueci que também era cheio de generosidade e coragem.

10. O homem que confiava em Deus

Vai mais alto — contempla o espírito humano.

Jalaluddin Rumi

Eu não conseguia mais conviver com meus mundos contraditórios, o oriental e o ocidental. Chegara a hora de escolher entre os dois. Depois que voltamos de Jaji, no verão de 1987, deixei o Peshawar Club e fui morar com Beat. Eu sabia que, ao ir morar com um homem que não era meu marido nem meu parente, estava desonrando minha família.

Tio Mirza nos visitou apenas uma vez. Eu estava acostumada com suas chegadas estrepitosas, ao volante de seu Toyota lotado de parentes: senhor de si, com seu vistoso chapéu inglês, tocando a buzina alegremente. Dessa vez foi diferente. Ele chegou sozinho e a pé. Ao subir pela entrada da garagem, parecia menor e inseguro, um velho perdido em terra estrangeira.

Ele não foi além da varanda. Disse que preferia não entrar; só queria me falar uma coisa. Preparei-me para a tempestade: que eu era uma desgraça; que, se persistisse em levar aquela vida independente, não poderia mais contar com a proteção da família.

Mas não era para isso que ele estava ali. Tio Mirza só queria me falar de Jamil Haidar; o homem do cavalo branco que, para mim, sintetizava tudo que os *mujahidin* tinham de nobre; Jamil Haidar, que cheirara as rosas do jardim, cuja mulher nós salvamos e que meu tio sustentava havia anos com doações de suas economias. Agora as economias tinham acabado. Furiosos, Jamil Haidar e seu bando de *mujahidin* tinham destruído a casa de meu tio.

Tio Mirza recusou o chá que lhe ofereci. Depois de soltar essa bomba, recolocou na cabeça seu chapéu inglês, desceu pela entrada da garagem e saiu de minha vida. Não ocorreu a dramática ruptura que eu temera — e no entanto, ao ver seu vulto amado desaparecer na distância, constatei que vivíamos em planetas diferentes, cujas órbitas estavam nos afastando mais e mais.

Nossa casa nova ficava nas imediações do canal que separava a cidade de Peshawar do crescente campo de refugiados de Nasirbagh. Um dia, quando eu circulava por Nasirbagh, um refugiado me abordou. "Madame, preciso de uma colocação para sustentar minha esposa e meus filhos pequenos", ele falou simplesmente. "Tenha a bondade de proporcionar-me um emprego." Ele poderia estar pedindo a um balconista de uma loja de departamentos que lhe mostrasse um artigo trivial, ou perguntando a um transeunte solícito como chegar a determinado lugar. Seria grosseiro repeli-lo.

Ele se chamava Rahim, e, embora eu houvesse prometido a mim mesma que nunca teria empregados, parece que alguma coisa em seus olhos negros penetrou em mim, e, quando me dei conta, já o contratara.

Minha justificativa foi que poderia aprimorar meu persa com seu linguajar poético. Rahim falava o dialeto chamado dari, que significa "da corte". É o modo de expressão dos reis históricos da Pérsia e dos clássicos literários do século XIII. Tido hoje em dia como inadmissivelmente rústico no Irã, o dari sobrevive nas montanhas do Afeganistão. Era como ter em casa um criado que falasse o inglês shakespeariano.

Rahim não andava: "agitava os pés". Não falava: "atinava com as palavras". Não ficava mais velho: seus "anos eram devorados". Vivia sofrendo com "aventuras", com coisas que lhe "passavam pela cabeça". Até algo tão prosaico como uma laranja adquiria um novo sentido em sua língua: *narang* — provável origem do inglês *orange* — significa literalmente "nenhuma tristeza". Provérbios persas e floreadas citações jorravam-lhe da boca — em geral para me derrotar em nossas freqüentes discussões.

Não demorei a perceber que Rahim detinha o controle inconteste de nossa vida. Ao receber seu primeiro salário, ele me lembrou asperamente: "Minha paga procede, na verdade, de Alá, conquanto Ele possa efetuá-la por intermédio da senhora. Se for de Sua vontade, Alá proverá. Mediante a senhora, ou mediante outra pessoa".

Rahim me lembrava irresistivelmente uma figura dominante na mitologia de minha família: Ahmad Shah, o fiel servidor pushtun de meu avô. Foi ele que roubou a avó do marajá do tanque onde ela morava no palácio, anos e anos atrás.* Meu pai dizia que ele tinha mais de um metro e oitenta de altura, e a pele cor de palha e os olhos verde-acinzentados dos autênticos habitantes das fronteiras. Ahmad Shah nunca se separava de seu rifle Lee Enfield ou de seu facão afegão e para relaxar não conhecia nada melhor que polir suas armas até deixá-las reluzentes.

* Ver pp. 52-3. (N. T.)

Bobo também escreveu sobre ele em suas memórias: "Trabalhava bem e fielmente por mais ou menos três meses. Então dizia que precisava ir embora. Nunca perguntava se podia ir. A palavra era *preciso*. Se lhe perguntavam por que usava uma palavra tão forte, ele punha a mão no coração e voltava o olhar para o distante sul, onde ficava sua terra natal".

Imagino minha doce avó escocesa, que se afastara para sempre de sua família de sangue, olhando, tristonha, pela janela de sua casa para a espetacular cordilheira de Cabul, antes de prosseguir: "Quem é das Terras Altas entende o que ele quer dizer. Conhece essa lealdade íntima para com as próprias montanhas, embora possa estar cercado de outras montanhas mais altas. Sabe que, seguramente, chega uma hora em que o coração recorda, a tristeza prevalece e é preciso voltar".

Um dia de manhã, descobri que um novo grupo de refugiados se estabelecera na beira do canal, perto de minha casa. Não era um bom lugar. O canal recebia os excrementos de centenas de cabanas, latrinas e restaurantes. Como o tentáculo podre de um monstro marinho, supurava ao sol. Até o momento nenhum refugiado se desesperara a ponto de se instalar junto a suas águas preguiçosas, mas naquela manhã um pequeno grupo de quatro ou cinco famílias já havia montado acampamento num buraco de areia branca que refletia o sol sem dó nem piedade.

Quando desci para visitá-los, mãos femininas me cercaram, grudaram em mim como carrapichos, puxaram a barra de meu vestido, acariciaram-me o rosto. Não estavam pedindo; pelo menos não estavam pedindo dinheiro. Estavam solicitando algo mais fundamental: meu tempo, minha atenção, minha solidariedade.

O líder do grupo me impressionou. Era um velho frágil, de barba branca, igual à imagem de um profeta bíblico num livro escolar. Ele estava sentado, imóvel e digno, a mão apoiada no cajado, os olhos voltados para as montanhas que deixara para trás. Naquele deserto não dava para avistar as montanhas. Mas o velho tinha algo de vidente. Sem dúvida conseguia visualizá-las com absoluta nitidez.

"De onde vocês vieram, pai?", perguntei-lhe.

"Da província de Kunar, com a graça de Deus."

Como eu tinha estado em Kunar — com Zahir Shah, em minha primeira viagem ao Afeganistão —, conversamos sobre as várias aldeias que visitei ao longo do rio Pech. Os olhos do velho brilharam, quando ele falou de suas colinas e de seus riachos, das casas penduradas nas encostas, dos rebanhos de ovelhas e dos pequenos pastores que corriam ladeira acima e ladeira abaixo.

"O que os trouxe para tão longe de sua terra?", perguntei, assim que a educação me permitiu.

"Deus é generoso. Houve uma ofensiva no outro lado de nossa montanha. Nossa aldeia foi bombardeada no dia seguinte, embora nunca tivéssemos nenhuma ligação com os combatentes. Partimos para cá, a pé. No caminho Alá resolveu me tirar meu netinho, a alegria de minha velhice."

Ficamos em silêncio por alguns instantes. Até que ele continuou: "Se uma árvore pudesse se mover, com pés ou asas, não sofreria a agonia da serra ou as feridas do gume. Alá nos trouxe para cá, e, como não conseguimos mais andar, é aqui que vamos ficar. Vamos esperar o que Ele nos reserva".

"Pai, vocês não podem ficar aqui. Vocês precisam se cadastrar como refugiados, para que os encaminhem a um campo adequado e lhes dêem comida e abrigo."

"Seja como Alá quiser."

Expliquei-lhe o processo de cadastramento: primeiro tinham de requerer um documento de identidade a um dos partidos políticos dos *mujahidin*, ligados às várias facções armadas. Com essa identidade poderiam conseguir um cartão de alimentação do Alto-Comissariado das Nações Unidas para Refugiados.

O velho ficou perplexo. "Mas nós nunca nos envolvemos com política ou com facções armadas, e eu nunca pedi ajuda."

"Não se preocupe. Agora o senhor está no Paquistão", repliquei.

Ele sorriu de um jeito que nunca mais pude esquecer. "Nós estamos, e sempre estivemos, nas mãos de Alá."

O velho não sabia, no entanto a apenas alguns metros de seu esquálido acampamento situava-se o centro nervoso do maior complexo mundial de assistência a refugiados, dedicado a ajudar pessoas como ele. No luxuoso bairro de University Town aninhavam-se os escritórios de mais de cinqüenta agências internacionais que assistiam cerca de 2,5 milhões de afegãos deslocados. Poucos beneficiários de sua caridade conheciam pessoalmente esse oásis de avenidas arborizadas, mansões suntuosas, relatórios confidenciais, antenas parabólicas, jardins irrigados, Pajeros com ar-condicionado.

Os organismos humanitários internacionais despejavam dinheiro em Peshawar: cerca de 80 milhões de dólares por ano só para o Acnur. Entretanto, como os mitos do Ocidente queriam se manter cada vez mais afastados da realidade afegã, o esforço humanitário esbarrava nos entraves da política. O mito rezava que todo afegão fisicamente apto estava envolvido na luta armada; portanto, para conseguir um cartão de alimentação os refugiados tinham de filiar-se a uma facção armada. O mito rezava que os refugiados logo voltariam para sua terra; portanto, os campos continuavam sendo provisórios e desprovidos de esperança.

No dia seguinte, ao voltar do mercado, constatei que os novos refugiados ainda estavam no buraco junto ao canal. Perguntei ao velho por que ainda não tinham se mudado para um campo melhor.

"Minha filha, nós procuramos o partido político dos *mujahidin* mais ativo em nossa região. Esperamos o dia inteiro para preencher a ficha. O funcionário exigiu uma gorda propina, de modo que lhe demos as jóias que minha mulher ganhou quando se casou. Ele nos disse para voltar lá amanhã."

"O que vocês vão fazer?", perguntei.

"O Profeta, que a paz esteja com ele, adjurou-nos a confiar em Deus. Amanhã vamos ao escritório do partido buscar nossa identidade. Depois, se Deus quiser, talvez recebamos algumas rações."

O velho insistiu em carregar minhas sacolas de compra até minha casa. Em sua fragilidade, ele cambaleava sob o peso. Desesperada para ajudá-lo, tentei lhe dar algum dinheiro. Ele me fitou com a expressão mais parecida com raiva que vi em seus olhos. "Não se envergonha de oferecer pagamento por algo que foi feito para Deus?"

Para a economia local os refugiados eram um grande negócio. Peshawar florescia. Era difícil um empresário, um especulador ou um ocidental não prosperar. Até eu prosperei. A imprensa internacional tinha um apetite voraz por notícias sobre a guerra, e Beat e eu também fechamos vários contratos lucrativos com agências humanitárias para cuidar de suas publicações. Instalamos em casa uma redação conjunta, que Beat batizou pomposamente de Agência Internacional de Informação.

Uma figura solitária surgiu na entrada da garagem. Usava um *shilwar kamis* marrom que se enfunava com o vento e o cabelo penteado para trás e fixado com brilhantina. E carregava uma mochila.

"É aqui a Agência Internacional de Informação?", perguntou.

"Sim."

"Nesse caso, quero que me dêem uma informação internacional."

A conversa foi divertida para nós, porém teve um profundo efeito sobre Rahim. Horas depois, encontrei-o, tristonho, caminhando pela rua, de um lado para o outro.

"Madame, meu coração se confrangeu", disse-me ele.

Aguardei uma explicação. Rahim esperou algum tempo, para que sua frase calasse em mim, e anunciou: "O vendedor de hortaliças comunicou-me que nosso vizinho da esquerda foi assaltado por *badmarshis*, bandidos. Esta casa está desprotegida. Toda espécie de gente pode subir até a porta sem sequer ter de esperar. Isso dá uma impressão ruim da posição dos proprietários".

Percebendo minha impaciência, Rahim tratou de ir direto ao assunto: "Madame, em suma, precisamos de um *chowki dar*, um homem armado para vigiar a porta. Eu mesmo faria isso, mas tenho outras obrigações. No entanto, vou arrumar um bom homem. Para ter certeza de que é alguém confiável e corajoso como um leão, vou trazer meu irmão".

No dia seguinte, Shafi, o irmão de Rahim, chegou. Contrariando as expectativas, não portava arma. Tampouco parecia muito esperto. Seus olhos não se fixavam em nenhum ponto, porém seu eterno sorriso, de uma doçura inefável, compensava suas falhas.

"Rahim!", exclamei, severa. "Onde está a arma?"

Nesse momento passos hesitantes fizeram ranger o cascalho da entrada da garagem. Um velho se arrastava em nossa direção. Era tão magro que temi que desabasse sob o peso do septuagenário Lee Enfield que carregava nas costas.

Rahim se empertigou todo, o peito estufado de orgulho. "Esse bom vovô combateu os *feranghee*, os forasteiros britânicos, quando era apenas um menino. Recebeu o título de *ghazi*, herói, antes de completar dez anos de idade. Agora Shafi é seu discípulo. Está aprendendo com esse grande guerreiro os segredos da batalha. Discípulo e mestre guardarão sua casa. Rahim resolveu tudo."

"Mas ele é muito velho", objetei.

"E Shafi é muito jovem", Rahim replicou tranqüilamente. "Agora a senhora vai ter as vantagens de ambos: a força da juventude e a sabedoria da velhice."

Era um argumento irretorquível. Concordei em contratá-los por um mês, em caráter de experiência. Quando entrei em casa, o velho enfiou um trapo no cano do rifle, estendeu-se num *charpoy* e dormiu.

Rahim começou a consolidar um pequeno império. Com uma casa tão grande para arrumar, precisava de uma mulher para lavar a roupa de todo mundo. Arranjou uma velha banguela que se instalou num canto da cozinha. Providenciou também um franzino assistente pessoal, que nunca deixava se levantar em minha presença. Esse criado de um criado rastejava de um cômodo a outro, varrendo o chão com um simples ramo. Assim, Rahim ficou livre para cuidar dos afazeres em que era mestre: supervisionar, administrar o dinheiro e tocar seu engenhoso e lucrativo negócio de reciclagem.

Todo o nosso lixo era meticulosamente separado por tipo de material e enviado a seu comparsa, o verdureiro, para ser vendido no mercado. Um dia descobri que o missivista público tinha um bilhete de minha mãe pregado na parede de sua banca. Sentados em volta, num semicírculo, seus discípulos se esforçavam para copiar a displicente caligrafia de minha mãe. Para isso usavam blocos feitos com rascunhos de meus artigos. Rahim tinha vendido o espaço em branco do verso.

Pedaços de lata e elásticos eram coletados com todo o carinho e vendidos, enquanto objetos que Rahim desaprovava (enlatados estrangeiros, fitas de áudio e, por algum motivo, clipes de papel) eram misteriosamente encaixotados e levados para o bazar. Coisas que ele achava que nunca deviam ir para o lixo (bolas de algodão usadas, frascos vazios de solução para lentes de contato e qualquer tipo de remédio, ainda que com a validade vencida) eram recolhidos com todo o carinho e apresentados em momentos inoportunos — a seu ver o intervalo entre o segundo e o terceiro prato de um jantar era uma ocasião particularmente auspiciosa. Isso acabava com qualquer espécie de privacidade.

Como nenhum dos *chowki dars* tinha condições de nos proteger, Beat resolveu comprar uns gansos para guardar a agência. Um dia ele voltou do mercado com um par de espécimes de péssima aparência. Rahim examinou-os atentamente. Seu rosto ficou roxo: percebi que a compra de gansos definitivamente fazia parte de suas tarefas exclusivas.

"Rahim! Leve os *chowki dars* para cavar um tanque!", Beat gritou, alheio à terrível mágoa de nosso empregado. Sem pronunciar uma só palavra e com grande dignidade, Rahim pegou os gansos, desceu pela entrada da garagem e sumiu no fervilhante bazar que começava bem em frente a nosso portão.

Três horas depois ele voltou. Em seus braços estavam não dois, mas quatro gansos gigantescos. O novo quarteto eclipsava completamente o par que Beat cometera a imprudência de comprar.

Rahim estava radiante. No estilo de quem conta uma história das *Mil e uma noites*, ele declamou: "O senhor é estrangeiro. Portanto, nao foi culpa sua, se o lesaram no bazar. Contudo, o vilão que lhe vendeu aqueles gansos de aspecto inferior não sabia que teria de se haver com Rahim. Eu mesmo fui ao mercado e, após muitos incidentes que me advieram, descobri o ladrão em questão. Bati nele até fazê-lo concordar em aceitar os gansos de volta. Com o dinheiro que ele me deu para compensar a tentativa de fraudar um estrangeiro, adquiri quatro gansos dignos de sua posição. São os gansos mais valentes e mais ferozes do Hindu Kush e até este momento estavam em meu quintal, pois fui eu que os trouxe de minha casa em Jalalabad. Veja bem: estes gansos não são paquistaneses; eles são afegãos. Vão grasnar como um exército inteiro quando intrusos se aproximarem, e, se for da vontade de Alá, teus inimigos serão postos em fuga. Tenho dito".

E se pôs a construir um tanque com as próprias mãos. Graças a sua presteza, escapara por um triz de arruinar seu prestígio.

Nas semanas seguintes observei atentamente os refugiados afegãos que se instalaram na margem do canal. Eles haviam estendido uns trapos sobre umas estacas para abrigar-se e em algum canto tinham encontrado uma panela de ferro. Entretanto, o lugar que escolheram para morar continuava impróprio como sempre. Eu mandava Rahim levar-lhes comida. Um dia ele voltou furioso. "Até o antídoto chegar do Iraque, o infeliz que foi picado de cobra estará morto", esbravejou. "Aqueles desventurados procuraram os escritórios do Acnur. Informaram-lhes que a região de Peshawar está repleta de refugiados e que, se querem receber ajuda, precisam ser transportados para as planícies de Sindh, a centenas de quilômetros de distância. Agora estão aguardando a chegada de outras pessoas de sua aldeia. Decidiram que o primeiro que chegar ficará em Peshawar esperando os demais. E não querem ir para aquelas planícies escaldantes."

Eu estava horrorizada. "Mas o que eles vão fazer?"

"Madame, eles vão esperar onde estão. Dizem que contam com Deus para protegê-los."

Quando fui visitar o velho e sua família na beira do canal, ele falou. "Não é certo você ir embora sem tomar um pouco de *nush-i-jan*, sustento vital". Aceitar um chá feito com a água lodosa do canal era altamente desaconselhável, porém recusar seria ofensivo. Não tive saída.

O chá e o pão surgiram do nada. Estendeu-se um trapo no chão, e nos sentamos sobre ele delicadamente, como se fosse um coxim de seda. Agora que tinha a honra de receber uma convidada, o velho se tornou confiante e expansivo, até um tanto santarrão. Tive um vislumbre da pessoa que ele devia ter sido antes de sua vida virar de cabeça para baixo: um grande xeque, cheio de elegantes cortesias, sábios provérbios e sermões de moral. Agora que ele perdera tudo, eu ouvia atentamente cada uma de suas palavras.

Falamos do momento que estávamos vivendo, do que os afegãos já chamavam de *musibat*, calamidade. Ele me lembrou outras calamidades que o povo do Afeganistão enfrentara: a dominação de Alexandre, o Grande, o século de guerra durante as invasões árabes, os horrendos massacres perpetrados pelos bárbaros do norte. Tanta luta, tanto sofrimento e tanta morte em nome do que os invasores imaginavam que saciaria sua sede de riquezas.

Uma vez, contou-me ele, um mendigo abordou o grande rei afegão Mahmud de Ghazna e lhe pediu que enchesse sua cuia. Mas o dinheiro do rei desapareceu, como se a cuia não tivesse fundo. O arrogante monarca ordenou que lhe levassem mais ouro. Quando perdeu a metade de seu tesouro, Mahmud admitiu a derrota. "Esta cuia representa os desejos do homem", o mendigo-sábio explicou. "A capacidade humana de devorar não tem limites."

Um dia um ônibus de cores vivas estacionou no buraco onde os refugiados estavam acampados. As mulheres e crianças que eu conhecera se aglomeraram em torno do ônibus, carregando seus parcos pertences. Um alvoroço incomum indicava que alguma coisa estava acontecendo.

Desci o barranco, correndo, e todos me cumprimentaram animadamente. Só o velho, o líder do grupo, continuou sentado numa pedra, impassível, observando a cena. "Que o senhor nunca se canse, pai", falei. "Estou contente de ver que finalmente chegou o ônibus que vai levá-los para Sindh."

"Que você esteja bem, minha filha. Esse não é o ônibus das autoridades responsáveis pelos refugiados. Nem vai nos levar para Sindh."

"Mas então o que está acontecendo?" Surpreendi-me por formular uma pergunta mais direta do que permitem as rígidas normas da etiqueta afegã.

"O Profeta, que a paz esteja com ele, disse: 'Confia em Deus, mas amarra teu camelo'. Confiamos em Alá, mas devemos fazer o que pudermos por nós mesmos. O pessoal de nossa aldeia não chegou; talvez tenha ocorrido uma desgraça no caminho. Aqui, no Paquistão, nossas crianças estão adoecendo. Todos os dias temos de vender alguns pertences para comprar comida e continuar vivendo. Estamos com muita saudade de nossas encostas, de nossos pomares. Por isso decidi que vamos voltar. Minha filha mais velha, que é viúva, concordou em vender seus brincos de ouro para alugarmos esse ônibus. Ele vai nos levar até a fronteira, e de lá seguiremos a pé até nossa aldeia. Mesmo que ela esteja destruída, é melhor morrer lá do que ser enterrado vivo nesta cova poeirenta. Aqui, cada respiro é uma morte lenta. Em nossa aldeia podemos morrer de fome sem dever nada a ninguém. Aqui morremos de fome como objetos de caridade, como escravos de gente que nos diz como e onde devemos viver."

Fiquei olhando até as últimas mulheres e crianças entrarem no ônibus, afobadas. Quando todos se acomodaram, o velho se levantou de sua pedra, com majestosa dignidade, e caminhou lentamente até o ônibus. Antes de entrar, acenou para mim.

Acenei para ele também e fiquei ali parada, refletindo, durante muito tempo, depois que o espalhafatoso veículo tocou sua buzina barulhenta e sumiu de vista.

11. Perdidos no deserto da morte

Temo que nunca chegues a Meca,
Ó viandante,
Pois estás na estrada que leva ao Turquestão.
Gulistan, Sheikh Sa'adi de Shiraz

Em 1988 Beat achou que seria interessante visitar a região de Kandahar, a segunda maior cidade do Afeganistão. Eu tinha minhas dúvidas. Poucos jornalistas haviam estado lá desde que o americano Charles Thornton morrera numa emboscada dos soviéticos, dois anos antes. No sul tudo era diferente. O terreno plano ao redor de Kandahar não proporcionava aos *mujahidin* nada parecido com a proteção natural das montanhas. Para completar, os kandaharis tinham uma certa fama de cruéis, mesmo entre um povo tão sedento de sangue como os afegãos. Quando eu era menina, ensinaram-me a identificar um kandahari: ele corta a garganta de sua vítima com uma faca enferrujada para doer mais.

Na época não imaginávamos que seis anos depois essa região se tornaria o berço do Talibã, o movimento estudantil religioso que conjugaria a imprevisibilidade das tribos locais com o fanatismo do islamismo purista.

Visitamos nosso velho amigo Hamid Karzai, que era de Kandahar. Ele continuava tão urbano como por ocasião de sua chegada. Em Peshawar, uma cidade na qual sair de casa significava empapar-se de suor e cobrir-se de fuligem, Karzai usava um imaculado *shilwar kamis* de seda branco. Praticamente único entre os homens adultos que desejavam impor respeito aos guerrilheiros, ele raspava não só a barba como o cabelo. Tinha olhos sagazes, ligeiramente saltados, e uma cabeça admirável. E gostava do que chamava de Visão Geral.

"Que bom que vocês vieram... Eu estava trabalhando num texto sobre o Homem Comum do Afeganistão — um dos institutos franceses mais maçantes tem me apoquentado com isso. Tenho muito interesse em saber o que vocês acham."

Karzai adorava discorrer sobre o Homem Comum. Em tempos de paz poderia ser um acadêmico ilustre ou um reformador social. No exílio, era porta-voz de um pequeno partido político de oposição moderada. Ao cabo de uma meia hora, perguntou: "Então, em que posso ser útil?".

"Gostaríamos de ir a Kandahar."

Hamid ficou visivelmente surpreso. "Os dois?"

"Sim", respondemos, decididos.

"É muito perigoso."

A maneira como ele disse isso me deu a certeza de que iríamos.

Alguns dias depois um homem magro e tristonho, de rosto fino e olhos irrequietos, conseguiu passar por todas as nossas defesas. Nós o encontramos na varanda, refestelado numa cadeira de vime. Ele usava um imenso turbante de seda preto, no estilo kandahari, e gritava: "Eu Ghaffar Khan — vocês vir agora Quetta. Nós ir Kandahar. Bang! Bang! Rá! Rá!".

Ghaffar Khan estava ali para nos levar à presença de um comandante *mujahid* sediado em Arghandab, nas proximidades de Kandahar. Nossos companheiros de viagem pareciam confirmar tudo que eu ouvira na infância sobre a loucura dos sulistas. Tinham olhos brilhantes e ferozes, fortemente sombreados com *kohl*. Riam sem nenhum motivo específico. Ostentavam uma barba extraordinariamente comprida, preta e lanosa. Como crianças, gostavam de chupar as pontas pendentes de seus enormes turbantes de seda. Pareciam inteiramente livres de qualquer forma de convenção humana. Juntamente com as cartucheiras e os AK-47 de praxe, portavam rosas, manuseando-as de um modo que sugeria que podiam resolver atirar em alguém e depois cheirar suas flores.

Visitamos seu arsenal — uma série de cavernas atulhadas de Kalashnikovs, metralhadoras pesadas e granadas lançadas por foguete. Empolgados com tanto armamento, os homens dispararam ao acaso rajadas de metralhadora. Depois se puseram a carregar a picape. Formaram uma cadeia humana e jogavam as granadas de um para o outro. O último da cadeia as arremessava na carroceria da caminhonete, onde elas estrondeavam ao se chocarem com a superfície metálica. As granadas eram estocadas sem os detonadores, mas de qualquer modo parecia imprudente. Em seguida eles arrastaram um barril gigantesco, colocaram-no na traseira da picape, encheram-no de combustível até a borda e o deixaram destampado. Beat e eu nos vimos sentados em cima de uma pilha de granadas e éramos borrifados de diesel toda vez que topávamos com uma pedra.

O sol nos queimava, e copiosos vapores emanavam de nosso barril de diesel. As areias de um deserto imenso e plano se estendiam em todas as direções e não ofereciam nenhum tipo de cobertura. Por duas vezes escutamos ronco de avião. Por sorte não eram jatos, e sim aeronaves de reconhecimento, provavelmente munidas de câmeras e um sofisticado equipamento capaz de registrar imagens pelo calor. A quantidade de dinheiro, homens e material de última geração colocada à disposição do Exército Vermelho era um tema interessante sobre o qual meditarmos, enquanto sacolejávamos naquela caminhonete frágil com um grupo que eu só poderia descrever como amadores entusiásticos. Éramos alvos fáceis.

Os homens não demonstravam nenhuma preocupação. Deixavam esses detalhes nas mãos de Alá, assim como a maior parte da responsabilidade pela organização de nossa viagem. Enquanto a caminhonete rodava, barulhenta — possivelmente em círculos —, Beat e eu víamos nosso suprimento de água mineral evaporar-se. Ninguém mais havia pensado em levar alguma coisa para beber.

Na época de Alexandre, o Grande, esse deserto árido era uma região de jardins e flores. Ali havia romãs e figos e muitas cidades magníficas. Então surgiu um grande monstro e destruiu tudo. Alexandre consultou seus ministros, mas ninguém sabia o que fazer. Por fim o filósofo Aristóteles fabricou um espelho gigantesco, instalou-o numa carroça e conduziu a carroça na direção da besta. Assim que viu seu próprio reflexo, o monstro soltou um uivo horrendo e morreu.

Aristóteles explicou que os habitantes daquela região eram perversos e impuros. O monstro nascera dos maus pensamentos e das más ações daquela gente. Quando se viu no espelho, seu próprio mau-olhado o matou.

Depois de me contar essa história, nosso motorista me deu uma piscadela. Esse tipo vistoso, de turbante verde-limão e muito *kohl* preto, precavia-se de todas as formas contra mau-olhado.

Um versículo do Alcorão tapava a metade de seu espelho retrovisor. A outra metade estava coberta por um adesivo fluorescente que estampava um enorme olho azul, uma arma poderosa contra os efeitos nocivos da inveja que sua esplêndida caminhonete ou sua bela figura poderiam despertar. Nos espelhos laterais e na base do veículo ele amarrara fitas e correntes tilintantes. Eram dispositivos anti-djim, pois sabe-se que os djins detestam coisas que esvoaçam e tilintam.

Com tantas precauções, o motorista não se sentia particularmente responsável por nossa segurança. Muitas vezes tirava as mãos do volante. Em vez de olhar para a estrada, preferia nos contar histórias divertidas, das quais ria com gosto, jogando a cabeça para trás. De quando em quando se voltava em seu banco para me lançar longos olhares apaixonados.

Para mim, não havia dúvida de que ele estava flertando comigo. O que era muito esquisito, porque, por uma questão de segurança, eu me disfarçara de homem. Ghaffar Khan me ensinara a colocar um turbante de seda preto, e eu o usava de modo a esconder parte do rosto. Eu tinha pintado uma espécie de bigode e enfaixara o busto, que, ademais, meu colete largo camuflava. Eu podia parecer qualquer coisa, menos uma mulher.

Ao entardecer, paramos num oásis, onde havia uma poça de água lamacenta e alguma vegetação. Os homens tiveram muito trabalho para cobrir a caminhonete com ramagens — evidentemente não sabiam que ela continuaria visível para o equipamento capaz de registrar imagens pelo calor. Só Ghaffar Khan tinha plena consciência dos perigos que corríamos: durante toda a viagem ficou encolhido de medo. "Sou um homem instruído", disse. "Freqüentei a escola do mulá e fiz um curso de primeiros socorros na Cruz Vermelha." Ele demonstrou seus conhecimentos de primeiros socorros cutucando a perna ferida de um companheiro com uma tesoura rombuda e não esterilizada.

Depois de recitar suas orações, os *mujahidin* me ensinaram um jogo chamado Pedra no Mulá. Dispõem-se cinco ou seis pedras em fila, com uma na frente; a primeira delas é o mulá, e as restantes são sua congregação. O objetivo é deslocá-las com outra pedra, como no jogo de gude. Quem atinge o mulá ganha mais pontos.

Todo afegão conhece alguma piada de mulá. Os mulás compõem o clero informal do islamismo — e um dia acabariam liderando o movimento Talibã. Nenhuma aldeia está completa sem um mulá. Ele pode ser um religioso erudito ou, com mais freqüência, um fanático analfabeto. Eu cresci ouvindo histórias sobre a folclórica figura de um mulá afegão chamado Nasrudin.

Nasrudin resolveu destituir o mulá de sua aldeia. Desafiou-o para uma competição pública que apontaria o mais instruído dos dois. E formulou a primeira pergunta: "O que significa a palavra árabe *marafsh*?".

"Não sei", o outro respondeu, traduzindo a palavra em questão.

Foi o bastante para os aldeões o expulsarem e elegerem Nasrudin como seu novo líder espiritual. Ao afastar-se, o mula destituído disse para Nasrudin: "Você me tapeou".

"Durante quantos anos você foi o mulá desta aldeia?", Nasrudin perguntou.

"Durante trinta e cinco", o velho falou.

"E em trinta e cinco anos tudo que você ensinou para esse pessoal foi como ser tapeado?"

Naquela noite chegamos a uma aldeia no momento em que o mulá local estava fazendo suas orações. Ao invés de nos cumprimentar, ele prolongou suas preces, para enfatizar sua devoção. Para sublinhar ainda mais sua posição espiritual, usava um turbante enorme, porém via-se a cobiça em seus olhos astutos.

Os *mujahidin* tinham certo receio de apresentar jornalistas ocidentais ao venerável beato. Antes que eu conseguisse detê-los, eles estavam dizendo que Beat e eu éramos árabes e nos encontrávamos ali para lutar pelo islã. Houve um murmúrio de empolgação. E os aldeões nos informaram que o mulá falava árabe fluentemente. Com freqüência ele se queixava de não ter com quem conversar na língua do santo Alcorão, que, afinal, era particularmente adequada à discussão das questões cruciais da jurisprudência islâmica.

Eu sabia árabe suficiente para me sair bem em uma conversa, mas não para enganar um erudito islâmico. Ao concluir suas orações, o mulá se sentou comigo no centro de um círculo de aldeões ansiosos.

"*As-salaam aleikum*", entoou. "A paz esteja contigo."

"*Wa aleikum as-salaam.* Contigo esteja a paz."

Seguiu-se um silêncio embaraçoso. Resolvi deixar que o mulá desse início à conversação. Ele correu os olhos pelos rostos de seu rebanho. E se pôs a falar.

Durante alguns momentos encarei-o, perplexa. Pensei que ele tinha enlouquecido. Aquilo não era árabe, nem língua nenhuma deste mundo: era pura algaravia, pontilhada, cá e lá, por uma frase em árabe de caráter religioso. Então eu entendi: o pobre mulá não falava uma palavra da língua sagrada do islã. Em desespero de causa, ele recorrera a esse estratagema.

Uns cinco minutos depois, ele se calou e inclinou a cabeça para mim. Respirei fundo. "Estimado senhor", comecei, em persa, "quando ouço minha língua tão bem falada, sei que me encontro na presença de um verdadeiro muçulmano. Mas estou tentando aprender persa. O senhor me perdoará, se conversarmos nessa língua?"

O mulá sorriu, radiante. Sua reputação estava salva. Agora a aldeia inteira o consideraria generoso por abster-se de se expressar em árabe para fazer a vontade de um visitante.

Seu conhecimento da lei islâmica era tão vago quanto suas noções de árabe. Quando os aldeões entraram num riacho que havia ali perto para realizar o *wudu*, o ritual da ablução que antecede a prece, observei que, em vez de se descalçar — como fazem todos os muçulmanos, desde a Albânia até a Indonésia —, eles simplesmente jogaram água nas botas.

"Se o calçado não ultrapassa o tornozelo", explicou-me o mulá, altivo, "não precisa tirá-lo para o *wudu*."

"Mas muitos homens estão com botas que cobrem o tornozelo", assinalei.

"Eles *não* são bons muçulmanos", foi a resposta.

Quando o Talibã ganhou notoriedade, muitas vezes pensei nesse mulá. Suas atitudes explicavam grande parte dos valores culturais dos pushtun em que se fundamentam as teorias islâmicas desse movimento. Depois das orações, ele discorreu sobre os males do Ocidente: "Vocês sabiam que, nos Estados Unidos, as mulheres podem se casar com cachorro?".

"Alá me defenda! Que horror! O senhor tem certeza?"

"Absoluta. Elas levam o cachorro para a igreja, e o padre celebra o casamento. No dia seguinte elas resolvem se divorciar, e o padre concorda."

Em 1928 o rei Amanullah Khan desafiou o poder dos mulás. Era um governante progressista, que sonhava estabelecer um centro de cultura européia no Hindu Kush. Sua corte imitava os salões de Paris, ele percorria as estradas do Afeganistão a bordo de um Rolls-Royce empoeirado e, nos arredores de Cabul, construiu um esplêndido aeródromo, seu grande monumento ao progresso.

Amanullah decretou que, nas cidades, todos deviam usar trajes ocidentais. Sua esposa, a rainha Soraya, apresentava-se em público com o rosto descoberto, enquanto, nas ruas, seus soldados arrancavam o véu das mulheres. Nos arredores de Cabul e Kandahar, surgiram vastos mercados das pulgas que alugavam trajes ocidentais por hora. Foi uma farsa humilhante. Homens do campo se arrastavam pela cidade dentro de esfrangalhados vestidos de baile, e suas mulheres procuravam esconder a vergonha com amarfanhados chapéus-coco.

Os mulás revidaram. Divulgaram retratos da rainha Soraya usando um vestido sem ombros e dançando com um homem que não era seu parente. Gritaram que, se não conseguia nem controlar a própria esposa, como o rei esperava governar um país viril como o Afeganistão?

Amanullah não sobreviveu a essa desgraça pública. As tradições atrasadas que ele tentara banir se levantaram para engoli-lo. Nas ruas o povo fez grandes fogueiras de roupas européias. O rei se viu obrigado a fugir em seu Rolls-Royce.

Assim como o Talibã surgiu em meio à anarquia que se seguiu à retirada dos soviéticos, o caos que se instalou após a fuga de Amanullah permitiu que um bandido assumisse o poder. Bacha Saqao — filho de um aguadeiro — transformou o belo aeródromo de Amanullah numa câmara de tortura. O suntuoso palácio europeu foi ocupado por malfeitores que dormiam nas mesas de bilhar e promoviam brigas de galo na dourada sala de audiência estilo Luís XIV.

É como se o Afeganistão possuísse um antídoto contra o Ocidente, uma força da natureza, arrastando-o de volta a suas raízes.

No dia seguinte mais dois aviões de reconhecimento sobrevoaram a região. Ainda descreviam círculos, só que cada vez menores. Parece que tinham uma idéia mais clara do que estavam procurando. Talvez os aldeões da noite anterior tivessem lhes fornecido alguma informação para garantir a própria segurança.

Foi com preocupação que nos vimos transitando por estradas comuns, que podiam ser facilmente atacadas. Com uma certa esperteza de bicho, Ghaffar Khan decidiu que o lugar mais seguro era a carroceria da caminhonete e ali se instalou, com as pernas para fora. Segundo seu raciocínio, a roda da frente tinha maior probabilidade de topar com uma mina. Na posição em que se encontrava, ele podia ser jogado para longe. Curvado sobre si mesmo, com seu turbante preto e seu esfarrapado *shilwar kamis* preto, parecia um corvo.

"Por favor, que é 'poda-se'?", ele perguntou.

"Como?"

"Poda-se, poda-se, eu sempre querer saber que é 'poda-se'." Por um momento fiquei confusa, até que ele explicou: "Senhor Charles sempre dizer: 'Poda-se, Ghaffar Khan. Poda-se, bastardo imprestável'. Afinal, que é 'poda-se'?".

"Quem é o senhor Charles?", perguntei, cautelosa.

Ghaffar Khan balançou a cabeça sebenta e estalou a língua, numa atitude que deveria indicar tristeza, mas que apenas revelou uma fileira de dentes podres.

"Senhor Charles Pornton. Ele falar: 'Seu podido, você fazer gente morrer'".

"Quer dizer que você viajou com Charles Thornton?"

"Sim, coitado senhor Charles, eu levar ele para Kandahar."

Já era preocupante saber que Charles Thornton havia sido morto dois anos antes nessa mesma região. E agora eu constatava que tínhamos o mesmo guia. Quando finalmente voltamos para Peshawar, vi uma foto de Ghaffar Khan com Charles Thornton num exemplar da revista comunista *Cabul Hoje*. Estava no rolo de filme que fora encontrado no local da emboscada.

Ghaffar Khan admitiu que estava com Charles Thornton quando o mataram, porém, quando pedi mais detalhes, limitou-se a se curvar ainda mais na traseira da caminhonete. Tudo que consegui arrancar-lhe foi: "Coitado senhor Charles".

Passamos por um grupo de *mujahidin*, que nos disseram para ter cuidado com emboscadas, pois a resistência naquela área enfraquecera muito. “Os Estados Unidos pararam de mandar Stingers para cá”, explicaram. Era uma informação extraordinária, e perguntamos por que a CIA privaria dessas armas uma região tão crucial.

A displicente resposta dos *mujahidin* me surpreendeu. Contaram que dois comandantes de uma facção extremista islâmica venderam os Stingers para o Irã. Os homens realizaram a transação de modo a fazer crer que as tropas iranianas capturaram seu comboio de armas, porém o que se dizia por ali era que as armas foram vendidas, sim.

Beat e eu imediatamente reconhecemos que, se a informação era verdadeira, tínhamos uma grande matéria. Nas mãos erradas, um Stinger podia facilmente derrubar um avião de passageiros. Na época o Irã era o inimigo mais feroz dos Estados Unidos. Eu ainda não queria acreditar que, apesar de todos os seus defeitos, os *mujahidin* fossem capazes de tamanha traição. Resolvemos tratar essa informação com extremo cuidado.

Naquela noite, paramos numa aldeia. Parecia próspera — tinha melões e uvas e animais comendo perto dos casebres de barro —, mas seus habitantes nos receberam friamente. O líder local nos disse, sem rodeios, que a guerra arruinara suas terras e que só podiam nos oferecer umas poucas uvas; depois teríamos de ir embora. Nosso grupo fez questão de parar para rezar na praça da aldeia, deixando os Kalashnikovs ao alcance da mão. Um bando de aldeões carrancudos ficou nos vigiando até nos afastarmos.

Dormimos na carroceria da caminhonete, em cima das granadas. Fazia muito frio e, embora fôssemos alvo fácil de emboscada, ninguém quis montar guarda. Apesar de minhas apreensões, eu estava tão cansada que logo peguei no sono. Três ou quatro horas depois, acordei com alguém me bolinando; as gordas estrelas do deserto eram os únicos pontos de luz na noite escura como breu. Dei um furioso tabefe na mão atrevida e dormi de novo.

Na manhã seguinte o motorista naturalmente já sabia que eu era mulher. E mal conseguia me encarar, muito menos lançar-me olhares insinuantes. Era evidente que estava envergonhado. Ao invés de se virar para nos regalar com histórias e piadas e me brindar com exibições de seus dentes reluzentes e brancos, ele mantinha as mãos firmes no volante e os olhos fixos na estrada. De quando em quando, dirigia suas atenções ao integrante mais jovem de nosso bando.

Tudo começava a dar errado. Fazia dois dias que não comíamos direito, e estávamos completamente perdidos. Ao cair da noite, chegamos a um vilarejo particularmente hostil. Como para deixar claro que não éramos bem-vindos, os moradores nos alojaram num barracão decrépito, onde uma bomba não detonada nos espiava pela fenda que abrira na parede de barro.

Esperamos que nos oferecessem algum lanche. Não nos serviram sequer um copo de água. Ghaffar Khan foi empalidecendo. De acordo com o *Pushtunwali*, ninguém pode matar um homem que comeu de seu pão e de seu sal. Em contrapartida, enquanto não lhe derem de comer ou de beber, você não pode se considerar entre amigos.

Os velhos da aldeia começaram a chegar. Pelo teor da conversa, em pushtu, percebi que as coisas não iam bem. Em pushtu, o cumprimento mais gentil soa como um insulto, porém aquilo era realmente uma briga. Nunca vi nada igual; parece que só nossa força numérica nos protegia.

"O que é que eles estão dizendo, Ghaffar Khan?"

Ghaffar Khan choramingava de medo. Por fim consegui arrancar-lhe o seguinte: "Essa gente muito ruim, não respeitar *mujahidin*".

Os aldeões tinham se reunido, formando uma milícia. Haviam feito um acordo com o exército apoiado pelos soviéticos:

não seriam importunados, desde que não dessem abrigo aos *mujahidin*. Agora, informaram, correra a notícia de que nosso grupo incluía jornalistas estrangeiros. Era um trunfo para a propaganda, e montara-se uma grande operação para nos capturar.

Os aldeões queriam que partíssemos imediatamente. Pernoitar ali era impensável. Mais soldados saltariam de pára-quedas durante a noite. Dizia-se que entre eles estavam os temidos Spetsnaz, comandos soviéticos altamente treinados. Havia emboscadas na estrada que pretendíamos percorrer. Teríamos de tomar um atalho e torcer para que não estivesse igualmente bloqueado.

Levantamo-nos, lacrimejando de sono. Estávamos sendo caçados. O fogo de artilharia nunca me inspirara tanto pavor. O bombardeio tinha algo de confortadoramente aleatório. Eu conseguia calcular os bilhões de metros cúbicos de um espaço vazio e sabia que era um alvo comparativamente minúsculo. Mas agora era diferente. Os pilotos daqueles jatos estavam procurando especificamente por nós, e dezenas, talvez centenas de soldados estavam passando a noite naquelas planícies frias com o único objetivo de nos capturar. Se os aldeões nos disseram a verdade, nossos perseguidores incluíam comandos de elite do poderoso exército de uma superpotência. Como é que nós, um bando de incompetentes, poderíamos levar a melhor? A idéia me apertava o coração, e eu estava realmente amedrontada.

Eu não podia ficar com raiva dos aldeões porque nos expulsaram. Eles estavam fartos da guerra, queriam viver em paz. O que lhes importava quem detinha o controle de Cabul ou de Kandahar? O governo central não interferia em sua vida, mas a guerra podia interferir.

12. Aumentando a necessidade

Já que novas capacidades surgem da necessidade,
Aumenta, homem, tua necessidade.

Masnavi, Jalaluddin Rumi

Escolhemos estradas pouco transitadas, passando prudentemente ao largo de vilarejos em ruínas e mantendo distância de aldeias habitadas. Então, pouco antes do amanhecer, ouvimos o barulho dos jatos.

Realizamos um *jirga*, um conselho de guerra. Nessa área o terreno plano felizmente cedia lugar a pequenas colinas, que proporcionavam algum tipo de abrigo. Entretanto a caminhonete ainda era muito visível. Decidimos nos separar: atravessaríamos as colinas a pé, e o motorista se dirigiria sozinho, como um viajante inocente, ao local onde nos apanharia.

Demos início à escalada em meio a uma escuridão tão densa que mal conseguíamos ver os próprios pés sobre as pedras. Quando estávamos perto do cume, ouvimos um helicóptero sobrevoando do outro lado. Abaixamo-nos, enquanto um de nossos companheiros foi averiguar do que se tratava. Ao voltar, ele informou que o helicóptero estava despejando soldados no vale.

O cerco estava se fechando em torno de nós. Durante toda a noite e no dia seguinte, contornamos uma série de planaltos e colinas arenosas. Toda a área parecia despovoada. Tivemos de dar uma longa volta, e, como sempre, os *mujahidin* se perderam — a todo instante paravam para discutir sobre o trajeto. Ao cair da tarde, estávamos exaustos e esfomeados. Eu não acreditava que conseguiria passar mais uma noite caminhando, porém temia que, se parássemos, acabássemos por congelar na escuridão.

Então avistamos ovelhas pastando no cume plano de uma colina. A menina que as pastoreava tinha pele escura e bons ossos, e seu traje colorido estava em frangalhos. Ela era kochi, ou seja, fazia parte de um grupo de afegãos nômades parecidos com ciganos. Entreolhamo-nos cautelosamente ao passar por ela; os kochis são muito reservados.

Chegamos ao acampamento desses nômades, uma série de barracas pretas, esfarrapadas. No desespero em que me encontrava, pareceu-me um milagre. Sentamo-nos e esperamos, enquanto dois dos nossos foram pedir comida e pousada. Voltaram dez minutos depois para comunicar que os kochis não podiam correr o risco de nos ajudar. Teríamos de seguir caminho.

A recusa teve o efeito de uma pancada. Os kochis são os párias da sociedade afegã. Pois agora até eles nos rechaçavam. Em outros pontos do país os *mujahidin* eram um movimento popular, que podia contar com o apoio dos civis. Se os habitantes locais tinham medo da resistência, para que existia a resistência, afinal?

Os *mujahidin* tatearam seus Kalashnikovs, e por um momento pensei que haveria luta. No entanto eles simplesmente se levantaram, pegaram as armas e partiram. Andamos uns seiscentos metros e nos sentamos de novo. Estávamos tão cansados que não conseguíamos dar nem mais um passo.

Foi nossa pior parada. Não tínhamos fogo, nem água para fazer chá ou para o *wudu*. Nem abrigo contra o vento. Contemplamos o pôr-do-sol num silêncio frio. Não podíamos nem pensar em comer. A noite estava gelada. Tínhamos chegado ao fundo do poço.

Em algum ponto de meu cérebro começou a soprar uma brisa suave que logo se transformou num furacão. Em Kandahar o mito dos *mujahidin* nobres estava por fim se desfazendo. Fragmentos de flocos de neve rodopiavam em minha mente: todas as coisas que eu deixara de lado porque não combinavam com o que eu queria ver. Os cadáveres com a garganta cortada boiando no canal de Peshawar, e as bombas que explodiam na cidade, noite após noite. Jamil Haidar destruindo a casa de meu tio. E sobretudo a possibilidade de os *mujahidin* terem vendido os Stingers ao Irã.

Eu não hesitara em culpar todo mundo — o Ocidente, os árabes, os extremistas islâmicos —, menos meus nobres *mujahidin*. Porque eles faziam parte de meu mito e, em certo sentido, de mim mesma.

Mexendo no cabelo, descobri um fio branco. Pareceu-me um presságio.

Retomamos nossa caminhada ao amanhecer e, depois de percorrer cinco ou seis quilômetros, encontramos um riacho. Na véspera estávamos abatidos demais para acampar num lugar mais razoável. Os homens acenderam um fogo, e fervemos um pouco de água para nosso último chá. Vasculhei minha mochila e encontrei um cubo de caldo escondido dentro de uma meia. Um tesouro. Fingindo que era remédio, despejei uma parte no chá que Beat e eu estávamos repartindo. "Remédio ter cheiro delicioso", Ghaffar Khan resmungou.

A manhã estava fria e ensolarada, e uma luz absurdamente intensa iluminava as pedras brancas e duras. O medo da perseguição não se dissipara, mas parecia postergado nesse momento mágico.

Andamos mais um dia, aparentemente sem rumo. No fim da tarde finalmente avistamos a aldeia onde a picape deveria estar nos esperando. Aproximamo-nos cautelosamente, pela beira dos milharais, para que ninguém nos visse.

Diante das pequenas espigas de milho verde, não resisti. Se roubasse uma, quem haveria de saber? Rapidamente arranquei uma espiga e fui mordendo-a pelo caminho. Num instante a devorei; apanharia só mais uma para levar no bolso. Quando estendi a mão, Ghaffar Khan me pegou em flagrante.

Ele estava prestes a me reprovar com o olhar quando uma terrível tentação claramente se estampou em seu rosto. Ao invés de me repreender, ele arrancou duas espigas. Agora éramos cúmplices. Contudo a essa altura os outros homens naturalmente perceberam o que estava acontecendo. A princípio, mal tinham olhado para as espigas, porém agora também começaram a colhê-las. Em alguns segundos fizeram um pequeno fogo com a palha e nele jogaram as espigas. O cheiro era delicioso. Como que para desculpar seu delito, deram a entender, por meio de mímica, que pretendiam me oferecer o primeiro milho assado. Foi a primeira vez em dias que brincamos e rimos.

Assim que as espigas assaram, uma velha manca atravessou o milharal e passou uma tremenda descompostura nos *mujahidin*. Acabrunhados, eles apagaram o fogo e devolveram o milho roubado. Saímos correndo, em silêncio, envergonhadíssimos.

Lembrei-me então de uma história do grande herói dos pushtuns, o legendário rei guerreiro Mahmud de Ghazna. Uma vez, durante uma caçada, ele se afastou de seus companheiros e passou horas vagando sem rumo pela floresta. Cansado e faminto, sentiu um cheiro delicioso e foi ter a uma clareira, onde uma velha estava cozinhando feijão. O rei humildemente lhe pediu um pouco, mas ela recusou, dizendo: "Seu reino não vale o que vale este feijão. Veja quantos inimigos o ameaçam. Eu sou livre e tenho meu próprio feijão". E o poderoso Mahmud pensou em seu reino disputado e chorou.

Por milagre a caminhonete estava nos esperando no local combinado. Foi maravilhoso ver nosso motorista e até mesmo reencontrar o terrível veículo, o barril de diesel e as granadas. Provavelmente para nos incentivar a partir, os aldeões nos deram um pouco de pão. Era de milho e muito tosco, com um leve gosto de nozes. Como não continha glúten, esfarelava-se ao toque.

Viajando novamente na picape, fiquei tão enjoada que tomei um antialérgico, na esperança de que aliviasse o mal-estar. Não foi um bom lugar para descobrir que alguns anti-histamínicos me causam fortes reações. Mergulhei num profundo torpor.

Ouvi vagamente Ghaffar Khan gritar: "Ficar em traseira de caminhonete! Muita mina!". Caí pesadamente sobre as granadas e desmaiei. Ghaffar Khan fez várias tentativas para me despertar, dizendo-me que eu não podia dormir, que nos encontrávamos numa área muito perigosa, que o terreno estava minado e os habitantes locais eram hostis. Eu sabia que tinha de me manter acordada, para o caso de termos de saltar da picape e correr. Era tarde demais. Eu já tinha tomado o comprimido. Havia dias que não dormia tão bem.

O matraquear inconfundível do Kalashnikov me despertou: disparava automaticamente e era assustador. Parece que nenhum de nós fora atingido. Tratava-se de um aviso, portanto. Gritos raivosos se ergueram da escuridão, e os nossos responderam com mais gritos.

Quase como uma espécie de pontuação, um *mujahid* exaltado disparou um único tiro, que desencadeou mais uma descarga. Um projétil ricocheteou na lateral da caminhonete e por pouco não atingiu o barril de diesel. Sempre apavorado, Ghaffar Khan ordenou: "Saltar!".

Percebi que a situação era provavelmente a mesma que Charles Thornton enfrentara. Havia algo de sonho em toda a cena. Ainda zonza por causa do antialérgico, saltei pela lateral da picape, e faltaram-me pernas. Arrastei-me até a beira da estrada e tratei de me proteger. Então acho que mais uma vez perdi os sentidos.

Aldeões furiosos nos atacaram, porque estávamos cruzando suas terras. Disseram que, mais adiante, a estrada estava minada. Depois de alguma discussão, deixaram escapar que eles próprios a tinham minado. Não queriam que os *mujahidin* passassem por ali. Isso acarretaria problemas para a aldeia.

Sabíamos que, se voltássemos atrás, cairíamos nos braços de nossos perseguidores. Uma a uma, todas as nossas possibilidades tinham sido anuladas, e agora, como ratos num labirinto, só nos restava seguir em frente.

Ficamos ali parados durante muito tempo, implorando aos aldeões que nos informassem a posição das minas. Eles foram inflexíveis. Fazia três anos que ninguém usava aquela estrada e seu vilarejo estava em paz. Eles não queriam mudar essa situação. Tínhamos de voltar para trás.

Havia uma pequenina chance de que estivessem blefando. De qualquer modo, parecia certo que eram minas terrestres antipessoais. Os *mujahidin* kandaharis conceberam um plano.

Nosso motorista se revelou um herói. Ele iria na frente, sozinho, com a caminhonete. Nós o seguiríamos a pé, no rastro das rodas, esperando que nosso peso fosse insuficiente para detonar as minas, se elas já não tivessem explodido à passagem do veículo. O motorista se acomodou ao volante, tão despreocupado como se estivesse para iniciar um prazeroso passeio. Diante disso, um dos aldeões amoleceu e também se aboletou na cabine. Agora tínhamos um guia local, porém ele seria útil? Eu sabia que as minas podem mudar de posição depois de lançadas.

Ouvi o motorista assobiando, enquanto se embrenhava, pouco a pouco, na escuridão.

Ninguém precisava dizer nada, mas o pensamento dos *mujahidin* era: como tudo, isso também está nas mãos de Alá. Agora era nossa vez. Segui pelo sulco recém-traçado pela picape. Não tínhamos tochas, e o motorista não acendera os faróis, de modo que eu contava só com as estrelas para enxergar meus próprios pés. Assim que meus olhos se acostumaram com a escuridão, constatei que a luz das estrelas era mais que suficiente. Meus sentidos se aguçaram num grau extraordinário, e pensei que decerto passávamos a maior parte da vida usando apenas uma fração de nosso potencial. Contudo esse potencial está sempre aí, à espera, para quando precisarmos dele.

Fomos andando: trinta e tantas pessoas, ligadas de algum modo, como se formássemos um só organismo. Não tive medo, nem rezei, porém senti uma intimidade: com meu grupo e com o que só posso definir como existência. Uma certeza de que vida ou morte não eram necessariamente problemas meus. E de que essa certeza me manteria a salvo, além da vida, além da morte. Dizem que no mar não existem ateus. Talvez o fenômeno psicológico da fé seja contagiante, e eu tivesse me contagiado com a fé dos que me rodeavam.

Continuamos nesse passo de lesma por umas duas horas, até nos afastarmos das fronteiras mais extremas da aldeia. Não houve nenhum acidente, nem conosco, nem com a caminhonete. Será que toda aquela história das minas tinha sido um blefe? Não dava para saber ao certo, já que se travava uma guerra psicológica de desgaste, mas o fato é que até então os *mujahidin* não tinham usado a estrada, e geralmente é preciso mais que um blefe para deter um bando de afegãos malucos. Será que tivemos sorte? Provavelmente. Será que estávamos sob a proteção de Alguém maior que nós? Os *mujahidin* acreditavam que sim, da mesma forma que acreditamos que o sol vai surgir ao amanhecer.

Quando nos vimos bem longe dos aldeões, subimos na picape. O motorista estava alegre e falante como sempre. Olhei com mais respeito para seus talismãs anti-djim e para seus versículos do Alcorão.

A caminhada eliminara os últimos resquícios da ação do antialérgico, e, junto com Beat e Ghaffar Khan, eu observava os arredores atentamente, pronta para saltar a qualquer instante. Agora era aquela hora escura que antecede o amanhecer. A lua se escondera, e as estrelas iam sumindo, uma a uma. O motorista mantinha os faróis apagados. A escuridão avançava pouco a pouco e se tornava cada vez mais densa, à medida que a penetrávamos.

Senti o sacolejo da caminhonete diminuir sensivelmente, como quando o cavalo passa do galope ao trote. Parecia uma sensação artificial. A princípio não entendi o que estava acontecendo. Depois me dei conta de que agora nos encontrávamos numa pista de macadame. Meu corpo quase chorou de gratidão, porém minha cabeça me disse que a mudança era perigosa.

Poucas estradas do Afeganistão possuem calçamento. Devíamos estar numa rodovia crucial, do tipo que une cidades importantes. Essas estradas eram bem vigiadas pelos militares e utilizadas para comboios de tropas. Os *mujahidin* podiam se esgueirar até elas para realizar ataques rápidos ou emboscadas. Não era uma boa idéia trafegar por ali aparentemente sem um objetivo específico.

"Você escutou?", Beat perguntou.

"O quê?"

"Um guincho... bem fraquinho."

Apuramos o ouvido no ar frio da madrugada. E, em meio ao ruído do vento, julguei escutar um zunzum agudo e bem conhecido. "Um tanque?" Agora eu estava com medo novamente.

Beat fez que sim, com a cabeça. "Veja", falou. Na curva distante brilhava uma luz.

Nosso motorista também a viu. Sem diminuir a marcha, ele desviou abruptamente e entrou num atalho de terra. Atrás de nós o guincho cresceu e depois sumiu.

Com os faróis apagados, a caminhonete retomou a estrada pavimentada. Ainda estávamos na rodovia Cabul—Kandahar. "Pelo menos sabemos para onde estamos indo", Beat comentou.

"Sim", tentei brincar. "Para Kandahar ou para Cabul, não é?"

Depois de sacolejar por tantos dias, parecia que estávamos voando. Os *mujahidin* se revezaram junto ao lança-granadas, prontos para disparar, em caso de emboscada. Observávamos atentamente as negras encostas escarpadas, procurando o clarão que assinalaria o início do ataque. Apuramos o ouvido para captar o zumbido de um foguete. Quando escutássemos ou víssemos uma arma, nosso destino teria sido decidido. Se avistássemos o clarão, o disparo não teria nos atingido, e haveria tempo para tentarmos saltar antes da segunda tentativa, que seria inevitável.

A monotonia de tamanha concentração era mesmerizante e, de certo modo, tranqüila. O velho que assumira o lança-granadas cantava para se manter acordado. Parecia que estávamos deslizando por um veludo nigérrimo, com as montanhas atrás de nós; escuridão e mais escuridão. Passamos por carcaças de tanques incendiados. Ao romper do dia, as encostas se tornaram mais negras e mais escarpadas, e a silhueta do velho guerreiro com o lança-granadas se recortava contra o céu que clareava. Umas poucas estrelas brilhavam, e a voz trêmula continuava trauteando uma interminável canção sem palavras. Podia ser o mesmo cântico de guerra que os pushtuns entoaram enquanto esperavam para emboscar os invasores britânicos, no século XIX, ou os mongóis de Genghis Khan, no século XIII, ou os árabes no século VII, ou as hordas da Ásia Central no século V, ou os gregos de Alexandre, o Grande, quatro séculos antes de Cristo.

De repente entendi que aquela canção não tinha fim, assim como aquela estrada, aquelas montanhas, aquela guerra não tinham fim; nem agora, nem nunca. Nações e sistemas políticos, disputas e ideais eram secundários. Aquilo era eterno, e nós éramos apenas visitantes, estávamos de passagem.

13. O boateiro

Ó coração! Até na prisão do engano
Consegues ver a diferença entre isto e aquilo.
Liberta-te por um instante desse poço de tirania.
Vem para fora.

Jalaluddin Rumi

Em Kandahar, ouvíamos em toda parte a mesma história: os Stingers caíram nas mãos dos iranianos. Uns diziam que foram roubados numa emboscada, enquanto outros sustentavam que foram vendidos, mas todos contavam que a CIA suspendera secretamente o fornecimento dessas armas para a região. Dois comandantes, que tinham ligação com o Irã, estavam envolvidos. Dezesseis mísseis haviam desaparecido.

De volta ao Paquistão, encontramos fontes que confirmaram a história. Muito mais que um simples furo de reportagem, isso representou para mim a prova irrefutável de que o mito dos nobres *mujahidin* era mentira. E, se esse mito não era verdade, como eu poderia acreditar em qualquer outro mito referente ao Afeganistão?

Quando me pus a escrever, para um jornal inglês, sobre a venda ou a captura dos Stingers, ative-me estritamente aos fatos. Tentei pintar um quadro equilibrado e justo. "Na maior parte do país os *mujahidin* formam um movimento popular...", tergiversei. "A esmagadora maioria dos comandantes é honesta..."

Fui terrivelmente ingênua. Um subeditor do jornal eliminou todo o contexto que eu incluíra com tanto cuidado. O resultado foi uma matéria sensacionalista que quase não reconheci. Mas eu não podia fazer nada: os fatos estavam corretos.

Durante algum tempo pensei que ninguém iria me importunar. Os *mujahidin* sofreram alguns embaraços; os ocidentais de Peshawar, apoiados por funcionários americanos, assumiram a versão de que as informações não podiam ser verdadeiras. Três semanas depois, acharam partes de Stinger numa fragata iraniana no golfo, e a cola que segurava meu mundo começou a se soltar.

Um dos homens que eu tinha acusado de vender os Stingers resolveu falar comigo. Abdul Haq, um comandante *mujahid* que eu respeitava muito, agendou o encontro. Haq era aliado dos Estados Unidos; um homem sóbrio e decente, que se recusara a bombardear Cabul a partir de sua base militar, em Sarobi, porque não queria vitimar civis. Na época ele estava em Peshawar recuperando-se de um ferimento provocado por uma mina borboleta que lhe arrancara a metade do pé. Cumprimentou-me amistosamente, porém teve o cuidado de sair da sala antes de meu adversário chegar.

Fiquei sozinha com um homem parecido com o mulá da aldeia que eu conhecera em Kandahar, irritado e avarento, com o turbante verde e sujo e a barba rala do fanático religioso. Era fácil imaginá-lo vendendo Stingers aos iranianos — e muito provavelmente acreditando que nos Estados Unidos as mulheres podiam se casar com cachorro. Ele tremia de raiva e, talvez, também de humilhação, por ter sido insultado por uma reles mulher. Quando lhe perguntei se as acusações contra ele eram verdadeiras, o homem se mostrou sinceramente perplexo. "Mas não é esse o problema", falou.

Em seus termos ele estava certo, naturalmente. Sua honra pessoal tinha vida própria, sem nenhuma relação com os fatos. Independentemente de ele ter ou não vendido os Stingers, eu o desmoralizara. Seu partido político parara de fornecer-lhe armas. Para recuperar a dignidade, ele tinha de se vingar.

Abdul Haq, o pacificador, andara atuando nos bastidores. O comandante estava disposto a fazer um acordo. "Diga-me o nome de quem lhe contou essa história."

"Para que você quer saber?"

"Para poder matá-lo."

Através da névoa de minha indignação ocidental, a escolha era fácil. Talvez eu até estivesse aliviada por me defrontar com uma questão de ética tão preto-e-branco, depois de passar tanto tempo vagando numa floresta cinzenta.

"Não posso lhe dizer."

"Se não me disser o nome dele, vou mandar matar você", o comandante declarou.

Mais tarde, quando o comandante já tinha ido embora, perguntei a Abdul Haq se me protegeria. Ele deu de ombros; não poderia fazer nada. "O problema é entre vocês", falou. "Sou apenas um intermediário."

Muitos dos ocidentais expatriados em Peshawar, sobretudo os de direita, teriam me perdoado por publicar mentiras, porém eu fizera algo muito pior: expusera a verdade *deles*. Hank, o pretenso agente da CIA, conduziu o massacre. Eu impugnara a honra dos *mujahidin*, e, quanto antes eles me matassem, melhor. No bar do American Club havia murmúrios de aprovação.

Na época o pequeno grupo de afegãos cultos que viviam na cidade estava sendo sistematicamente eliminado. Todos nós acreditávamos que o responsável era Gulbuddin Hikmatyar, aliado crucial do Ocidente e líder extremista dos *mujahidin*. Suas vítimas — escritores, médicos, jornalistas e advogados — eram moderados; o tipo de gente de que o país precisaria quando chegasse a hora de reconstruir sua sociedade devastada pela guerra. Embora fossem admirados na Europa e nos Estados Unidos, não se podia fazer nada para salvá-los. Eles viviam num sombrio mundo-entre-mundos, onde não contavam com a proteção de ninguém: nem da tribo afegã nem da tribo ocidental. Eram os desprotegidos, e todos sabiam disso. Nunca me ocorrera que eu poderia me tornar um deles.

Agora os ocidentais também queriam me ver morta. É difícil explicar como é isso. Quando eu entrava no American Club, as conversas silenciavam. Comentava-se que eu não era inteiramente estrangeira e que estavam tomando providências para me expulsar. Hank espalhava suas velhas histórias, dizendo que Beat e eu éramos agentes da KGB, e dessa vez acreditavam nele. Alguém xerocou meu artigo, sublinhou meu nome e o enviou aos escritórios de Gulbuddin Hikmatyar. Meia dúzia de cães foram encontrados mortos — enforcados — num terreno baldio de University Town, perto de nossa casa. Interpretou-se a chacina dos animais como um sinal de que Beat e eu logo teríamos o mesmo fim.

Até recentemente grupos de aldeões corsos afirmavam que sonhavam a mesma coisa. Nesse sonho recorrente, eram uma matilha e caçavam juntos. Corriam na escuridão até avistar a presa. Ora uma raposa, ora uma lebre, mas sempre, em dado momento, percebiam que o animal incorporava a alma de um membro de sua comunidade. No desfecho invariável, a matilha despedaçava a presa. A aldeia inteira sabia que aquela pessoa estava condenada à morte — na vida real.

A vítima nunca resistia mais que algumas semanas. Precisaria ter uma força sobre-humana para sobreviver aos olhares incriminadores, às perguntas mordazes, aos murmúrios que se calavam de repente. Essa é a melhor descrição que consigo fazer de como é desafiar os desejos e expectativas da comunidade em que se vive. Alguma coisa dentro da gente se encolhe para morrer.

Ao olhar pela janela do Lala's Grill, eu já não via uma loucura deliciosa, e sim algo ameaçador me espreitando. No necrotério, um funcionário puxou uma gaveta, e ali estava o corpo de uma moça igual a mim — a última jovem que infringira as normas.

A linha entre a vida e a morte é frágil; já vi mortos que pareciam estar dormindo. Contudo, depois de três dias na refrigeração intermitente do necrotério de Peshawar, a moça estava terrivelmente inchada, além de marcada com vergões roxos. As curvas da boca e do nariz eram chocantes; o olho relutava em identificar uma pessoa dentro daquela coisa.

A parte de trás da cabeça estava funda, os olhos saltados. Equimoses se espalhavam pelos braços, pelas coxas e pela barriga, multiplicando-se e fundindo-se junto aos pêlos pubianos, de um castanho-avermelhado. Nas pontas das unhas havia resquícios de algo que podia ser pele. O corte feito para a autópsia — e costurado toscamente — estendia-se do umbigo à base do pescoço. A cabeça fora cortada da mesma forma. Morta a pauladas, retalhada como uma peça de carne, ela fora duplamente violentada. Seu corpo jazia numa poça de sangue preto, infestada de moscas, como um aviso concreto.

Até obter alguns dados sobre ela, eu não sabia como era fácil ser assassinado em Peshawar. Ela era uma antropóloga suíça corajosa e extrovertida. Estava estudando a sexualidade dos afegãos. Acreditava que as mulheres afegãs eram oprimidas por uma antiquada cultura machista. Usava roupas provocantes. Passava por promíscua. Às vezes abordava desconhecidos no bazar e os interrogava sobre sua vida sexual. Era de esquerda. Investigara o tráfico de drogas. Fizera amizade — e acabara brigando — com um grupo maoísta. A dificuldade estava em decidir qual de seus muitos antagonistas seria o responsável por sua morte.

Agora um representante da cultura machista que ela desprezava estava encarregado do caso. O capitão Gul Aga me mostrou as fotos que a polícia tirara do cadáver tal como o encontrara, nu da cintura para baixo. Uma corda estava amarrada no pescoço da antropóloga e presa no ventilador do teto. E havia sinais de luta. Levantei a hipótese de estupro, mas o capitão Gul Aga não me deu ouvidos. Ele tinha sua teoria. "É preciso entender a psicologia dela", explicou, desdenhoso. "Essa é uma mulher de moral muito baixa. Moral muito baixa, realmente. Alguém bate na porta. Ela vai abrir, nua..." O capitão fez uma pausa para saborear essa imagem lasciva. "É um homem, e naturalmente ela o convida a entrar para terem uma relação sexual. Ambos se entregam a uma procriação violenta, durante a qual ele a mata, depois amarra a corda no pescoço dela para nos convencer — a nós, policiais paquistaneses — de que ela tentou se suicidar."

O capitão estava radiante com sua dedução. "Na verdade, a culpa é das ocidentais. Eu sou casado. Tenho quatro esposas. À noite, quando chego em casa, eu me satisfaço com uma delas. É assim que funciona no islã. O marido se satisfaz com a esposa. Mas uma moça solteira, viajando sozinha, comportando-se como ela se comportava, acende os desejos dos homens. É por isso que Alá não pode permitir essas coisas." Ele tocou carinhosamente uma calcinha úmida. "Foi encontrada perto dela, na cama."

Tive vontade de recolher tudo que era dela, de protegê-la daquelas mãos grosseiras. Seus pertences íntimos se esparramavam por seu quarto de hotel barato. Meu olhar se deteve nos cadernos sobre a mesa. Estavam escritos em alemão, e, hesitantemente, eu me ofereci para traduzi-los. Ainda entretido com a calcinha e com seus próprios pensamentos obscenos, o capitão Gul Aga fez-me um gesto distraído. "Leve-os, leve-os."

Chegando em casa, constatei que os cadernos continham os diários manuscritos da antropóloga. Eu me senti culpada por bisbilhotar, mas estava morrendo de curiosidade, tinha de saber tudo sobre ela. Em vez de escrever sobre o que fazia, ela registrava seus pensamentos, suas impressões, suas emoções. Ler essas anotações equivalia a penetrar em sua mente. Como eu, ela vivia obcecada por descobrir, por aprender. E no entanto éramos muito diferentes: ela era livre, tinha raiva, tinha ganas de lutar.

Ali sentada, decifrando sua caligrafia, sofri uma mudança. A Peshawar que eu conhecia se esvaeceu, e me vi morando numa versão diferente da mesma cidade — um lugar de ruelas estreitas, esgoto a céu aberto, portas tantalizantes. Eu conhecia e não conhecia essa cidade. Tudo que eu via era filtrado pelos olhos dela. Caminhávamos pelas ruas, seguras e invencíveis. Ela não tinha papas na língua, queria resolver problemas, queria corrigir todas as injustiças.

Eu ainda estava devaneando quando o boateiro chegou. Sua posição no Alto-Comissariado dos Estados Unidos nunca foi definida claramente — eu o chamava de boateiro porque ele tinha o hábito de espalhar histórias como se as desmentisse. Sua visita me surpreendeu; durante todo o tempo em que Hank andara nos difamando, os funcionários americanos nos ignoraram ostensivamente.

O boateiro vivia nervoso, mas agora parecia particularmente tenso. Tinha o desagradável cacoete de piscar antes de falar, e sua pele era tão fina que dava para ver seu sangue aguado pulsando nas veias. "Você está sabendo da ofensiva em Nangrahar?", ele me perguntou, em tom de mexerico.

"O que aconteceu?"

Suas pálpebras se agitaram como mariposas aprisionadas. "Digamos que não aconteceu", ele começou, com seu jeito lento. "Não houve ofensiva e, sobretudo, não houve ataque com armas químicas por parte dos soviéticos. E, principalmente, não é verdade que dezessete crianças afegãs em idade pré-escolar, com os rostos derretidos como mussarela, foram enterradas num poço fundo, do outro lado da fronteira."

Alguma coisa da antropóloga morta devia estar pairando sobre mim, pois repliquei rudemente: "Você não veio até aqui para me falar de algo que não aconteceu. O que é que você quer?".

Ele se mostrou assustado. "Hã... eu soube que você está por dentro da investigação da suíça assassinada. Aqueles são os diários dela? Alguma informação interessante?"

"Nada que lhe interesse; nenhum fato."

"Fluxo de consciência? Como os meus."

Fitei o com desconfiança. Depois de um silêncio embaraçoso, ele explicou: "Olhe, o negócio é o seguinte: soubemos que ela tinha certos contatos que poderiam torná-la muito interessante. Muito interessante. Achamos que talvez ela não fosse tudo que parecia. Uns amigos meus andam se perguntando se você teria encontrado uma espécie de régua entre os pertences dela. Mais ou menos deste tamanho", ele indicou um comprimento de uns dez centímetros. "Para códigos."

Sou diplomática por natureza, porém senti uma personalidade muito mais belicosa emergir dentro de mim. Eu mesma me surpreendi com a violência com que o enxotei. Foi como se as opiniões apaixonadas da antropóloga não pudessem se dispersar e precisassem de um lugar para se instalar por algum tempo. Não sei se teria gostado dela, se a tivesse conhecido, mas agora isso parecia tão irrelevante como saber se eu gostava de mim mesma. Por um momento senti borbulhar dentro de mim sua convicção arrogante, irrealista, heróica de que ela poderia fazer diferença. Em meu lugar, ela nunca cederia.

Parei de freqüentar o American Club. Eu dormia com uma arma embaixo do travesseiro. Deixava a luz da varanda acesa.

Comecei a achar que todo mundo me odiava. Lembrei-me do velho professor Majrooh brandindo a bengala ante a menção de um jornalista que criticara os *mujahidin* e gritando: "Vou acertálo com minha bengala!". Agora eu estava convencida de que ele teria a mesma postura em relação a mim. Eu podia enfrentar as ameaças dos extremistas islâmicos e o desprezo dos ocidentais, mas não suportaria ver decepção nos olhos do professor. Assim, optei pela covardia. Parei de visitá-lo.

Uma tarde, o empregado de Majrooh saiu para fazer umas compras, deixando-o sozinho em casa. Alguém tocou a campainha. O professor abriu a porta e se deparou com um pistoleiro que o crivou de balas de Kalashnikov. Naquele mês o boletim de informações que ele editava publicou, na primeira página, uma foto colorida de seu corpo banhado em sangue, contorcido e profanado pela morte.

Figurões de quase todos os partidos políticos dos *mujahidin* estiveram presentes ao funeral, porém nenhum homem de Gulbuddin compareceu. A opinião geral era que Gulbuddin mandara matá-lo. Mas estávamos em Peshawar. Ninguém se deu ao trabalho de averiguar.

Fiquei arrasada durante várias semanas. Perdi muito mais que um amigo, um mentor, uma figura paterna: para mim, o professor Majrooh era o ser humano que personificava o Afeganistão do conto de fadas em que eu queria tão desesperadamente acreditar. Seu assassinato foi o golpe final que assinalou a morte de meu mito pessoal. Passei horas olhando a foto de seu cadáver. Pela primeira vez desde que meu mundo começara a se desintegrar, chorei. Acho que chorei por uma porção de coisas: por ele, pelo Afeganistão perdido que ele representava, por minha impotência — e pelo medo do que haveria de acontecer comigo. Parecia que as luzes de minha vida estavam se apagando, uma a uma.

14. Fim de jogo

"Estrangeiro, não ataques — atacar é nossa função!"
Provérbio

Não deixei Peshawar de imediato. Pensei que partir equivaleria a admitir que estava com medo, que meus inimigos tinham vencido. No entanto, quando os soviéticos repentinamente anunciaram sua retirada, em 1988, aproveitei a oportunidade para preparar meu retorno à Europa no início de 1989. Disse a mim mesma que seria melhor consolidar minha carreira jornalística no Ocidente; que essa história estava praticamente encerrada. Abdul Haq apareceu na televisão americana com a informação de que os *mujahidin* estavam se concentrando para desfechar o ataque decisivo contra a capital. A maioria acreditou nele. Os Estados Unidos — todos nós — queriam que fosse verdade.

Os soviéticos deixaram primeiramente as regiões limítrofes do Afeganistão, e, assim que se foram, festivas multidões afluíram, como o sangue que retorna a um membro paralisado. Durante dez anos essa gente levara uma vida amputada, e agora, com vertiginosa velocidade, a fronteira se abria, a artéria transbordava. Juntei-me a uma onda humana que se dirigia para uma base recém-abandonada em Ali Khel, perto da fronteira paquistanesa. As forças comunistas afegãs que batiam em retirada ainda a bombardeavam esporadicamente, porém as multidões não se importavam, chegavam para celebrar, para ver e para se dedicarem a uma velha tradição afegã — *ghanimat*, pilhagem.

Homens rudes, de expressão desvairada, de olhos arregalados, desciam as encostas. Alguns haviam passado anos nas montanhas. Lembro-me principalmente de seu espanto: de seus olhos escancarados, como se não se fartassem de ver. Ali Khel foi uma das primeiras bases abandonadas, e eles a contemplavam com uma alegria infantil. Por quase uma década, desde que alguns deles tinham doze ou treze anos, viveram nas montanhas e repetidamente atacaram essa base. Sacrificaram instrução, roupa, emprego, lar, casamento e família para capturá-la. Agora era a primeira vez que a viam por dentro.

Na pressa de partir, as forças comunistas deixaram muito equipamento para trás. Os *mujahidin* improvisaram um parque de diversões. Revezavam-se para dar uma volta de tanque. Disparavam a artilharia pesada como se estivessem participando de um arremesso de cocos. Empanturravam-se com rações em lata.

Pushtuns de barba hirsuta ostentavam máscaras contra gás de fabricação soviética. Alguns felizardos — na maioria velhos — pavoneavam-se com bastões de oficiais. Passei por um menino que vigiava centenas de latas de ervilhas. Um *mujahid* banguela vestiu uma camiseta listrada, marca registrada do exército russo, por cima do *shilwar kamis*. Em conformidade com o espírito do momento, surrupiei uma máscara contra gás.

Os homens gritavam "*Allah Takbir! Allahu Akbar!*", "Glória a Deus! Deus é grande!". Tinham vencido. O milagre acontecera: finalmente o Afeganistão era livre.

Os *mujahidin* fizeram grandes efígies de oficiais soviéticos, desfilaram com elas e — como se pensassem melhor — queimaram-nas. Lembrei-me do que tio Mirza dissera, tantos anos antes: "Quando vimos os ingleses apavorados, entendemos que eles não eram invencíveis, afinal. Então nos demos conta de que acabaríamos por derrotá-los". O rosto dos *mujahidin* expressava a mesma admiração. O mito do inconquistável Exército Vermelho se evaporara — assim como o dos invencíveis ingleses se desfizera diante dos olhos de seus avós. Os filhos dos filhos desses homens aprenderiam que aqui, nesse maravilhoso dia claro, nessa encosta batida pelos ventos, um dos grandes impérios de nossa época havia soçobrado. Foram necessários loucos para derrotar o monstro de olhos de fogo, e seu prêmio consistiu em descobrir que o monstro não tinha nada dentro, além de ar.

Por superstição, os afegãos guardavam distância das acomodações dos conselheiros militares soviéticos. Não precisavam ver a face humana do inimigo — mas eu precisava. Ainda era possível senti-los ali, amontoados nesse formigueiro meio subterrâneo, de paredes de barro e cartuchos vazios, protegidos com sacos de areia contra ataques de artilharia. Então era assim que eles viviam — presos atrás de um cinturão minado, numa terra mística e montanhosa, habitada por uma gente sanguinária e selvagem. Garrafas de vodca se espalhavam por toda parte. Deve ter havido momentos de completo desespero e meses de tédio. Um homem construíra uma academia de ginástica com sucata; outro montara uma sauna com caixas de munição. Essa prisão era seu refúgio: contra a estranheza das montanhas, o frio, o inimigo que os espreitava para lhes cortar a garganta. Quando passamos por essa base, amedrontados, não imaginei que eles também tivessem muito medo.

O bicho-papão me encarou numa pilha de identidades abandonadas. Os rostos eram pensativos, tristes, saudosos, assustados, arrogantes e, sobretudo, absurdamente jovens. Peguei a foto de um rapaz de cabelo cor de palha e expressão ingênua. Estaria morto, ou naquele instante sua mãe o recebia em casa? Ainda era inocente, ou o Afeganistão o transformara para sempre — assim como havia me transformado?

A guerra transformara o Afeganistão. Um milhão e meio de pessoas — quase 8% da população — haviam morrido. Quatro milhões foram banidos para esquálidos campos de refugiados. Uma geração de crianças ficara sem estudo e praticamente sem futuro. A agricultura fora devastada pelas bombas, os campos das encostas — terraços construídos manualmente ao longo de gerações — estavam arrasados, e minas inencontráveis juncavam o solo em erosão, como o sal espalhado pelos antigos romanos. A vitória custara caro. Meus pés levantavam poeira da terra erodida. Fazia anos que ninguém a cavava. Agora até mesmo o hábito de cavar se perdera. Os homens desgrenhados que brincavam como crianças ao sol se acostumaram com a agitação da batalha, com a empolgação do martírio. O que eles sabiam de semeadura ou de colheita, do esforço de reparar o que a guerra destroçara? Eu pensava que esse era o fim; era apenas o começo.

Enquanto os *mujahidin* gritavam e saqueavam, peguei a máscara contra gás que roubara e saí caminhando na direção da fronteira.

LIVRO 3
O dia em que choveu fogo

Em cada coração há uma janela para outros corações.
Eles não estão separados, como dois corpos.
Mas, assim como duas lâmpadas que não estão juntas,
Sua luz se une num só feixe.

Masnavi, Jalaluddin Rumi

15.

11 de setembro de 2001

A fumaça brota do World Trade Center. É linda ao sol da manhã. Baixa-se o volume.

Estou numa redação, em Londres, e, pouco a pouco, tudo pára ao meu redor. Ninguém aqui acredita no que está acontecendo. Já nos acostumamos a ver na televisão coisas que não são reais. Estamos assombrados e, sim, empolgados. O mundo virou de cabeça para baixo. É um filme, sério, grandioso. É História se fazendo.

Escuto minha voz de jornalista, profissionalmente cínica: "Hoje o noticiário vai ser fantástico".

Nesse instante um avião atinge a segunda torre. Atrás de mim alguém murmura: "Era um prédio tão bonito".

Mãos acenam da janela da torre. Uma mulher deixou um recado na secretária eletrônica do marido. Ouvimos a gravação. Ela diz, aflita: "Mandaram a gente voltar para dentro do prédio". A voz é trêmula.

E, de repente, não é filme, nem História, não há grandiosidade, nem beleza. E choramos — porque finalmente, finalmente, entendemos que são pessoas que estão lá e não podemos ajudá-las.

Mas não choro só pelas pessoas que acenam da janela do World Trade Center, pois nenhum de nós sofre no vácuo; pois a experiência se processa em ciclos. Então imagens me vêm à mente, imagens de coisas que passei anos procurando esquecer.

Cheiro: cordite e sangue. Som: um zumbido — sangue nos ouvidos, talvez —, bombas caindo, talvez. Pés correndo? É difícil não projetar, o cérebro tenta preencher as lacunas. Cena: uma bomba aterrissa de bico, enterra-se na estrada, trepida como um dardo. O asfalto derrete e a envolve como um envelope. Faíscas voam do bico da bomba, fogos de artifício em pleno dia. Eu me levanto e fico olhando, entorpecida. Deve estar sibilando, porém minha gravação não registra nenhum som. Uma mulher passa correndo, e sua boca se move. Ela está gritando, mas não consigo ouvi-la.

Quando vejo, há silêncio; quando sinto cheiro, estou surda; quando escuto, estou cega. Em minha lembrança as evidências dos sentidos estão em fitas diferentes. Elas se contradizem — cenas aleatórias, sem sincronia, tiradas de um filme. Nada tem ligação com nada.

Uma tomada de baixo para cima. O ar está cheio de pequenas folhas. Suas pontas brilham como gotas de chuva. Elas caem num arco, graciosas, em minha direção.

O cheiro avassalador de sangue.

Faz barulho: barulho de bombinha. Alguém grita na escuridão.

Estou numa rua de Islamabad, a capital do Paquistão. Uma velha está acocorada no meio-fio, a meu lado. Chovem bombas a sua volta.

Um *charpoy* embaixo de uma árvore, um homem dormindo. Ou estará morto? Uma bomba passa por entre os galhos, em câmera lenta, e se finca, como uma lança, em sua virilha. O homem se torna absurdo: um deus africano da fertilidade, desproporcional.

Não sei o que acontece antes ou depois de cada um desses incidentes. A fita da memória começa a se desenrolar. O que tenho são vinhetas, mudas e repetitivas. Um vídeo na bobina, girando, girando.

Uma onda humana avança em silêncio. Todos se fundiram numa única entidade, um oceano de gente, movendo-se como se fosse uma só criatura. Até as expressões são uniformes — cada um está encerrado em seu próprio mundo de medo. Não há nenhum gesto da interação habitual entre pessoas; ninguém fala, ninguém olha para ninguém. Uma mulher tropeça, e ninguém pára para ajudá-la.

Beat e eu estamos num jipe, lutando contra essa onda vasta e lenta. Tento descobrir o que está acontecendo, mas não consigo atrair a atenção de ninguém. Abro a janela do jipe e grito, procurando encontrar um olhar, mas ninguém pára para responder minhas perguntas. Agarro um homem pelo braço, e ele me olha como se eu o tivesse acordado brutalmente. "Israel está atacando!", ele diz, ofegante, e se liberta, para continuar correndo. Paro outras pessoas, e elas dizem: "Os soviéticos vêm nos pegar!", ou: "A Índia invadiu o Paquistão!".

Na verdade essa gente não sabe por que está correndo. Está fugindo do próprio medo.

Beat e eu estávamos em Islamabad com o assessor de imprensa dos comunistas afegãos quando a explosão aconteceu, em 1988. Muitos jornalistas sediados em Peshawar desaprovavam qualquer tipo de contato com o governo sustentado pelos soviéticos, mas, sendo párias, éramos livres. Decidimos pedir visto oficial para ir a Cabul.

"Guerra? No Afeganistão?", o assessor nos dizia, com um sorriso melífluo. "Os bandidos foram derrotados, e o país inteiro está em paz."

Como para desmenti-lo, sucederam-se dois estrondos ensurdecedores, separados por uma fração de segundo. O assessor de imprensa se enfiou embaixo do sofá com a rapidez decorrente da prática; e foi o primeiro a recuperar a compostura. "Estão vendo?", perguntou, triunfante. "Islamabad é muito mais perigosa que Cabul."

Aos estrondos seguiu-se um martelar constante e surdo. Pedimos licença, apressados, e partimos na direção do barulho.

Estamos no caminho do aeroporto. Uma coluna de fumaça se ergue no horizonte. Não se parece com nada que eu já tenha visto: densa, cinzenta, quase tridimensional, estendendo-se verticalmente pelo céu. Agora vemos mais nitidamente pequenas explosões, clarões brancos, fragmentos de luz desprendendo-se da coluna central. Uma pistola pirotécnica. Seu ruído indica que se trava uma batalha de artilharia. Um homem passa correndo, às cegas, cobrindo o rosto com as mãos. Está todo ensangüentado. Agora há sinais de estrago: casas destelhadas; uma bomba não detonada, e mais outra. Parece que esse local sofreu um ataque de artilharia, segundos atrás, e há corpos nas ruas, despedaçados. O barulho da coluna de fumaça aumenta — ainda avançamos em sua direção.

Pergunto para Beat: "Você acha que é uma boa idéia continuar nesse rumo?".

O depósito de munição no acampamento militar de Ojri continha muitas das armas que os Estados Unidos enviaram ao Paquistão para ser distribuídas entre os *mujahidin* afegãos.

Nunca se esclareceu se o que o que aconteceu ali foi acidente ou sabotagem. Quando o depósito explodiu, esperou-se uma auditoria por parte dos americanos e correram boatos de que algumas armas tinham sumido. O primeiro-ministro civil ordenou que se investigasse um possível envolvimento do Interserviços de Inteligência do Paquistão. Mas o governante militar, o general Zia ul-Haq, demitiu o primeiro-ministro, e o relatório nunca veio à luz.

Oficialmente morreram cem pessoas. Milhares ficaram feridas. As bombas foram armazenadas sem os detonadores, e, portanto, poucas explodiram ao tocar o solo. Caíram como uma chuva grossa de metal e cravaram-se em suas vítimas.

Beat manobra o jipe e voltamos para trás, ziguezagueando a toda a velocidade. É como tentar ultrapassar um tornado: à medida que o funil de fumaça se eleva, a trajetória das bombas que ele lança se amplia. É possível atravessar uma tempestade de granizo sem ser atingido por uma única pedra de gelo?

Então, em meio à fumaça, surgem fantasmas. As ruas estão cheias de crianças. Todas pequenas — algumas têm quatro, cinco anos. Muitas são pequenas demais para ter medo. Estão zonzas. Um menininho chora; as outras crianças só parecem confusas. Estão vagando — sem rumo — em meio à fumaça e ao caos. Mais tarde descubro que as professoras se apavoraram e as mandaram para casa. Agora, porém, não entendo de onde elas saíram. Eu me sinto bem lúcida, mas também devo estar confusa, porque penso que talvez tenham chovido crianças. Elas parecem seres de outro planeta. Não me ocorre ajudá-las.

Uma van branca da televisão estaciona diante do hospital. Os cinegrafistas abrem a porta e já descem filmando. Trouxeram sua matéria — uma mulher ferida. Empolgados com a presença da câmera, os médicos correm para colocar a mulher numa maca. O produtor enfia as mãos embaixo do banco, pega duas pernas amputadas e as põe sobre a mulher. Então, com a câmera sempre rodando, a equipe a acompanha, hospital adentro.

Falta eletricidade, o hospital está às escuras — a luz da câmera nos guia. Todo mundo se amontoa na sala de cirurgia. Não agüento mais. Volto-me e fujo, às cegas, por outro corredor, tateando as paredes até encontrar uma porta, tateando o vazio até encontrar uma cama. Sento-me. Ali, no escuro, percebo que estou num quarto com muitas pessoas. Sinto cheiro de sangue.

Então a luz ofuscante dos cinegrafistas entra no quarto — e me revela que estou num necrotério. Há sangue por toda parte — no chão, nas camas, nas paredes. Em cada cama há um rosto — entorpecido, catatônico, traumatizado — de olhos abertos. Alguns estão enfaixados; a maioria, não. Não consigo falar nem me mexer. Observo esse espetáculo de horrores, de mutilados e ensangüentados, e seus olhos me observam, sem me ver. A equipe da televisão vai de uma cama a outra, filmando.

Lá fora, um homem chega ao hospital. Quatro homens o carregam, cada um segurando um braço ou uma perna. Um projétil de um metro de comprimento e uns dez centímetros de diâmetro está cravado em sua barriga. Produziu um ferimento surpreendentemente limpo, perfurando-o como uma tacha gigantesca.

Na porta do hospital, um médico de avental branco barra a passagem do pequeno grupo. Esse homem não é um simples paciente, é um portador de uma bomba não detonada. O hospital está lotado, o médico não pode correr o risco de receber uma bomba humana.

Os carregadores reclamam. Estão cansados, mas não acham um jeito de deitar o homem no chão. Metade da bomba lhe sai pelas costas, metade pela frente. Todos estão ficando irritados e

— agora que se levantou a possibilidade de a bomba explodir — com um pouco de medo. Trata-se de um impasse.

Nesse instante percebo que o ferido ainda está consciente. Está paralisado, mas noto que acompanha a discussão. Seus olhos negros, desvairados, fixam-se em mim. Não há como descrever a força de um ser humano concentrando desesperadamente toda a sua energia em outro ser humano. Parece que estou me debruçando sobre minha própria alma atormentada.

Desvio os olhos. Atrás dele há um barranco. Muitas pessoas estão sentadas, deitadas, contorcendo-se sobre a relva. Todas perderam uma perna ou um braço ou cobrem com a mão um ferimento que não pára de sangrar. Quanto mais ergo os olhos, mais vejo — elas ultrapassam os limites deste jardim, desta cidade, deste país, desta época. Então compreendo que nossos sentidos normalmente estão dispersos, divididos. Em raros momentos vislumbramos o que é real: somos iguais, estamos todos ligados.

Diante de mim há um homem que é evidentemente um *mujahid* afegão. O sangue de uma ferida na cabeça lhe escorre pelo rosto, porém ele está sentado com as costas retas. Ainda tremendo em face da importância de minha descoberta e o terrível dever que ela impõe, aproximo-me dele e pergunto, em persa: "Como é que você está, irmão? Posso ajudá-lo? Como é seu nome?".

Seu rosto se contorce de raiva. "Você não sabe meu nome — mas eu sei o seu. Você é Saira Shah, escreveu mentiras sobre meu comandante, e, se eu tiver chance, vou matar você."

Seu ferimento jorra sangue, ele está atordoado, quase morto; no entanto seu ódio ainda está vivo. E me atinge como uma pancada, e eu me volto, cambaleando, para as multidões de feridos e moribundos.

16.

Quatro anos depois que o depósito de munição explodiu, em Ojri, eu acordava à noite, banhada de suor, trêmula, assustada com um pesadelo recorrente: a multidão ensangüentada que se estendia diante de mim num mar infinito de necessidade, e o ódio virulento do único homem que eu tentara ajudar.

Eu dizia a mim mesma que não poderia ter feito nada por eles. Pensava que havia escapado: estava segura, na Europa. Enquanto o Ocidente respirava de alívio e decidia esquecer o Afeganistão, Beat e eu nos casamos e fomos morar na Suíça. Eu encontrara uma nova identidade para me esconder. Como suíça, podia ser neutra. Como o resto do mundo, assistia de longe à desintegração do Afeganistão.

Contrariando as expectativas do Ocidente, o governo comunista do Afeganistão continuou lutando após a retirada do Exército Vermelho. Na época, havia toda uma geração de afegãos que crescera sob a ocupação soviética — e passara por experiências muito diferentes daquelas dos refugiados e dos *mujahidin* que eu conhecera. Foram necessários anos de ofensivas militares e diplomáticas para desalojar os comunistas.

Só em 1992 visitei pela primeira vez a capital da terra de meu pai. O canal de televisão para o qual eu trabalhava mandou-me para lá pouco depois que os *mujahidin* entraram em Cabul. Ao cruzar a fronteira da cidade, não pude deixar de gritar: "Vejam! Uma placa de rua! Uma ilha para pedestres! Um poste telegráfico!". Meus colegas devem ter pensado que eu estava louca. Durante todos os anos em que andei atravessando montanhas e me esgueirando pelos arredores das cidades afegãs, nunca vi postes telegráficos, nem ilhas para pedestres; nunca entendi bem que o Afeganistão dos *mujahidin* era apenas uma parte do todo.

Todo o meu senso patriótico de afeganidade aflorou. Eu estava pairando — bem acima das crateras abertas pelas bombas, nas quais nosso veículo sempre se entalava; bem acima da vingança e do sofrimento —, tão alto quanto minha imaginação conseguia me levar. Eu largaria meu emprego e voltaria para minha terra. Ajudaria a reconstruí-la. Teríamos de novo os casarões e as flores que minha avó Bobo conhecera. Exportaríamos abricó e caracul, em vez de guerra.

Após treze anos de dominação comunista, a equipe do Hotel Intercontinental, em Cabul, era formada por ocidentais do bloco do Leste — velhos murchos de bigode tingido e uniforme de lacaio. Em torno dessas criaturas derrotadas movimentava-se uma gente que parecia de outro planeta. Os *mujahidin* vitoriosos — barbudos, esfarrapados, fedorentos — gritavam pelos corredores, passeavam de elevador para cima e para baixo, obrigavam o restaurante do hotel a lhes servir *pilau* de graça.

Todas as armas existentes na cidade disparavam de alegria. As balas esbanjadas caíam e ricocheteavam no calçamento com um pequeno zunido. À noite, projéteis luminosos voavam como fagulhas, em grandes arcos vermelhos, sobre nossas cabeças. Se tivesse olhado com mais atenção, talvez eu tivesse visto a fricção de mundos colidindo. Mas eu achava que eram apenas centelhas de felicidade, pulsando no céu.

Pouco depois que os *mujahidin* assumiram o poder, as rivalidades entre os líderes das diversas facções explodiram numa guerra civil. Gulbuddin Hikmatyar e seu velho inimigo, Ahmad Shah Massoud, começaram a disputar o comando. Ambos pertenciam ao mesmo governo: Gulbuddin Hikmatyar era primeiro-ministro, e Ahmad Shah Massoud era ministro da Defesa. Porém isso não os deteve.

Gulbuddin Hikmatyar se instalou nos subúrbios de Cabul e tentou tomar o poder bombardeando o centro da cidade com artilharia pesada, tanques, morteiros e granadas lançadas por foguete. Na tentativa de desalojá-lo, os aviões do Ministério da Defesa puseram-se a bombardear os subúrbios. Nenhum dos lados fez esforço algum para poupar os civis. No confronto morreram 25 mil pessoas.

Em 1994 Gulbuddin impôs um bloqueio a Cabul. Durante onze meses a cidade ficou sem receber alimento nem qualquer tipo de ajuda. A população estava morrendo de fome. Aproveitando uma pausa no conflito, uma mulher saiu para procurar comida. Foi capturada por um bando de ex-*mujahidin* e violentada durante três dias por 22 homens. Quando finalmente conseguiu voltar para casa, constatou que seus filhos tinham morrido de hipotermia. Um relatório da Anistia Internacional deu destaque a sua história — mas ninguém manifestou o mínimo interesse.

O grupo étnico ao qual se pertencia passou a ser importante. Gulbuddin era pushtun, e Massoud era tadjique. Assim, os homens de Gulbuddin queimavam as casas de civis tadjiques; os aliados de Massoud estupravam mulheres pushtuns. Ninguém tinha as mãos limpas: outros grupos étnicos, como os uzbeques, também participaram da violência.

Os homens de Gulbuddin prenderam duas mulheres e mostraram a elas determinado número de recipientes. Abriram um. Estava cheio de olhos arrancados. As mulheres não souberam dizer quantos: talvez cinqüenta ou sessenta. Isso era o que acontecia com quem os contrariava, os soldados explicaram.

Cadáveres e partes de corpos apareciam em toda a Cabul — em poços, em fornos de olaria, em prédios abandonados, até no porão da faculdade de medicina, onde se encontraram cerca de vinte defuntos empilhados nas prateleiras do laboratório. No Instituto de Ciências Sociais, um bando armado violentou e matou sessenta mulheres. Ninguém descobriu a que milícia esses homens pertenciam.

Eu tomava conhecimento dessas coisas graças aos relatórios da Anistia Internacional e às notícias que chegavam à redação. Embora fosse responsável por boa parte do noticiário internacional, não visitei Cabul uma única vez nesse período. O programa de televisão no qual eu trabalhava era sério e liberal. Nós nos orgulhávamos de analisar os fatos sob todos os ângulos. Em uma de nossas reuniões de pauta, discutimos se devíamos ou não noticiar o genocídio que estava ocorrendo em Ruanda. Um colega argumentou que havia poucos interesses britânicos nesse país, que a matança não tinha nada a ver conosco e que era injusto perturbar os telespectadores com o espetáculo de um sofrimento a respeito do qual eles não podiam fazer nada para aliviar.

Quando propus cobrir a guerra civil do Afeganistão, os olhos honestos e bondosos de um de meus editores disseram, mudos, o que ele verbalizou instantes depois: "Temos alguma culpa? Você consegue me convencer de que devemos nos importar com isso?".

Em 1994 um obscuro clérigo muçulmano, o mulá Omar, iniciou sua carreira política, salvando a vida de duas moças. Um ex-comandante dos *mujahidin* as raptara, raspara-lhes a cabeça e as levara para sua base militar, nas proximidades de Kandahar, a fim de estuprá-las. Enquanto todos observavam, apavorados demais para interferir, o mulá e alguns discípulos invadiram a base. Libertaram as moças, enforcaram o ex-comandante no canhão de um tanque, apossaram-se de suas armas — nascia o Talibã.

Ao contrário dos *mujahidin* afeitos à pilhagem, o mulá Omar e seu exército islâmico não estavam interessados em dinheiro, propriedade ou sexo: queriam acabar com a guerra e implantar um sistema islâmico justo. Não demoraram a chamar a atenção da inteligência paquistanesa. Fazia tempo que o Paquistão desejava instalar um governo pushtun no Afeganistão e, até então, apoiava Gulbuddin Hikmatyar. Contudo, como a guerra no país vizinho se tornava cada vez mais desestabilizadora, no outono de 1994 o Paquistão mudou de lado e ajudou o Talibã a tomar Kandahar.

Antes que o mundo acordasse para o que estava ocorrendo, líderes *mujahidin* do sul se bandearam para o Talibã. Até as forças pushtuns de Gulbuddin Hikmatyar acabaram abandonando-o, e ele se viu obrigado a partir para o exílio. Em nenhuma província o Talibã precisou enfrentar os ferozes comandantes pushtuns: simplesmente os absorveu. O dinheiro paquistanês e o saudita os compraram.

Líderes militares de outras etnias — como o tadjique Ahmad Shah Massoud e o general uzbeque Abdurrashid Dostum — refugiaram-se no norte. O país dividiu-se segundo critérios étnicos, com o Talibã controlando o sul dos pushtuns, e a Aliança do Norte, uma frouxa coalizão de diferentes etnias, resistindo no norte e em algumas partes do centro.

Em 1996 o Afeganistão voltou novamente ao noticiário. Eu estava em Cabul, cobrindo a tomada da capital pelo Talibã. Agora a cidade estava sinistramente tranqüila: uma paisagem lunar de pedras quebradas, tijolos estilhaçados, vigas retorcidas. Uma vez vi uma mulher que sobrevivera a um ataque de ácido. De perfil, ela ainda era bonita, mas em um lado do rosto a carne se dissolvera, expondo tendões e uma horrenda mistura de dentes e ossos. Essa era a aparência de Cabul após quatro anos de bombardeio.

No Ocidente uns e outros diziam que, embora impusesse às mulheres as restrições mais draconianas do mundo, executasse publicamente os transgressores de suas leis e perseguisse em segredo minorias religiosas e étnicas, o Talibã pelo menos tivera sucesso onde todos haviam fracassado. O Talibã acabara com o bombardeio.

Organizações humanitárias ocidentais se viam obrigadas a decidir entre duas alternativas: deixar o país ou atuar dentro dos limites estabelecidos pelo novo regime. Visitei um agente humanitário que resolvera ficar. Ele era responsável por um centro que fornecia comida e umas poucas aulas às crianças de rua de Cabul. A guerra civil produzira um número imenso de órfãos, que tentavam sobreviver pedindo esmolas. Mas em Cabul praticamente ninguém tinha o bastante para comer, de modo que era fácil um mendigo morrer de fome.

O agente humanitário me contou que o Talibã lhe dera permissão para continuar alimentando os meninos, porém o proibira terminantemente de alimentar as meninas. Esse homem sofria por estar em Cabul: um terço da população local sobrevivia graças às doações de comida e não havia dúvida de que a ajuda estrangeira estava contribuindo para manter o Talibã no poder. Contudo, sem essa ajuda, muita gente morreria de fome.

Quando cheguei, os meninos estavam sentados em círculo, recebendo sua refeição. As meninas, que até então também comiam ali, estavam de pé, espiando pelas frestas do portão trancado.

À noite, os estrangeiros se reuniam no bar do clube das Nações Unidas. Não ficavam sóbrios por muito tempo. Um fotógrafo francês sempre era o primeiro a chegar, magro como um palito, as faces fundas de um fanático por guerra. Ele se encharcava de uísque até o toque de recolher. Só uma vez o escutei falar.

Dois agentes humanitários começaram a discutir sobre a eterna questão: do ponto de vista moral, devíamos partir ou nossa presença era necessária? O fotógrafo francês levantou os olhos do copo e contou: "Em Sarajevo conheci um atirador. Um dia ele me deixou fotografá-lo em ação. Estávamos no alto de um telhado, e duas mulheres passavam lá na rua. De repente ele me perguntou: 'Qual delas eu apago?'. Eu falei que eu não podia fazer isso — não podia escolher. Ele riu. 'Bom, se você não escolher, mato as duas. Você pode salvar uma. A decisão é sua'".

O fotógrafo correu os olhos vazios pelo bar; tinha visto tantas coisas horríveis que não sobrara mais nada dentro dele.

"O que eu podia fazer?", perguntou, dando de ombros. "Não havia nada que eu pudesse fazer."

17.

As arquibancadas do estádio de Cabul estão lotadas, e a excitação se traduz num burburinho. Não é o vozerio do público que assiste a um jogo de futebol. É o rumor — ao mesmo tempo ansioso e amedrontado — de uma multidão que está a ponto de presenciar a execução de uma pessoa.

A fita está ruim, depois de tantas cópias, mas a imagem da Datsun dando uma volta triunfal pelo gramado é bem nítida. Vultos embuçados em burcas azul-claras se curvam na carroceria. Um deles é retirado da caminhonete e conduzido pelo campo. A platéia solta uma exclamação abafada, quase um suspiro.

Envolta em sua burca, a mulher certamente está desorientada; não consegue ver, porém deve ter uma vaga noção de que muitos olhos a observam. Deve ouvir a multidão, sentir sua palpitante excitação, enquanto é levada até a linha do pênalti e obrigada a ajoelhar-se.

Um homem se aproxima por trás dela, impassível, apontando seu Kalashnikov. Talvez ela sinta sua presença. Ela se volta, espia por entre a tela da burca, tentando avistá-lo. Sua postura é a da súplica religiosa: ajoelhada, os braços estendidos, como em oração. Então o homem puxa o gatilho, e, enquanto a platéia geme orgasticamente, os miolos da mulher saltam pelos ares e se esparramam pelo gramado.

Anos atrás, na véspera de minha partida para Peshawar, onde teve início minha primeira viagem ao Afeganistão, meu pai me chamou para falar comigo em seu gabinete. Eu me sentia uma traidora: ia para um reino proibido, checar os sonhos dele. Estava apavorada, mas não me deixaria deter — nem mesmo pelo próprio sonhador.

Expliquei-lhe solenemente que pretendia descobrir a verdade sobre o Afeganistão. Ele não procurou me impedir. Medo era uma coisa da qual não se falava em minha família. Meu pai não admitiu seu medo, nem eu o meu. Ele apenas olhou para mim, cansado e — estranhamente, em se tratando de uma personalidade tão forte — resignado. Havia algo mais em seus olhos, que não consegui decifrar. Será que ele sabia, o tempo todo, que, ao perseguir os sonhos, eu os baniria? Que a verdade não é uma coisa que se pode agarrar com as mãos, e que, quanto mais a gente se aproxima de um mito, mais o mito recua?

Ele esperou pacientemente até eu terminar de falar. "Você precisa aprender a ceder", disse. "Senão, vai acabar se matando."

Desde então tenho pensado com freqüência nessa conversa, porém agora é tarde demais para seguir seu conselho. Certas experiências nos mudam para sempre; algumas viagens, uma vez iniciadas, não podem mais parar.

Um atento produtor da Channel Four Television, em Londres, localizou na internet o vídeo da execução de uma mulher acusada de homicídio no estádio de Cabul. A emissora decidiu que chegara a hora de acompanhar mais de perto as atrocidades do Talibã.

Em fevereiro de 2001 o produtor e diretor Cassian Harrison, o cinegrafista James Miller e eu chegamos a Nawabad, no norte do Afeganistão. Esse era um dos últimos bolsões do país controlados pela Aliança do Norte. Estávamos filmando, para a Channel Four, um documentário intitulado *Por Baixo do Véu* e viajamos até ali para investigar rumores de que, nessa região, o Talibã massacrara membros de diferentes grupos étnicos.

Dessa vez eu estava decidida a me manter imparcial, como uma escrupulosa observadora. Conduziria minha investigação à maneira ocidental; através da análise lógica dos fatos. No entanto, ao descer do avião, dei-me conta de que, por mais que me esforçasse para abandoná-lo, o Afeganistão sempre achava um modo de me reconquistar.

Empurradas para esse canto do nordeste do país, 30 mil pessoas se apinhavam junto à fronteira com o Tadjiquistão. No jargão dos agentes humanitários, eram Pessoas Internamente Deslocadas. Na prática, eram pessoas que tinham o azar de não ser pushtuns, como o Taliba, que pouco a pouco conquistava o controle do país. Ao encontrar outros grupos étnicos, o exército religioso queimava suas casas, matava seus homens e se apoderava de suas terras. Um massacre aqui, outro acolá — e comunidades inteiras fugiam para o norte. Agora essa onda de desalojados esbarrava na fronteira setentrional do Afeganistão. Estavam encurralados: não tinham mais para onde ir. Esse enclave cairia algum dia; era só uma questão de tempo. Quando caísse, haveria uma carnificina, porém o mundo parecia cego e mudo.

Era feriado, a festa que assinala o término do Ramadã. Dez famílias prepararam um prato. Os velhos, o rosto sério ante a importância da ocasião, deixaram as próprias celebrações para comer conosco. Florzinhas minúsculas salpicavam a relva. Sentamo-nos no cemitério, pois os refugiados não conseguiram chegar a um acordo quanto a quem teria a honra de nos receber em sua barraca. Agora os velhos temiam que nos sentíssemos ofendidos por nos terem convidado a comer fora. "A vista não é bonita?", perguntavam.

Bandeiras brancas assinalavam os túmulos dos que morreram na guerra. A maioria das sepulturas tinha o crescente, o símbolo do islamismo. Como um lembrete de que a luta se aproximava, vinte novos montes de terra se erguiam na relva macia, perto de nosso local de piquenique: vítimas de uma bomba que, na véspera, o Talibã lançara no campo que se estendia atrás de nós.

Os refugiados trouxeram um bode para o sacrifício. Tinham lavado a cara do animal, delineado seus olhos com *kohl* e colocado sal em sua boca. Entoaram orações, quando o velho ergueu a faca. A lâmina atravessou o pêlo e penetrou na carne. O sangue jorrou, intenso, vermelho; mas o velho errara o alvo. O bode arquejava através da ferida sangrenta. Ninguém falou nada: todos olhávamos o buraco que se abria e fechava no pescoço do animal, como uma caricatura medonha de uma ofegante boca vermelha.

Pouco antes de viajar, eu tinha visto um vídeo em que uma mulher erguia uma faca e cortava o pescoço do homem acusado de estuprá-la. O sangue esguichou. O homem produziu os mesmos ruídos: um arquejo de agonia, um borbotão. Embora odiasse a televisão, o Talibã permitiu que a execução fosse filmada para mostrar que não toleraria crimes contra mulheres, que defendia a justiça islâmica e que estava disposto a acabar com a corrupção, com a ilegalidade, com a desordem, com a orgia de raptos, estupros e homicídios que os *mujahidin* — aqueles títeres do Ocidente — haviam desencadeado.

"Bem-vindos ao Afeganistão", disseram nossos anfitriões. "Vocês são chineses?"

"Rá! Rá! — os assassinos escreveram seus nomes na parede..."

Nosso interlocutor era um agente humanitário ocidental. Ele tinha provas de que o Talibã trucidara membros da minoria xiita em Yaqolang, no centro do Afeganistão. Fazia muito tempo que estava no país e tinha visto muita coisa. Seu cérebro já não conseguia processar as informações enviadas pelos sentidos. Ele tinha vindo para ficar, mas, com tudo que presenciara, estava no limite de suas forças. Bem que se esforçava para ser como os nativos, porém não conseguira alcançar a apatia da resignação total; ainda se importava. Ele ria um pouco alto e um pouco além da conta em momentos inadequados.

"Rá! Rá! — grafites do Talibã. Os nomes deles, entenderam? Que burrice. Tribunais de crimes de guerra e tudo o mais... Rá! Rá!"

Sabíamos que os assassinos nunca enfrentariam um tribunal de crimes de guerra. Os assassinos também sabiam. Por isso escreveram seus nomes.

Talvez ele estivesse traumatizado. Talvez tivesse visto coisas que os fatos não conseguem explicar. Talvez estivesse apenas cansado de tentar entender. Enquanto conversávamos, o mundo se indignava porque o Talibã decidira destruir antigas estátuas budistas. O agente humanitário passara dois anos desdobrando-se para chamar a atenção da comunidade internacional para a fome que custara a vida de milhares de afegãos. Esse homem, cujo ódio ao Talibã tocava as raias da psicose, viu-se perguntando, junto com o Talibã, por que o Ocidente se importava mais com estátuas do que com a vida humana. Chegamos ao ponto em que a lógica falha.

"Rá! Rá! — o Talibã: duro com as estátuas, duro com a causa das estátuas. Tive uma idéia. Vamos juntar a poeira dos Budas, vender para os japoneses e comprar comida?

"Rá! Rá! Eles amarraram meu assistente na cadeira, deram-lhe um tiro nos rins e o largaram lá, agonizante! Rá! Rá! Esfolaram um garoto vivo. Usaram baionetas."

Seu riso já não indicava prazer, cinismo ou humor. Era um ricto. Era sua maneira de suportar. Naturalmente eu sabia disso. Eu sabia que suas piadas não eram de mau gosto; elas o ajudavam a continuar remando desesperadamente num redemoinho que ameaçava engoli-lo. Mas eu não conseguia rir. Meu horror era evidente. Ele parou de rir, e, por um momento, vi pânico em seu rosto. "Rá! Rá!", disse ele. "Rá! Rá!"

Eu também não conseguia entender. Meu conhecimento do Afeganistão era fragmentário demais. Eu devia ter prestado mais atenção nas pequenas informações e nas palavras persas que meu pai inseria em suas histórias. "Era uma vez", ele começava, "quando as moscas voavam para trás e o sol era frio, um país chamado Hich-Hich, que significa 'absolutamente nada'.

"A rainha desse país queria ter um filho. Então Arif, o sábio, deu-lhe uma maçã mágica, chamada *seb*. Mas a rainha era distraída e comeu só a metade da maçã.

"Nove meses depois, a rainha deu à luz um menino. Ele tinha só um olho, uma orelha, um braço e uma perna e saltava por toda parte. Por isso o chamaram de Nim, que em persa significa metade.

"Quando cresceu, Nim queria uma única coisa: ser inteiro. Arif, o sábio, recomendou-lhe que partisse e procurasse Tanin, o terrível dragão. Se bebesse o *dawa*, o remédio especial existente no fundo da caverna do dragão, Nim ganharia mais um braço, uma perna, uma orelha e um olho. Então seria *kull*, que significa inteiro..."

Na infância, eu imaginava que, como Nim, um dia haveria de fazer minha viagem. Quando chegasse ao Afeganistão real, fato e mito se encaixariam como num quebra-cabeça, meus dois egos parariam de brigar — e eu também me tornaria inteira.

Do posto da Aliança do Norte em Ai Khanom, perto da fronteira com o Tadjiquistão, avistava-se um rio largo e preguiçoso que cortava um vale onde, dizia-se, ocorrera um massacre, seis semanas antes.

O rio se chamava Koksha. Em suas margens aglomeravam-se quatro aldeias, encurraladas entre o Talibã e a Aliança do Norte. O vale estava repleto de flores de amendoeira e flocos de fumaça de artilharia. Lá do posto não era possível distingui-los. Em janeiro, o Talibã avançara e tomara as aldeias. Ao retirar-se — meio de supetão, segundo os habitantes locais —, fuzilara uns doze civis em cada aldeia.

Usman, um soldado da Aliança do Norte, concordou em nos levar a Mawmaii, uma das aldeias. Ele era jovem, bonito e — na medida em que era humanamente possível para um soldado da oposição na linha de frente — mais frio que o gelo. Quando o conhecemos, estava tentando abater jatos do Talibã com uma espingarda de caça russa. Isso parecia fisicamente inviável, mas caía bem, e ele sabia.

Ele nos pediu fitas de Madonna e garrafas de uísque. Em outro universo, seria um rapaz rico e mimado — com celular, carro, muitas garotas. Parecia perceber, através de uma intuição holística, que o tinham roubado.

O mais perto que chegara dos prazeres que tanto desejava foi na faculdade de medicina de Dushanbe, a capital tadjique, um oásis de sofisticação ocidental. "Eu tinha umas colegas de classe", contou. "E conversava com elas." Uma vez até foi a uma discoteca. Teve de abandonar o curso um ano depois: precisavam dele no front.

Um dia, ao cair da tarde, Usman postou-se estrategicamente no alto de um tanque e entoou uma canção triste, com uma melodia fácil de lembrar, sobre as agruras da guerra. O sol poente destacava seus malares bem definidos de uzbeque e seus olhos escuros e amendoados. Quando elogiei sua voz e sua aparência de galã, ele falou: "Sim. Se não fosse a guerra, eu seria um grande astro".

A estrada que levava a Mawmaii passava por uma campina incrivelmente verde, cercada de montanhas e pontilhada de ovelhas. De pé na carroceria do caminhão, eu aspirava o encantamento da paisagem.

Havia nesse lugar uma beleza arrebatadora. A luz tinha uma esplêndida transparência dourada, que só encontrei no Afeganistão. Pastoras acenavam na beira da estrada. Suas roupas eram esmeralda, rubi, turquesa, ametista — gemas vivas, faiscantes. Todas as árvores estavam em flor. Um mulá de barba grisalha e turbante branco passou por nós, montado em seu jumento; seu discípulo respeitosamente o seguia a pé.

Como explicar essa beleza? Era como uma linda canção que dá vontade de chorar. Havia algo de mágico nos campos e nas montanhas, nas pessoas e nas árvores.

Uma vez, sobrevoando Córdoba, um amigo espanhol me falou: "Seja bem-vinda a meu belo país". Fiquei angustiada, porque não tinha um país de que me orgulhar. Agora eu estava contente. Abracei a mim mesma e murmurei: "Seja bem-vinda a meu belo país". As palavras foram como uma carícia em minha língua.

Usman fazia de conta que o Afeganistão estava em paz e que nós estávamos passeando. Quando nos mostrou o ponto em que cruzaríamos o Koksha, onde o Talibã não poderia nos ver, e nos preveniu que havia minas terrestres na margem do rio, ele perguntou: "Não é lindo?". Era mesmo. O Koksha reluzia ao sol da primavera, límpido como neve derretida.

"Esse rio é famoso por seus peixes deliciosos", Usman nos informou, como um competente guia de turismo.

"Vamos pescar alguns para o almoço."

"Tudo bem", ele concordou. "Se der tempo, a gente pega umas granadas e joga para apanhar uns peixes."

Não era só meu conhecimento que era fragmentário, pensei. Apesar de sua beleza física, a estrutura do Afeganistão estava ruindo sob meus pés.

Cruzamos o Koksha numa jangada de couro de bode. Os velhos de Mawmaii se apinhavam no outro lado do rio, esperando-nos e acenando com uns papéis. Com o esforço de quem mal sabe ler e escrever, tinham compilado listas de mortos e desaparecidos. "Nações Unidas!", gritaram, quando desembarcamos. "Até que enfim vocês chegaram!"

Caminhamos em procissão solene até a encosta onde filhos e pais haviam tombado, esparsos como carneiros na relva macia. Ao sair de Mawmaii, o Talibã levara 51 homens como reféns. Os sete últimos não couberam no caminhão e foram fuzilados.

Era óbvio que, ao olhar para a montanha, os aldeões ainda viam os corpos caídos. Um homem de olhos expressivos tirou o turbante para nos mostrar como os encontraram. Seu amigo, um homem feio, com o rosto marcado pela varíola, amarrou-lhe as mãos para trás com o turbante. De pé, manietado, chorando, ele contou: "Então eu falei: 'Não me mate — pois ainda não vivi minha vida'. Mas o comandante do Talibã respondeu: 'Não. Não entendo sua língua'. E atirou em mim". Ele caiu no exato lugar onde seu irmão havia tombado. Os outros o puseram numa espécie de poncho, o *puttu*, e o carregaram. "Ainda dá para ver o sangue", disseram.

Claro que o sangue já sumiu, pensei: pertencia ao passado, ao passado morto no qual eles ainda viviam. No entanto, quando me contaram sua história, imaginei que também conseguia distinguir o local onde os corpos jazeram, recurvados como fetos. E, olhando com atenção, realmente vi pequenos espelhos e maços de cigarros que caíram de seus bolsos e cartuchos vazios de Kalashnikov.

Então percebi o que eles estavam tentando me mostrar. Cada depressão tinha um contorno de terra mais escura e mais dura e de relva mais verde, onde o sangue adubara o solo.

"Nevou várias vezes, desde aquele dia, mas o sangue deixou sua marca", disseram. "O sangue é muito forte."

Ao descermos a montanha, um aldeão se voltou para mim. "Os homens do Talibã que fizeram isso não podiam ser afegãos", declarou. "Na certa eram paquistaneses."

Os velhos nos levaram a uma casa da aldeia. Assim que entramos no quintal, sentimos que algo de ruim acontecera ali. Todos nós sentimos. O acontecimento deixara um resíduo tangível como um cheiro que não se consegue eliminar — um bafo de amoníaco. Ficamos tontos.

No quintal havia uma menina. Ela estava com o rosto voltado para o muro. E balançava os quadris, curvada e silenciosa. Em outro canto, uma segunda menina estava paralisada, na mesma postura de dor. Elas não procuravam se confortar mutuamente. Um velho fitava o vazio. Seus olhos azuis desbotados contemplavam um outro mundo, como se as coisas que ele viu o tivessem consumido, destruindo-lhe a dignidade, o respeito por si mesmo, a vontade de viver.

O velho falou que as filhas estavam assim havia semanas — desde que o Talibã entrara em sua casa. "Eu não estava aqui quando os homens chegaram", disse, à guisa de explicação. "Eles tinham me prendido."

Uma terceira menina, de véu azul, saiu da casa. Ela começou a falar em uzbeque, uma língua que eu não entendia. Sua voz era clara e cadenciada, como uma flauta, e tinha uma pureza indescritível.

Usman traduziu o que ela falou: "O Talibã entrou e disse: 'Vamos instalar nosso quartel-general aqui'. Eles mandaram a gente sair. Estava nevando, e minha mãe perguntou: 'Aonde é que eu vou com minhas filhas, nesta neve?'. Sem hesitar nem por um instante, um dos homens apontou o Kalashnikov e atirou nela, bem ali, no quintal".

Eu tinha certeza de que alguma coisa acontecera com elas, depois que a mãe foi executada, mas não tive coragem de tocar nesse assunto. Perguntei à terceira menina como ela se chamava. Fairuza, que significa turquesa, a cor de seu véu. Quantos anos tinha? Doze. Amina, a irmã mais velha, tinha quinze; e Fawzia, a caçula, nove.

Sentadas uma ao lado da outra, curvadas sob seus véus — rosa, amarelo e azul —, as meninas pareciam pássaros feridos. Tudo que eu conseguia ver eram seus enormes olhos negros. Lentamente, uma lágrima se formou no canto de um olho, estremeceu por um momento e deslizou. Não pude sequer imaginar de que profundo poço de sofrimento escapara essa gota única.

Por quanto tempo os homens ficaram na casa com elas, enquanto o corpo da mãe jazia no quintal? O velho se voltou. Nenhum pai afegão admitiria esse tipo de pergunta. Mas ele não podia fazer nada: não estava ali quando os soldados chegaram.

Os homens ficaram dois dias sozinhos com as meninas.

O que os soldados fizeram com elas nesses dois dias? Amina, a menina mais velha, cobriu o rosto e se pôs a chorar.

Fairuza tinha um espírito insubjugável. Olhou para a irmã, apontou o queixo para mim e disse, com sua voz clara: "Eles pediram comida e água. O que podíamos fazer? Nossa mãe estava morta. Tivemos de fazer tudo que eles mandaram".

18.

Gente de todo canto dos Estados Unidos me escreveu. Cartas de partir o coração. Chegaram a me dar medo. "Quero adotar as três meninas de seu filme", diz uma. "Não se preocupe com o fato de que moro num trailer. Sei que posso amar essas crianças. Com certeza é isso que conta."

Quem sou eu para zombar dessa filantropia equivocada? A esta altura eu já devia saber que o mar do sofrimento humano é infinito. No entanto aqui estou, ainda tentando salvar as pessoas que acenavam da janela.

Depois do 11 de Setembro, *Por Baixo do Véu* foi apresentado várias vezes na CNN. Embora tivéssemos feito esse documentário antes do atentado contra o World Trade Center, políticos ocidentais de todos os lados utilizaram os rostos das três meninas de Mawmaii de acordo com seus próprios interesses. O sofrimento das meninas foi usado como argumento tanto para bombardear quanto para ajudar o Afeganistão. Evidentemente elas não tinham idéia de que se tornaram ícones. Pelo que sabíamos, continuavam vivendo na linha de frente.

James Miller e eu desembarcamos em Islamabad uma semana antes de se iniciarem os ataques aéreos americanos. James estava dirigindo e eu estava elaborando uma matéria intitulada *Guerra Profana* (*Unholy War*), que seria uma seqüência de *Por Baixo do Véu*.

Resolvemos voltar a Mawmaii e tentar encontrar as três meninas. Eu convencera meus editores de que o destino de Amina, Fairuza e Fawzia constituía a metáfora perfeita das agruras do Afeganistão. Como sempre, porém, eu tinha minha própria agenda. Trocara os devaneios orientais pela praticidade ocidental. Estava decidida a usar o documentário como um instrumento para resgatar as três meninas.

Já não se podia acusar o mundo de não dar atenção ao Afeganistão. Havia tantos jornalistas em Islamabad que o Marriott Hotel improvisara uns dormitórios minúsculos em sua academia. Traçaram-se linhas de batalha entre Oriente e Ocidente. E, contudo, eu não conseguia deixar de pensar que, embora nominalmente opostas, ambas as partes atuavam juntas num conluio gigantesco.

Pneus em chamas bloqueavam as elegantes avenidas e os amplos bulevares de Islamabad. Gás lacrimogêneo pairava no ar. A multidão gritava: "Morram os americanos! Viva o Talibã!". A contagem regressiva para os ataques aéreos começara.

Um homem vendia camisetas com os dizeres: "Osama Bin Laden, Herói Mundial". Eram muito caras para a população local: destinavam-se à mídia. Os manifestantes se alinhavam num lado da rua, os jornalistas no outro. Enquanto aqueles avançavam, estes recuavam. Não pareciam dois grupos em conflito; pareciam dançarinos, movimentando-se no mesmo ritmo.

Um caixote em chamas voou pelos ares e por pouco não nos atingiu. A multidão investia, e de repente estávamos correndo a toda a velocidade. Os manifestantes atiravam tijolos em nós — e eram tijolos bem reais, que se espatifavam no calçamento atrás de mim. Na fuga, minha bolsa se abriu: passaporte, dinheiro, tudo que eu tinha se esparramou no chão poeirento. Olhei para meus perseguidores: eles estavam a uns cinqüenta metros de distância e se aproximavam. Foi como um daqueles pesadelos apavorantes em que você está fugindo de um inimigo e uma parte de você sabe que não é real. Abaixei-me para pegar meus pertences. Os homens pararam de jogar pedras e me ajudaram. Depois de tudo recolhido e guardado na bolsa — inclusive meu pente quebrado —, alguém me empurrou. Os que me ajudaram esperaram que eu retomasse a dianteira para voltar a atirar tijolos em mim.

Um manifestante gritava slogans antiamericanos. Ele enfiou a cara na câmera e soltou um uivo longo, de animal preso e ferido. Seu rosto se contorcia, enquanto seu punho cerrado esmurrava o ar. Perdigotos voavam-lhe da boca e aterrissavam na lente. Ele dizia coisas horríveis: "Mataremos até nossos filhos para defender o islã! Vamos atacar os Estados Unidos e o mundo inteiro!". A força de seu ódio era assombrosa e o consumia totalmente. Mas então, como se fechasse uma torneira, ele estancou o ódio e perguntou para a câmera: "Chega?".

A fronteira estava fechada, porém alguns refugiados conseguiram entrar em Peshawar. Estampavam no rosto o torpor de quem perdeu tudo. Para alguns essa era a quarta vez. Haviam fugido da invasão soviética, dos foguetes dos *mujahidin*, das atrocidades do Talibã e, agora, das bombas americanas.

Uma família de cinco pessoas — pai, mãe e três filhos — ocupava um pedaço de chão esturricado, na propriedade de uns parentes distantes. Viajaram a pé desde Cabul. Demoraram três dias para cruzar as montanhas. Para poder dormir nesse quadrado de terra, as crianças tinham de trabalhar. O insistente estalido de um tear pontuava nossa conversa. A caçula da família, uma menina de seis ou sete anos, ainda não adquirira os calos necessários para tecer tapete: suas cutículas sangravam. Ela era muito bonita, mas agora sua boca, que mais parecia um botão de rosa, contraía-se em seu esforço de concentração, seus olhos cinzentos se apertavam, dando-lhe um ar carrancudo, e seu denso cabelo loiro se emaranhava em suas costas. Enquanto eu a observava, uma mulher saiu da casa e ralhou com ela. Talvez a menina fosse meio mimada, porque abriu a boca para responder. Em seguida, porém, mudou de idéia e se voltou para o pai. Ele desviou o olhar.

A mãe da menina se derramou em desculpas. Se estivessem em Cabul, eles nos receberiam como se deve. Tinham móveis e uma casa decente, com quadros nas paredes. Tinham tapetes, louça, tudo. Em Cabul nos proporcionariam uma bela recepção — preparariam um jantar para nós e nos ofereceriam hospedagem —, mas aqui não havia onde sentar, a não ser no chão.

Lembrei-me de Halima, que me hospedara em Cabul, seis meses antes, e que durante semanas eu tentara esquecer: Halima e sua família trabalhando em suas máquinas de costura, no meio da noite; sentados no escuro comigo, fingindo comer; a filha de Halima, que o trauma dos bombardeios deixara surda e muda. Quando os ataques aéreos recomeçassem, ela ficaria apavorada; como alguém conseguiria lhe explicar que aquelas bombas eram de amigos?

Um silêncio cheio de expectativa nos envolveu. O assunto se esgotara, e eles esperavam que eu lhes fizesse alguma pergunta. Eu disse a primeira coisa que me veio à mente: por que vieram para cá? Por que se arriscaram tanto e abandonaram suas casas?

Com o jeito lento e a voz clara que se reserva para falar com os débeis mentais, o pai respondeu: "O Talibã está infiltrado entre os civis. Tememos que, se os americanos bombardearem o Talibã, nós, civis, morreremos".

A mulher acrescentou: "Nós sabemos o que é ser bombardeado".

Naquela noite o presidente Bush apareceu na televisão e informou que ataques cirúrgicos foram realizados em Cabul, Kandahar, Mazar-i-Sharif e Jalalabad. Prometeu uma campanha "sustentada". Eu me vi cheia de sentimentos contraditórios. O Talibã acabaria, mas — em algum lugar, longe dos olhos do mundo — Halima e sua família estavam sendo bombardeadas.

As Cruzadas produziram oitocentos anos de conflito entre Oriente e Ocidente. Agora o que estava acontecendo parecia mais que uns poucos ataques aéreos contra o Talibã: parecia que nos encaminhávamos para algo momentoso. Na área tribal do Paquistão um negociante de armas afridi nos contou que o preço dos Stingers disparara. Ele havia comprado seu estoque dos *mujahidin*, após a retirada soviética; a CIA tentara recuperar os mísseis, porém os afridis estavam nesse ramo havia tempo bastante para entender o ciclo da guerra e as forças do mercado no Afeganistão. Agora ele vendera os Stingers aos aliados do Talibã. Com os lucros mandaria seu filho para uma escola particular dos Estados Unidos no mês seguinte.

Abdul Haq, o ex-comandante dos *mujahidin* que, muitos anos antes, atuara como intermediário entre mim e o *mujahid* que queria me matar, estava tentando convencer os Estados Unidos de que era possível derrubar o Talibã no velho estilo afegão — mediante troca de favores e negociação. Seu jardim em Peshawar estava coalhado de pushtuns carrancudos, antigos líderes dos *mujahidin* que agora eram soldados rasos do Talibã. Um murmurinho semelhante ao zumbido modorrento das abelhas percorria o jardim. Comprá-los provavelmente custaria menos que fabricar uma bomba inteligente. Contudo, Abdul Haq, o pacificador, remava contra a maré. Os americanos só seriam generosos com o povo afegão depois de derramar sangue.

Ao longo dos anos Abdul Haq pagou caro sua amizade com os Estados Unidos. A cúpula do Talibã tentava matá-lo. Chegou a enviar assassinos a sua casa, em Peshawar. Ele não estava, e os homens fuzilaram sua esposa e seu filho.

Abdul Haq e eu tínhamos mais ou menos a mesma idade. Agora, porém, ele envelhecera. Tinha visto muita gente morrer e estava cansado de tanta matança. "Por que os americanos não conseguem entender?", disse. "Os bombardeios só vão empurrar a al-Qaeda para a clandestinidade. Eu poderia entregar a al-Qaeda para eles intacta, sem disparar um único tiro."

Nosso encontro foi breve: ele estava tentando inutilmente deter uma guerra total, e eu estava com pressa de partir para o Afeganistão, para a província de Kunar, no norte controlado pela oposição.

A região fronteiriça do Paquistão estava fechada para estrangeiros, mas James e eu pagamos a moradores locais para nos fazerem passar clandestinamente. O sentimento antiocidental era intenso. Nossos guias calcularam rapidamente: James teria de se esconder embaixo de uma burca para não ser linchado; quanto a mim, consideraram-me oriental o bastante para só cobrir a cabeça.

O fato de me situarem no lado oriental encheu-me de prazer. Perguntei-me por que ser afegã ainda tinha tanta importância para mim. Até hoje temo a pergunta: "De onde você é?". Por que me incomoda não poder responder com uma única palavra? Sempre desejei pertencer a um lugar só; por que esse lugar não pode ser o Ocidente?

Agora fiz um pacto com o destino. Se conseguisse salvar as meninas, ficaria quite com a perda de meu Afeganistão mítico. Teria feito minha parte para impor ordem àquele caos e talvez — apenas talvez — aceitasse me tornar ocidental.

Na estrada de Chitral a população colocou um aviso para os americanos: "Desejamos a morte mais do que vocês desejam a vida", dizia o cartaz.

Teria sido muito mais seguro ir de avião até o Tadjiquistão e de lá seguir para o Afeganistão. Mas não haveria vôos durante alguns dias, e eu estava impaciente. A qualquer momento poderia ter início uma ofensiva terrestre, e então os soldados ocupariam Mawmaii, a aldeia das meninas. Seria impossível chegar lá.

Essas eram as montanhas que cruzei em minha primeira viagem ao Afeganistão, com Zahir Shah. Agora já não havia *mujahidin*, apenas mercenários. Encontramos um grupo que concordou em nos levar pela rota dos contrabandistas, ao norte da Passagem de Durra. Era uma rota perigosa — viajaríamos a mais de 5 mil metros, a mesma altitude do acampamento base do Everest —, e por esse privilégio os homens nos cobraram uma exorbitância. Achei certo: estava farta daquela conversa de nobreza e honra. Fiquei contente de fazer as coisas à maneira ocidental, com dinheiro vivo.

A viagem começou bem. Rodamos por cerca de uma hora. Depois passamos, a pé, ao largo de um posto de controle paquistanês: atravessando quintais alheios, perturbando galinhas e cabras sonolentas, impondo-nos silêncio mutuamente, pois estávamos perto da guarita. Não nos atrevemos a acender as lanternas e não enxergávamos o caminho. Retomamos o veículo e rodamos mais um pouco. Nas imediações do posto seguinte, escalamos uma encosta. "Depressa, depressa", ordenou Khalil, o líder dos contrabandistas, que atuava como nosso guia. Cachorros latiram. "O posto é aquele ali." Eu estava morrendo de calor. Meus pés mergulharam num regato gelado, e foi um prazer. No alto da montanha, sentamo-nos numa pedra. Ainda não havia lua, porém as estrelas já tinham surgido. Toda a Via Láctea se estendia acima de nós, açúcar polvilhado no céu. Faróis passavam lá embaixo. Abaixamo-nos e corremos para a estrada. Parecia um filme de Hollywood.

Novamente no veículo, James e eu rimos e declaramos que aquele era o melhor trabalho do mundo. Com minha missão auto-imposta de resgatar as três meninas me sustentando, meu sentimento de impotência se dirimiu.

Semanas depois, Abdul Haq entrou sorrateiramente no Afeganistão e caiu numa armadilha do Talibã. Foi executado. Também devia estar cumprindo uma missão, mas ninguém soube dizer quem ele tentara salvar.

12 de outubro de 2001
Onze da noite

Um muro de água se ergue diante de mim. Pouco a pouco me dou conta de que estou caindo. O tempo transcorre lentamente. Oscilamos por uma eternidade. A água se torna todo o meu mundo. Consigo chegar à terra firme. Perto da margem o rio se solidificou na superfície e logo abaixo é gelo puro.

Ao atravessarmos as montanhas, as coisas começaram a dar errado. Nossos guias se perderam, e tivemos de vadear um rio gelado. Khalil estava me carregando, quando caímos. Agora James tirou as botas e vem vindo, com a câmera. Ele também perde o equilíbrio. Em todas as nossas viagens, nunca o vi expressar medo, mas agora ele grita: "Alguém me ajude!". Há desespero em sua voz. Agarramos a câmera e o puxamos para a margem.

Estamos molhados até os ossos. O vento frio me corta — minha jaqueta encharcada perdeu calor. Nenhum de nós tem uma muda de roupa. Tiro as botas e as viro de cabeça para baixo. A água gelada do rio jorra. James abre a maleta da câmera e me oferece seu único par de meias secas. O gesto é imensamente tocante. E me dá vontade de cair no choro.

Escalamos a íngreme ribanceira de pedra, rastejando, sem achar nada para nos segurarmos, a não ser espinhos, que dilaceram nossas mãos nuas. Combinamos que os cavalos estariam nos esperando ali, com nossas malas, que continham nossas roupas de inverno. Não estavam. As roupas molhadas congelam no corpo, ficam duras como tábuas. Parei de tremer.

Uma da madrugada

Encontramos outro grupo de contrabandistas. Mediante pagamento, eles nos levam. Parecemos refugiados em busca de asilo, à mercê de uma máfia extorsionária.

Meu guia me conduz com rapidez. Talvez esteja me raptando.

"Deixe-me parar um minuto."

"Há muitos guardas na fronteira."

"Onde estão os outros?"

"Logo ali."

"Quanto falta para chegar à fronteira?"

"Não falta muito — umas sete horas."

Imóvel no lombo da mula, meu corpo vai perdendo calor. O frio começa nos pés e sobe pelas panturrilhas até os joelhos. Serpenteia sensualmente por meu corpo e se junta ao frio das mãos. Quando me dirigia aos jardins de Paghman, o medo repentinamente se apoderou de mim: se os jardins fossem mentira, uma parte de meu ser tampouco existiria. Agora é a mesma coisa: estou me extinguindo.

Três da madrugada

Ainda sinto a dor, mas ela saiu de mim. Sinto-a nas montanhas, na lua, no ar puro. Pouco a pouco ela também desaparece. Estou me rendendo. Comecei a ter alucinações: pergunto-me se haverá tiroteio na fronteira, e claro que há. Então acordo, com o vento me castigando, e a lua fria zombando de mim, e meu *shilwar* de algodão congelado, e penso: sete horas, sete horas nisto.

"Há muitos extremistas islâmicos", diz o professor Majrooh. "Tenho de pôr rum na Coca-Cola, e isso me dá dor de estômago." As miniaturas na parede se mexem: os caçadores e as huris são feitos de incontáveis animais, que saltam e mordem a cauda uns dos outros.

"Vou descobrir a verdade sobre o Afeganistão", declaro.

O professor agita a bengala. "O que a faz pensar que vai reconhecer a verdade?", pergunta. "Você ainda não sabe que ela tem mil formas?"

Quatro e meia da manhã

Vou lutar. Se não me apear desta mula, vou ter gangrena no pé. Meu guia se recusa a parar, mas eu salto de qualquer modo. Minhas pernas cedem. Não consigo andar. O homem me abraça e meio que me carrega, enquanto eu mesma me arrasto. É muito esquisito andar com os pés dormentes. Tropeço em pedras que não consigo sentir. Quero me sentar, aninhar-me nelas e dormir. Uma frase do *Gulistan* de Sa'adi me vem à cabeça: "O santuário está diante de ti, o ladrão está atrás. Se fores, vencerás; se dormires, morrerás". Meu mundo é tão básico quanto isso. Preciso continuar pondo um pé dormente na frente do outro.

A escalada é interminável e exaustiva. A altitude é enorme: faz a gente soluçar para respirar. Em tais condições as temperaturas desabam. Velozes cursos de água se solidificaram, e o vento é gelado.

Fui boba de esquecer que essas montanhas são traiçoeiras. É estranho como o corpo lembra o que a mente esquece. Como cada movimento cansa. Como se vai em frente dando três passos e parando dois tempos. Como até mesmo alguns segundos de descanso equivalem a uma cura, porém, assim que a gente se move, a tontura, a náusea e a sede voltam.

Hoje em dia eu sei mais sobre os riscos de andar nessa altitude sem aclimatação. Um edema cerebral — inchaço do cérebro — pode causar morte instantânea. Mas meu conhecimento teórico não me serviu de nada: eu o ignorei.

O governante afegão Ibrahim ben Adhem renunciou ao trono de Balkh para buscar o conhecimento. Um dia viu uma pedra no chão. "Vire-me e leia", estava escrito na pedra. Adhem assim fez. No outro lado havia uma pergunta: "Por que buscas mais conhecimento, se não dás atenção ao que já sabes?".

Rasguei meu mapa de histórias, e — como se tivesse molestado um delicado órgão interno — meu senso de equilíbrio oscila: já não consigo distinguir os sonhos da realidade.

Nesta altitude estamos perto das estrelas. Baixo a cabeça, com medo de roçá-las.

19.

Ao clarear o dia, paramos para descansar numa pedra. Como sobreviventes de um naufrágio que inesperadamente vão ter à praia, avaliamos nossa situação. Falar era difícil; tínhamos as faces e os lábios congelados. James estava com as mãos crestadas — na noite anterior, ao tentar filmar, o metal da câmera grudara em seus dedos. Meu pé direito gangrenara. Dois artelhos estavam paralisados, mortos, com as unhas cinzentas. Eu me perguntei se iriam cair. Em meu torpor, isso não parecia importante.

Estávamos fracos como dois inválidos. Eu me arrastei por uns dez metros, e esse esforço patético me deu uma intensa sensação de conquista.

À noite, pagamos a outro grupo de contrabandistas para nos deixarem usar seus cavalos. Agora os cavalos que deviam estar nos aguardando no início da viagem apareceram de repente com nossa bagagem e nossos trajes de frio. Tínhamos esperado no lugar errado. Os homens nos cobraram milhares de rupias, dizendo, com muita graça: "Vocês são estrangeiros. Nós somos afegãos pobres — precisamos tirar de vocês todo o dinheiro que pudermos".

Eu lhes paguei sem reclamar. Achei que provavelmente estavam certos em relação a duas coisas: eles eram pobres, e eu era estrangeira.

Agora que estava afastada a possibilidade de morrer de frio, cavalgar pelas montanhas se tornou um prazer. Os animais escorregavam no gelo, porém não perdiam o equilíbrio. Quando chegamos a um vasto lago deserto, de um extraordinário azul-cobalto, tive a certeza de que estávamos no Afeganistão. Em nenhum outro lugar um lago seria tão inflexível.

Passamos por um posto avançado da Aliança do Norte. Na última vez em que estivemos ali, o aniquilamento das forças oposicionistas parecia uma simples questão de tempo. Agora os Estados Unidos estavam apoiando sua luta contra o Talibã. O comandante do posto mandou seus homens providenciarem um veículo para nós. Ofereceu-nos alimento e bebida, e me dei conta de que fazia mais de dezoito horas que não tomávamos nenhum líquido.

Engolimos o chá verde com a boca cheia de doce. O sol estava quente, mas James e eu nos enrolamos em nossos *puttus* de lã, como se fossem cobertores. Agora que sabíamos o que é realmente sentir frio, não suportávamos nem a brisa mais leve. Estávamos fragilizados, como se a noite nas montanhas tivesse se incorporado a nós, crestando-nos por dentro.

Eu não tinha vontade de falar. Ali sentada, limitava-me a observar uma encosta seca, situada além da infalível artilharia pesada do posto, além do azul-intenso do lago. E pensava em outro rio, em outra encosta, em Mawmaii, a aldeia das meninas.

Noor, nosso motorista, era indescritivelmente sujo — o *shilwar kamis*, o turbante e o colete se confundiam numa tonalidade única de marrom ensebado. Mal dava para distinguir as sobrancelhas da pele encardida. Só os olhos eram brilhantes e atentos, como uma criatura da floresta que aprendera a se defender sozinha.

Ao aproximar-nos de Faizabad, a capital da província de Badakhshan, as montanhas se tornaram menos feias e mais majestosas. Um homem montado num cavalo castanho saiu, galopando, de um campo adiante de nós, e James e eu dissemos ao mesmo tempo: "Lembrei por que gosto deste país".

De Faizabad seguimos para Khwaja Bahauddin, no extremo nordeste, pela estrada mais poeirenta que já percorri na vida. Uns sete ou dez centímetros de pó fino a recobria como uma camada de neve. A poeira penetrava como fumaça pelos dutos de ventilação da Datsun e pelas frestas das portas. Por alguma razão Noor preferia dirigir pelo acostamento, que era mais poeirento ainda.

Depois de umas cinco horas de viagem, paramos num posto de controle da Aliança do Norte. Perguntei aos soldados se estávamos no rumo certo.

"Não, vocês têm de voltar para Faizabad — Khwaja Bahauddin fica do outro lado."

Quando perguntei a Noor por que nos levara pelo caminho errado, ele respondeu de um fôlego só: "Porque a estrada para Khwaja Bahauddin tem muita poeira".

Toda aquela poeira era o precioso solo arável do país que o vento estava carregando. Havia seca no Afeganistão. A cúpula do Talibã dizia que se tratava de um castigo divino. Qualquer que fosse a causa, fazia três anos que não chovia o bastante, e agora era tarde demais para que uma simples chuvarada consertasse o estrago. O solo erodido não suportaria um dilúvio.

Ao entrar na cidade, deparamos com um longo comboio de jornalistas que tentavam deixar o país. Todos haviam perdido seu equipamento por causa do pó. Um caminhão-pipa capotara, transformando a poeira em lama, e eles estavam atolados num pântano.

Na última vez em que estivemos aqui, Khwaja Bahauddin era um lugarejo atrasado e abandonado. Agora estava supersaturado de atenção mundial, como se o Ocidente, tal qual a Mãe Natureza, não conseguisse despejar uma chuva mansa e constante: tinha de mandar ou seca, ou dilúvio.

Os jornalistas se instalaram em todas as casas de agentes humanitários, em todas as repartições públicas, em todos os cantos. Estendiam seus sacos de dormir no chão da casa de hóspedes do comandante local. Rodavam aos bandos pelas ruas, em veículos com tração nas quatro rodas. Uma rede de televisão americana até se alojara na vila onde os homens de Osama bin Laden mataram Ahmad Shah Massoud, a principal figura da Aliança do Norte, pouco antes do 11 de Setembro. O teto ainda estava escuro e rachado em virtude da explosão.

Khwaja Bahauddin situava-se logo atrás das linhas da Aliança do Norte, e ferviam rumores entre o pessoal da mídia: "Você sabia que ontem à noite os B-52 sobrevoaram a área? A ofensiva terrestre vai começar a qualquer momento. Estão prestes a cruzar a linha de frente".

Em sua impaciência por uma guerra no solo, alguns jornalistas recorriam à fraude: enfiavam-se nas trincheiras, usavam coletes à prova de balas e fingiam que estavam sob tiroteio. Uma equipe de uma televisão européia nos contou que foi ao front com o intuito de denunciar esse descaramento, mas então ocorreu realmente uma batalha de artilharia. "Foi uma loucura", a repórter falou. "A Aliança do Norte começou a disparar, e o Talibã revidou. As bombas caíram bem perto. Fiquei apavorada." Ela me fitou, perplexa e indignada. "Por que eles fizeram isso? Eu não pedi que atirassem em mim."

Surgiam muitas lendas sobre o conteúdo dos pacotes amarelos que aviões americanos andavam despejando como parte do esforço de ajuda humanitária orquestrado às pressas. Os jornalistas afirmavam que alguns pacotes continham manteiga de amendoim e biscoitos recheados. A população local estaria confusa com esse estranho cardápio, porém a turma da imprensa assegurava que estava comendo bem.

Decidimos ir direto para Nawabad, a apenas meia hora de Mawmaii, a aldeia das meninas. Na última vez em que estivemos lá, conhecemos um agente humanitário chamado John Weaver, e poderíamos ficar em sua casa. John era da Carolina do Norte, mas, olhando para ele, ninguém diria. Segundo sua equipe, depois de oito anos no Afeganistão, ele se tornara afegão. Havia algo de indefinivelmente local no trapo imundo que lhe envolvia o pescoço, na inclinação dos ombros, na maneira de usar o *pukkal* sobre o cabelo dourado. John adquirira o andar vagaroso de quem passou a vida marchando pelas montanhas e, ao assimilar toda essa bagagem cultural, aprendera persa. Era jovem — devia ter uns vinte e tantos anos — e, quando ria, fechava os olhos de um azul intenso.

Seu quarto de hóspedes estava vago; continha apenas um pequeno baú de flandres com seus pertences — um laptop, uma muda de roupa, uma escova de dentes e um par de manuais de dari. Quando James lhe perguntou, em tom de brincadeira, se aquilo era tudo que tinha no mundo, John ficou embaraçado, como se o tivéssemos pego cometendo uma extravagância. "Não! Eu tenho uma bela coleção de baralhos, lá nos Estados Unidos, mas não preciso deles."

Sua aparente falta de necessidades me causava um ligeiro mal-estar. Quando pressionado, ele se declarava cristão devoto, mas em geral não tocava nesse assunto. Duas pessoas de sua equipe nos garantiram que John era realmente muçulmano de coração.

Nos campos de Nawabad, os verdes da primavera cederam lugar aos marrons do outono, a relva densa da montanha raleara fazia muito tempo e a ameaça do inverno pairava no ar. Havia uma nova energia, um nervosismo entre os refugiados. Falava-se de fatos estranhos: pacotes de ajuda americana despejados do céu. Na noite anterior os refugiados correram para o local onde cairiam os pacotes, mas os soldados da Aliança do Norte chegaram lá primeiro. Houve briga, os soldados dispararam, e agora as rações estavam à venda no mercado.

Algumas famílias se ocupavam em cavar trincheiras antes que o solo ficasse duro demais — no inverno anterior não tiveram abrigos adequados, e muitas crianças morreram de frio —, porém a maioria perguntava: "Para que tantos preparativos?". Os americanos iriam salvá-los. Dentro de uma semana ou duas, todos estariam voltando para sua terra. O Talibã incendiara suas casas, mas isso não tinha importância: os americanos construiriam outras, assim como construiriam estradas, escolas e clínicas.

Em uma das barracas de trapos, uma menina vomitava. Um fio de bile amarela escorria-lhe da boca. A mãe da menina segurava-lhe a cabeça. Todas as crianças estavam doentes. Fazia mais de um ano que não comiam o suficiente, e os refugiados sabiam que começariam a morrer quando o tempo começasse a esfriar.

Só um milagre poderia salvá-las. Não surpreende que essa gente quisesse acreditar que o milagre estava a caminho.

Desde que o vimos pela última vez, Usman se tornara um homem. Em abril lutara em sua primeira batalha. Antes de nos levar para Mawmaii, fez questão de nos mostrar o cenário de suas heróicas façanhas. "Fica a quinhentos metros de um posto do Talibã", explicou, tentando nos seduzir. "O bombardeio é intenso. Nenhum jornalista se atreve a chegar perto."

Alguns moradores arrojados organizavam excursões de guerra para jornalistas. Por vinte dólares podia-se arranjar um cavalo e um guia para ir à linha de frente. Usman alugou um par de pangarés para mim e James e um esplêndido garanhão ajaezado para si mesmo. A pelagem do animal era cor de mel; a crina e a cauda se derramavam como leite. Enquanto as rédeas de nossos pangarés não passavam de cordinhas, os arreios do garanhão eram primorosos. "Este é um cavalo de *buzkashi*", Usman informou, todo orgulhoso. E volta e meia fazia a montaria empinar-se, para se exibir.

Atravessamos aldeias poeirentas, campos ressequidos, plantações esturricadas. Crianças uzbeques de faces coradas, *chapan* de seda em frangalhos e botas de cano alto olhavam para nós, boquiabertas. Usman ia na frente. Galopava num turbilhão de poeira, com todos os cachorros das redondezas rosnando em seus calcanhares. Em uma aldeia disparou sua espingarda de caça contra a cachorrada. Errou o alvo.

Quando chegamos a uma vasta planície, o estrondo da artilharia aumentou. Logo escutamos o zunido inconfundível das bombas. Meus olhos automaticamente procuraram abrigo. "Odeio esse barulho", James comentou. Demoramos um pouco para perceber que estávamos entre as linhas inimigas e que os projéteis que voavam por cima de nossas cabeças eram da Aliança do Norte.

"É a *jawab i hukmat* — a resposta da Aliança", Usman informou.

"Qual foi a pergunta?", repliquei, mas ele não entendeu.

Então o Talibã revidou. Seguiu-se uma zoeira que parecia interminável, as bombas passando ligeiramente à nossa direita. Era um ângulo extraordinário para ouvi-las: durante quase toda a sua trajetória elas produzem o zumbido característico que geralmente se ouve por um breve instante e só quando caem nas proximidades. Uns quarenta segundos depois, aterrissaram com um estampido surdo no posto da Aliança do Norte, em Ai Khanom, uns cinco quilômetros atrás de nós.

Eu não conseguia lembrar onde tinha escutado essa estranha combinação — o silvo longo sem a devida detonação. Então lembrei: foi quando o depósito de munição explodiu em Islamabad, anos antes.

Chegamos a um rio largo, de águas velozes, nas quais mergulharíamos até a cintura. Destemidos, nossos cavalos marcharam direto para a correnteza. Imediatamente a poeira sufocante cedeu lugar a uma brisa fria, a luz encheu-se de reflexos aquosos e a torrente estrondeante encobriu os ruídos da terra firme. Passamos por um homem que conduzia um jumento e por um grupo de pescadores que riam, ao jogar as redes — um mundo secreto, com vida própria.

Ao olhar para baixo, percebi que a água formava um *trompe l'oeil* atordoante. Parecia que o cavalo não saía do lugar, que a correnteza se tornara duas vezes mais rápida, que nunca alcançaríamos a margem, que seríamos arrastados para sempre rio abaixo nesse mundo veloz.

Quando começamos a subir a encosta, dois tufos de fumaça de artilharia surgiram perto de um grupo da Aliança do Norte, na estrada que acabáramos de deixar para trás. Os soldados dançaram e deram vivas. "Estão mostrando que não têm medo de morrer", Usman explicou.

Um homem de meia-idade desceu a montanha para nos receber. "Meu comandante", Usman o apresentou. "Comandante, pegue a bagagem deles e leve lá para cima. Como vai a batalha?"

"Tranqüila", o outro respondeu. "O Talibã atira em nós, e nós revidamos."

Subimos a encosta acompanhando as trincheiras da linha de frente. "Com a cabeça para fora, vocês vão tomar tiro", Usman avisou, mas nenhum soldado se abaixou.

O posto que ele queria nos mostrar ficava do outro lado do vale, a algumas centenas de metros. Quatro ou cinco magricelas

— do Talibã — olhavam para nós. Pensei que nas duas posições inimigas os combatentes deviam levar uma vida semelhante: agachados em suas trincheiras, disparando e sendo alvejados. Na primeira batalha de Usman, em fins de abril, a Aliança do Norte capturara o posto do outro lado, matando (segundo Usman) 150 integrantes do Talibã e tomando uma boa quantidade de armas. Muitos de seus combatentes perderam a vida. Infelizmente, dias depois o Talibã contra-atacou, e agora a linha de frente retornara à posição inicial. Quando perguntei para que tudo isso, os soldados me fitaram como se eu fosse louca. "É a guerra", responderam. "Estamos no Afeganistão."

O caçula da tropa não aparentava mais que doze anos, porém já aprendera a ser macho. "Vejo tanques disparando, bombas caindo, gente morrendo, pessoas sem mãos, sem olhos, sem cabeça — e daí?", disse ele.

Perguntei-lhe o que pretendia fazer quando a guerra terminasse, e o garoto respondeu, na voz monótona de um escolar recitando a lição, que, restabelecida a paz, cada um retomaria o *kar i khud* — o próprio trabalho. Qual era o trabalho dele? O menino não sabia. Ele estudava? Não. Sabia ler? Não. Ainda se lembrava de como se cultiva a terra? Não, e de qualquer modo o sítio da família fora destruído.

Usman nos levou até um local onde o comandante não pudesse ouvi-lo e falou: "Este país está cheio de homens que só sabem lutar. Eles não conhecem outra maneira de ganhar a vida. Têm muitas armas e vão tentar continuar lutando como puderem".

Quando voltamos, os homens estavam todos apinhados ao redor de seu rádio emissor-receptor, escutando atentamente, com uma expressão de êxtase no rosto. Um ocupante do posto inimigo estava cantando para eles — uma linda canção que vinha da montanha seguinte. James tentou filmar essa cena pacata, mas, assim que viram a câmera, os soldados desligaram o rádio e correram a se posicionar nas trincheiras. Então olharam teatralmente para um lado e outro e, com um ar feroz, apontaram suas armas para o adversário cujas canções estiveram escutando momentos antes.

20.

No dia seguinte, Usman nos conduziu a Mawmaii, para procurarmos as meninas. Dessa vez não havia ninguém nos esperando nas margens do Koksha. As ruas estavam desertas e amortalhadas em poeira, como um livro que não se abre há muito tempo. O silêncio era opressivo; permitia-nos ouvir o ruído surdo de nossos passos. As casas de barro tinham sido saqueadas — as paredes ruíram, os tetos desabaram, até as portas de madeira foram levadas. Será que chegamos tarde demais? Nenhum de nós verbalizou o próprio medo, porém nos arrastamos cada vez mais devagar pela poeira macia, rumo à casa das meninas.

Eu me vi pensando nas ruas arborizadas da cidadezinha de Kent, onde cresci. Quando tinha a idade dessas meninas, eu também não conhecia outro mundo além de minha aldeia. Perguntei-me se, como eu, elas algum dia sonharam encontrar um jeito de escapar.

Um grupo de homens, conduzindo uns jumentos carregados, caminhava lentamente em nossa direção. Tanto os animais quanto os aldeões andavam cabisbaixos de cansaço. Paramos, como fazem os viajantes no Afeganistão, para trocar saudações e notícias da guerra. Um deles era o homem que, amarrado com o próprio turbante, contara como tinha encontrado o corpo do irmão.

Todo mundo estava deixando Mawmaii, explicou. Não era por causa da guerra, nem por causa do massacre perpetrado pelo Talibã. Era porque, pela segunda vez no ano, perderam a colheita. Lá não havia mais esperança. Ainda outro dia um vizinho se afogara no Koksha porque não suportava ver a fome estampada nos olhos dos filhos.

Eles tinham cruzado a linha de frente para ir a Taloqan, aldeia que estava em poder do Talibã. Viajaram a pé, à noite, pelas montanhas, desafiando as minas terrestres e o Talibã. Agora os jumentos carregavam cestos cheios de óleo de cozinha e Pepsi-Cola que eles iam vender em Nawabad. Não era uma boa maneira de ganhar a vida, mas o que poderiam fazer? "Todos que conseguiram arrumar dinheiro ou coragem foram embora", disseram.

Quanto às meninas, eles não sabiam se ainda estavam em Mawmaii. Tinham seus próprios problemas. Ao nos despedirmos, perguntei-me se as pessoas que procurávamos, vindo de tão longe, já teriam partido.

Encontramos Fairuza, Amina e Fawzia no mesmo lugar onde as deixamos. Estavam sentadas no quintal, onde viram sua mãe morrer. Não ousavam sair dali, pois temiam que os soldados estivessem a sua espera lá fora.

Fazia muito calor. O sol se refletia no chão e reverberava nos altos muros de barro que se erguiam de forma a proteger os três lados do quintal. A casa da família fechava o quarto lado. Esse quadrado de terra rachada, esturricada, essa casa de dois cômodos era o mundo delas.

O sofrimento esmagador se dissipara. O quintal parecia mais vazio. Já não havia galinhas ciscando no terreiro, a cabra que antes ficava amarrada numa estaca sumira e até a horta minúscula murchara e morrera. A casa também parecia mais vazia do que eu lembrava. Na última vez panos coloridos se espalhavam pelo chão; agora não havia nada além da terra batida como a do quintal.

A família se tornara muito pobre, porque as meninas ainda estavam assustadas demais para ficar sozinhas. Assim, o pai não podia contrabandear mercadorias de Taloqan para ganhar dinheiro e, pouco a pouco, acabou vendendo tudo que possuíam. No total, eram sete filhos para sustentar — as três meninas tinham quatro irmãos, cuja idade variava de dois a sete anos.

As meninas entraram na casa em silêncio e sentaram-se juntas. Estavam tímidas comigo. Observei seus rostos, procurando alguma centelha que propiciasse o contato. Pensei que, enquanto não encontrássemos um modo de nos comunicar, eu não saberia como libertá-las.

Na parede havia uma foto. Devia ter sido tirada em alguma comemoração familiar, nos idos de 1970 — antes da invasão soviética, antes de iniciar-se a longa calamidade do Afeganistão. Os homens usavam trajes ocidentais e bigodes de pontas reviradas; as mulheres não portavam véu. Todos eram muito jovens e pareciam felizes — hoje em dia poucas vezes tenho visto essa felicidade no rosto de um afegão. Corri os olhos pelas meninas envoltas em seus véus, pelas carinhas famintas das crianças pequenas, pelo quintal de terra com a estaca deserta, e tentei encaixar o presente na foto ou a foto no presente. Não consegui.

O pai apontou um casal que fazia parte do grupo. "Aquela era minha mulher, a que mataram, e aquele sou eu", falou e, ao perceber minha surpresa, acrescentou: "Eu não sou velho. Tenho só quarenta anos — a guerra branqueou minha barba".

A mulher da foto tinha um rosto forte e sereno e fitava a lente da câmera. Sua expressão era de frieza e desafio. Imaginei-a como o tipo de pessoa capaz de afrontar o Talibã.

Olhei para Fairuza e acho que detectei o mesmo espírito ardendo dentro dela, sufocado, mas ainda vivo. Perguntei-lhe do que precisava e, mais uma vez, ouvi sua voz clara e melodiosa: "Sobrevivemos a uma guerra e a uma revolução. Só queremos que nosso país esteja em paz". Ela olhou com tristeza para as duas irmãs. "Até lá, vamos continuar sofrendo em silêncio. Nós sofremos em silêncio."

Essa menina tinha algo de extraordinário — algo de puro e forte. Ainda não desistira de lutar. Se tivesse alguma chance, poderia ser qualquer coisa — professora, embaixadora, qualquer coisa. E então descobri como poderia ajudá-las. Daria um jeito de fazê-las estudar.

Fairuza gostou da idéia. "Eu sei que quem estuda sabe muito e faz grandes coisas", falou. Então me encarou com a fria firmeza que eu vislumbrara na foto da mãe. "Só que não existe escola por aqui. Onde a gente poderia estudar?"

John Weaver nos disse que, enquanto Mawmaii se encontrasse na linha de frente — em outras palavras, enquanto o Afeganistão estivesse em guerra —, nenhuma agência humanitária responsável construiria uma escola ali. Mas depois nos informou que, por uma extraordinária coincidência, acabara de construir uma escola para meninas em Nawabad, a apenas quarenta minutos de carro de Mawmaii.

Por ocasião de nossa visita, as alunas estavam chegando para as aulas. Cruzavam o portão num bando colorido, alvoroçado, ruidoso. Todas usavam os mesmos véus de cores vivas com que Fairuza, Amina e Fawzia se envolviam tão desalentadas, porém corriam e gritavam e se empurravam — e seus véus esvoaçavam como plumas cintilantes.

A diretora era uma mulher alta, de meia-idade, que talvez nunca tivesse sido bonita, mas, quando falava de suas meninas, acendia-se uma chama em seu rosto. "A maioria que vocês estão vendo aqui vive nos campos de refugiados", explicou. "Levam uma vida muito dura. Por exemplo, quando faz frio, têm de amassar barro para proteger as barracas da chuva. São pequenas, têm mãos minúsculas. São crianças demais para esse trabalho."

A diretora nos mostrou as meninas sentadas no piso de concreto, quatro ou cinco dividindo o mesmo livro. Em uma sala o texto era *Masnavi*, de Jalaluddin Rumi, e parei para ouvir o belo persa de uma fábula que também escutara na infância.

> Um mercador comprou um papagaio engaiolado. Um dia perguntou ao papagaio se gostaria que lhe trouxesse um presente da Índia, sua terra natal. "O senhor poderia me fazer o favor de visitar meus parentes, na selva, e contar que estou preso aqui", o papagaio respondeu. Ao retornar da viagem, o homem disse: "Sinto muito, mas tenho uma péssima notícia. Eu me plantei na selva e gritei para os papagaios que você está vivendo numa gaiola. Um de seus parentes — o choque deve tê-lo matado — caiu da árvore e se estatelou a meus pés". Ao ouvir essas palavras, o papagaio do mercador caiu, rígido, no piso da gaiola. Com tristeza o homem pegou seu bichinho morto e o colocou no peitoril da janela. Assim que se viu livre, o papagaio voltou a si e voou.

Tive pena de Amina, Fairuza e Fawzia, prisioneiras em sua gaiola, em Mawmaii. E então a diretora se pôs a falar de um jeito como nunca vi mulher nenhuma falar no Afeganistão: "Minhas alunas sonham com medicina, engenharia ou até mesmo jornalismo. Eu lhes ensino que, quando crescerem, devem tentar mudar este nosso país subdesenvolvido, onde as mulheres não têm nenhum papel. As afegãs são corajosas — não se deixam derrotar, quaisquer que sejam as circunstâncias. Estamos otimistas e esperançosas em relação ao futuro".

A escola fora construída ao redor de um pátio central, onde se misturavam as vozes das meninas, berrando suas lições em cada sala. Fiquei ali durante muito tempo, com os olhos fechados. O pátio empoeirado desapareceu, e imaginei que estava parada numa selva fria e escura, onde milhares e milhares de pássaros coloridos voavam e cantavam e chilreavam de alegria.

21.

Anos atrás, na década de 1980, viajei com um grupo de agentes humanitários alemães que tomaram conhecimento de um surto de cólera numa região inacessível do norte do Afeganistão.

Eles carregaram os camelos de vacinas salvadoras, e viajamos a cavalo, para chegar mais depressa. Embora estivéssemos numa missão de vida ou morte, a viagem foi idílica. Minha égua tinha dado à luz recentemente, e o potro, jovem demais para ficar sem ela, trotava a nosso lado o tempo todo. Era primavera, e jorrava água de cada montanha, e cabritos recém-nascidos brincavam nas encostas. Pensei que, se houvesse paz, este país seria perfeito para o turismo. Tive vontade de parar e descansar perto de uma cachoeira — era tão linda, e o potro estava exausto de tentar nos acompanhar —, porém os alemães me lembraram severamente que cada segundo era precioso. Se a infecção se espalhasse, devastaria comunidades inteiras. Não tínhamos tempo para descansar perto de cachoeiras.

Os agentes humanitários não estavam desfrutando a viagem. Alimentavam-se com o *Wurst* que tinham trazido e reclamavam da imprecisão de nossos guias. Disseram-nos que demoraríamos uma semana para alcançar nosso destino, mas, como sempre, essa informação era incorreta. Levamos pelo menos dez dias para entrar na aldeia onde estaria ocorrendo o surto.

A população nos recebeu com surpresa e alegria. Todos ali estavam bem. Nunca houve epidemia nenhuma — era só mais um daqueles boatos afegãos. Os alemães não quiseram pernoitar na aldeia, de modo que guardamos nossas vacinas, montamos em nossos cavalos e voltamos.

Agora, mais de uma década depois, os Estados Unidos e seus aliados queriam organizar o Afeganistão. Definiram um problema e decidiram resolvê-lo a sua maneira. Todos os dias jatos americanos roncavam sobre nós, dispostos a localizar Osama bin Laden e aniquilar o Talibã. Todas as noites, aviões americanos despejavam ajuda humanitária sobre o povo afegão.

De certa forma eu fazia algo parecido: impusera a mim mesma uma missão pessoal e queria concluí-la o mais rápido possível.

Em meio à empolgação com as remessas de ajuda humanitária e os preparativos para uma guerra no solo, John Weaver prosseguia estoicamente com seus esforços. Não pude deixar de pensar que, se tivesse participado da malfadada expedição contra o cólera, ele teria arrumado tempo para descansar perto da cachoeira — ou pelo menos para se demorar um pouco na aldeia.

Um dia, porém, ao acordar pela manhã, encontrei-o furioso diante de seu rádio, gritando em dari. Na véspera os aviões despejaram centenas de frascos de óleo de cozinha com instruções urgentes para que as famílias mais necessitadas recebessem uma quantidade suficiente para quatro meses. Contudo, ao examinar os frascos, John constatou que a validade venceria ao cabo de um mês.

O interlocutor anônimo no outro lado da linha devia estar sugerindo que ele distribuísse o óleo de qualquer maneira — afinal, eram só refugiados —, pois John ficou rubro de raiva e berrou: "Não posso fazer isso. A data de validade já foi prorrogada. A vida útil do óleo está no fim. E se — Deus nos livre — alguém cair doente? Como é que vamos viver com isso?". No entanto, quando ele desligou o rádio, percebi, por sua expressão, que não ia desperdiçar todos aqueles frascos. Para as famílias mais pobres uma gota de óleo podia representar a diferença entre sobreviver e morrer no inverno.

Assim, John concebeu um plano. Decidiu dar o suficiente para um mês a um número muito maior de famílias do que pretendia inicialmente. Sabia que as famílias paupérrimas usariam o óleo imediatamente, pois não tinham mais nada. O plano era ambicioso. Ninguém ali tinha cartões de alimentação, e ele precisava achar um modo de impedir que uns e outros pegassem mais frascos e os estocassem.

No dia seguinte, de madrugada, quando nos dirigíamos para o campo onde o óleo seria distribuído, vimos uma grande nuvem branca — um mar em movimento — de poeira. Por esse mar viúvas de burcas esvoaçantes avançavam como veleiros de vento em popa; velhos fustigavam seus jumentos; meninos descalços corriam; meninas pequenas puxavam crianças menores ainda. Centenas — talvez milhares — de pessoas já estavam nos esperando, e mais e mais chegavam a cada segundo.

Na véspera, à noite, John enviara mensageiros aos campos de refugiados e a determinadas aldeias. Obtivera listas das famílias mais pobres, porém todo mundo que morava num raio de alguns quilômetros aparecera, sem exceção.

Fiquei exausta só de olhar para aquela multidão imensa. John se impusera, certamente, uma missão impossível. Subimos na traseira do caminhão carregado de óleo. Mesmo ali, no alto, a poeira nos envolvia. John começou a ler os nomes que constavam de uma lista. A cada nome que pronunciava provocava um tumulto. Vários candidatos diziam ser o felizardo, e havia brigas. O tempo todo uns e outros gritavam seus próprios nomes, esperançosos, e alguns ainda tentavam atinar com as respostas corretas para as perguntas formuladas por John.

"Como seu pai se chama?"

"Abdullah!"

"Não."

Outro homem dava um passo à frente. "Noor."

"Não", e por aí afora.

Durante todo o processo, John teve a paciência de um santo. Com sua barba dourada e seus olhos azuis, ficou postado no meio da multidão, realizando um milagre banal.

Os refugiados nos contaram que na noite anterior os aviões americanos despejaram mais ajuda humanitária. Os pacotes aterrissaram na encosta deserta, onde um homem estava caçando. Esse felizardo carregou mais de duzentos pacotes em seu jumento e os escondeu em algum lugar.

John tentou ser diplomático em relação às remessas de ajuda, mas era evidente que estava frustrado por ver toda aquela fartura cair direto no colo de soldados e especuladores, enquanto ele lutava para que uns poucos frascos de óleo de cozinha prestes a perder a validade chegassem às mãos das pessoas que mais necessitavam. "Se me entregassem os mantimentos, com certeza eu os distribuiria melhor e com menos custos", falou.

No meio da confusão, um refugiado me reconheceu. Certamente conversamos, quando estive aqui, e durante todo esse tempo ele não esqueceu meu nome, nem meu histórico familiar. Contou para todo mundo quem eu era, e logo as crianças estavam gritando "Saira! Saira!", e eu tinha uma enorme multidão só para mim.

"Seu pai é de Paghman?", os refugiados gritavam. "Mas você é nossa compatriota! Sua mãe é de onde? Como seu pai se chama? Mas esse nome é afegão!"

A princípio neguei — expliquei que era só meio afegã, porém eles foram inflexíveis: "Não, não. Seu pai é de Paghman. Portanto, você é totalmente afegã. Você é de nossa terra". Eles estavam realmente radiantes e orgulhosos de ver uma afegã postada no alto do caminhão, distribuindo ajuda. As lágrimas me turvaram a visão. Quando por fim eles se aquietaram, James anunciou, maldoso: "Mas ela é de Paghman".

"Paghman!", os refugiados mais uma vez se puseram a gritar. "Paghman fica no Afeganistão! Ela é afegã!" E começou tudo de novo.

Não nos demoramos muito na distribuição de óleo organizada por John, pois eu queria chegar cedo a Mawmaii. Não sabia se as meninas prefeririam viajar diariamente para ir à escola ou mudar-se para Nawabad, mas estava certa de que, se necessário, poderíamos empacotar os poucos pertences da família, colocá-los numa jangada e cruzar o Koksha naquele mesmo dia.

Caminhamos confiantes, a passos largos, pela poeira de Mawmaii. O pai das meninas me dissera que queria que elas freqüentassem a escola, porém não acreditava que conseguíssemos concretizar esse desejo. Sorrimos discretamente um para o outro, ao pensar na dramática transformação que estávamos prestes a operar na vida daquela família.

Não pude conter a empolgação quando falei sobre a escola em Nawabad. Entretanto, ao invés de dar pulos de alegria, o pai das meninas se mostrou confuso e preocupado. "Eu estive em Nawabad uma vez", contou. "É outro país."

De repente percebi que uma cidade que para mim se situava a apenas meia hora de distância era para ele um mundo estranho e assustador. Não podíamos esperar que fizesse essa viagem diariamente. Ele não tinha acesso a nenhum veículo e, mesmo que lhe arrumássemos um, os soldados o tomariam. Ademais, ele não sabia dirigir. Havia todo tipo de dificuldades que eu não levara em consideração. "As meninas estão na *purdah** — como vão viajar de jangada com os homens?", ele perguntou.

Expliquei que a emissora de televisão para a qual trabalhávamos pagaria o transporte, a manutenção e o aluguel de uma segunda casa em Nawabad. Ele poderia vir a Mawmaii sempre que quisesse. O velho balançou a cabeça. Se abandonassem sua casa, ainda que por uns dias, estariam se arriscando a perdê-la. Como outras casas da aldeia, que ficaram abandonadas, a deles também seria saqueada ou destruída. Ao pensar nessa possibilidade, ele pareceu perdido como na primeira vez em que o vimos.

"Não posso deixar meu *qom* — meu povo. Toda a minha gente está aqui. No inverno, se precisamos de lenha, sempre podemos contar com a ajuda de alguém. Em Nawabad seremos forasteiros para o resto da vida."

Ele correu os olhos pelas paredes de barro, tentando encontrar um modo de me explicar. "Construímos esta casa com nossas próprias mãos", falou. "Carregamos baldes e baldes de água, desde lá do rio. Nosso lugar é aqui."

Fiquei sem saber o que dizer, porque, apesar de não ter nenhuma instrução, ele estava ciente dos perigos de deixar sua terra.

Na Inglaterra, meu pai passava horas tentando sintonizar Cabul em seu rádio de ondas curtas. Às vezes a tênue melodia do dari transpunha quilômetros que não constavam dos mapas. Essas eram ocasiões de grande regozijo. Meu pai nos chamava: "Escutem bem, crianças! Essa é a língua de vocês!".

* No islã é a distância, ou mesmo a separação, entre os homens e as mulheres, seja em casa, por meio de cortinas ou biombos, ou nas ruas através de véus e burcas. (N. T.)

E todos nos apinhávamos reverentemente em torno daquele rádio imenso, apurando os ouvidos para captar os etéreos murmúrios de uma língua que não sabíamos falar.

Eu me sentia como se estivesse escutando mensagens cifradas de enorme importância — só que se esqueceram de me fornecer o código.

Depois de algum tempo perdi a esperança de convencer o velho a deixar Mawmaii e me concentrei em resgatar as meninas. Para isso não demorei a conceber um novo plano: arrumaríamos uma mulher respeitável para cuidar delas — talvez a diretora da escola. Elas passariam a semana em Nawabad, estudando, e os fins de semana em Mawmaii, com o pai.

Quanto mais me entusiasmava, mais perplexidade e desconfiança eu lia nos olhos de meu interlocutor. Começamos uma discussão circular, com ele rebatendo minha lógica a cada volta. Talvez achasse estranho tanto interesse de minha parte por suas filhas. Quaisquer que fossem seus motivos, ele encontrava uma objeção para cada proposta que eu apresentava, e pouco a pouco ficou claro que não estava disposto a permitir que as meninas estudassem.

"O problema é que ele mesmo não tem estudo", Usman falou. "Pode ser que esteja levantando dificuldades porque não quer que as meninas recebam mais instrução do que ele."

Por fim o velho declarou que, sendo viúvo, precisava das filhas para cuidar dos afazeres domésticos e das crianças menores. O que realmente queria era uma esposa para substituir a que perdera. Se lhe déssemos dinheiro para comprar uma esposa, talvez — apenas talvez — considerasse a possibilidade de deixar as meninas estudarem.

Telefonamos para nossa produção. Disseram-nos que não se importavam com o dinheiro — tínhamos *carte blanche* para reinstalar a família, contratar uma professora ou construir uma escola —, mas que sair por aí comprando esposas estava definitivamente fora de cogitação.

Há duas pessoas dentro de mim, e nesse momento me dei conta de que provavelmente elas nunca vão se conciliar. Admiro meu ancestral, Jan Fishan Khan, pela tomada do Forte Vermelho, porém ainda me esquivo de comentar a perda de seus filhos. Adoro as vozes secretas do rádio, mas nunca entendo o que estão dizendo. Falhei. O Afeganistão me confundiu, assim como sempre confundiu o Ocidente.

Voltamos para o rio Koksha, a passo lento. No caminho encontramos uma menina, que não devia ter mais que três ou quatro anos, segurando um saco de plástico amarelo, com o rótulo: "Rações humanitárias — presente do povo dos EUA". Obviamente um avião o lançara. Eu estava morrendo de curiosidade para descobrir se as histórias sobre as remessas americanas de biscoitos recheados e manteiga de amendoim eram verdadeiras. De repente — mais que tudo no mundo — eu tinha de saber o que havia naquele saco. Entretanto, quando estendi a mão para dar uma espiada, a menina agarrou seu troféu com todas as suas parcas forças.

Eu não estava disposta a aceitar que ela me contrariasse. Decidi arrancar-lhe aquele saco — o que, pensei, seria muito fácil. Por um momento disputamos um cabo-de-guerra desigual. A cena deve ter sido ridícula: uma adulta, com o uniforme ocidental de pêlo de carneiro, botas de Gore-Tex* e equipamento de alpinista, lutando com uma criança pequenina e esfarrapada. Nenhuma das duas cedia. Um par de soldados que ia passando riu e forçou os dedinhos a soltarem o troféu.

Quando abri o saco, constatei que as rações haviam sumido fazia muito tempo — os pais da menina tinham comprado o

* Marca registrada de um tecido laminado, impermeável, usado na confecção de roupas, calçados etc. (N. T.)

recipiente vazio no mercado, e ela o usava para catar material combustível. O saco estava cheio de esterco de cabra.

Na margem do rio um maluco deu pulos de alegria e caçoou de nós, enquanto tomávamos a jangada. Pareceu-me uma despedida digna da população de Mawmaii.

Chegamos a Nawabad no instante em que John acabava de voltar da distribuição do óleo. Ele estava coberto de poeira e fuligem e parecia exausto. Mas o brilho de seus olhos indicava que tinha conseguido — entregara cada frasco nas mãos certas.

Contei-lhe que o velho recusara nossa ajuda — não quis a casa, insistiu que precisava das meninas para cuidar dos afazeres domésticos e até exigiu que lhe comprássemos uma esposa. Eu esperava que John se indignasse tanto quanto eu. Contudo ele se limitou a dizer, com seu jeito lento: "Se o pai casasse de novo, acho que as crianças teriam uma mãe. Vai ver que o velho precisa mesmo é de uma esposa".

Essa era nossa última noite. Usman nos ofereceu um jantar ocidental. Queria que tudo estivesse perfeito. Para sublinhar sua sofisticação, pediu-nos para só chegarmos às seis e meia — como no Ocidente.

Noor, nosso motorista, ficou horrorizado. "Não posso dirigir tão tarde da noite — o médico me proibiu", argumentou.

Mas não queríamos decepcionar Usman. Noor nos levou, dirigindo com raiva e imprudência; as rodas da Datsun levantavam nuvens de poeira. À luz dos faróis, a poeira parecia flocos de neve.

Havia uma barreira na estrada, e um soldado nos parou. "Mas já é noite", comentou, incrédulo. "Está na hora de dormir. Seu amigo deve estar na cama."

Quando chegamos à casa de Usman, realmente estava tudo fechado. Um velho abriu o portão, esfregando os olhos para afastar o sono. Ocorrera uma emergência: Usman precisara sair à procura de um médico para um parente doente. Tínhamos de esperar na sala de visitas. Noor nos acompanhou, com uma expressão de triunfo, deitou-se num monte de almofadas e adormeceu.

Esperamos uma hora. Quando estávamos saindo, Usman chegou, exausto. Ficou surpreso e radiante por não termos ido embora. Depois de escarafunchar um baú de flandres, pescou uma fita pirata de música ocidental. A fim de criar a atmosfera adequada, tratou de ajustar o lampião. Por alguns instantes testou a claridade, aumentando e diminuindo a chama. Seus olhos encontraram os meus, e captei um lampejo de incerteza; mas então, com o ar de quem não está disposto a estragar tudo por causa de um detalhe, reduziu a chama ao mínimo possível.

Durante a meia hora seguinte ficamos sentados na penumbra, ouvindo house music de Ibiza executada por paquistaneses. A conversa era forçada: James e eu nos perguntávamos quando a educação nos permitiria ir embora; Usman parecia alguém que via seus sonhos se esvaecerem.

A mulher dele nos trouxe o jantar. Parada timidamente do lado de fora da porta, sem que a víssemos, ela mostrou os pratos para que o marido os pegasse. Usman levantou-se de um salto e saiu da sala. Tive a impressão de que, para salvar a noite, nosso anfitrião estava pedindo à mulher que infringisse as regras da *purdah* e nos fizesse companhia. Cinco minutos depois, voltou sozinho.

Então, quase como se quisesse justificar alguma coisa, pôs-se a nos contar como se apaixonou: "O pai de minha mulher não queria o casamento. Como estávamos proibidos de conversar pessoalmente, escrevíamos cartas um para o outro. A irmãzinha dela se encarregava de entregá-las. Durante dois anos mantivemos uma relação inteira por correspondência, com tudo que fazem os casais normais. Não tínhamos segredos. Discutíamos todo tipo de assunto. Às vezes até brigávamos. Depois de uma briga, fazíamos as pazes e mandávamos beijos um para o outro.

"Um dia minha mãe me falou: 'Você tem de entender que o pai dela nunca vai deixá-la se casar com você'. Fiquei tão triste que chorei durante uma semana. Meus pais me mandaram para o Tadjiquistão, mas adoeci de tanto pensar nela, de tanto me perguntar se ela ficaria noiva de outro rapaz. Eu estava certo de que morreria, se não me casasse com ela.

"Quando voltei, consegui convencê-la a nos encontrarmos às escondidas. Fizemos um piquenique no campo. Mas estamos no Afeganistão. Um pastor nos viu juntos e achou que eu a tinha raptado. Ele correu para casa, pegou sua arma, apontou-a para mim e perguntou: 'Quem é você e quem é essa mulher?'.

"Também apontei minha arma para ele e respondi: 'Essa é minha namorada'.

"'Sua namorada? Você é comunista? Vou lhe dar um tiro por causa disso.'

"E lá ficamos, no meio do campo, cada um apontando para o outro. Nenhum dos dois queria ser o primeiro a baixar a arma.

"Então, de repente, parece que uma lâmpada se acendeu em minha cabeça. Joguei a arma no chão e disse: 'Atire em mim, se quiser — você vai me fazer um favor, porque, se não posso me casar com esta mulher, prefiro morrer. Amor não é só tema de conversa: é algo que muda a gente para sempre. Eu amo e, portanto, estou disposto a sacrificar tudo'."

Eu nunca o escutara falar desse jeito e constatei que o simples fato de discorrer sobre o amor o transformara. À luz mortiça do lampião, seu rosto perdera a expressão arrogante: estava animado e terno. Olhei para Noor, que continuava dormindo. Em repouso, toda a sua dureza também se dissipara. Pacificamente enovelado no chão, ele parecia um hippie. Eu me concentrara tanto em salvar as três meninas que não dedicara um único pensamento àqueles machões. Agora eu me perguntava quem realmente existia sob aquela aparência dura; que vida poderiam ter escolhido, se tivessem tido a chance de viver sem guerra.

Aparentemente achando que a noite não estava perdida, Usman vasculhou o baú e desenterrou um precioso tesouro: uma garrafa de uísque, contrabandeada do Tadjiquistão. Então, enquanto ainda estava com o amor na cabeça, contou-me uma história.

"Era uma vez uma jovem que tinha três pretendentes. Antes que pudesse se decidir por um deles, a moça adoeceu e morreu. O primeiro pretendente saiu a vagar pelo mundo, disposto a encontrar um modo de devolver-lhe a vida. O segundo passou o tempo todo confortando o velho pai da falecida. O terceiro se jogou sobre a sepultura da amada e recusou-se a arredar pé dali.

"Um dia o pretendente andarilho salvou um sábio que tinha caído num poço. O sábio conhecia a receita de um ungüento capaz de ressuscitar os mortos. Para prepará-lo, precisava da raiz de uma árvore que era guardada por um monstro feroz. O jovem derrotou o monstro e pegou a raiz; o ungüento foi preparado. Quando o friccionaram no corpo da moça, ela voltou a viver.

"Todos os pretendentes voltaram a disputar sua mão.

"'Confortei seu pai na tristeza', disse o primeiro.

"'Eu me deitei sobre seu túmulo, definhando de amor', disse o segundo.

"'Mas fui eu que encontrei o ungüento que salvou você', disse o terceiro.

"A jovem decidiu: 'O pretendente que cuidou de meu pai foi um filho para ele. O que encontrou o ungüento é um filantropo. No entanto, o que se deitou em meu túmulo, chorando, quando não havia mais esperança, foi o único que agiu como apaixonado, e é com ele que vou me casar'."

Na manhã seguinte deixamos o Afeganistão. Usman nos levou até a fronteira setentrional. Nem James nem eu abrimos a boca durante a curta viagem: sentíamo-nos tão sufocados e derrotados quanto a estrada esburacada e poeirenta que se estendia diante de nós.

No posto da fronteira, o oficial correu os olhos por meu passaporte, examinou-o de novo e falou: "Mas esse nome é afegão. Você é do Afeganistão?". Expliquei que meu pai era de Paghman e, para impedir que ele despejasse toda a costumeira enxurrada de cumprimentos, acrescentei severamente: "Mas *eu* sou da Inglaterra. *Eu* sou do Ocidente".

James, Usman e eu aguardamos na margem do rio Oxus. James observava o pontão de metal que vagarosamente se posicionava para o utilizarmos; Usman contemplava, com saudade, as luzes do Tadjiquistão, que brilhavam na margem oposta.

Meus pensamentos eram sombrios. Lembrei que, durante toda a minha infância, uma bandeira permaneceu presa na parede de meu quarto. Não a bandeira atual do Afeganistão, e sim o velho estandarte real, o emblema de um Estado que não existe mais. Ela estava encharcada de simbolismo: preto, representando a família do Profeta; vermelho, representando o sangue de nossos mártires; verde, representando o islã. Se tivesse parado para me perguntar onde ficava de fato *meu* Afeganistão — o lugar que eu atravessara dois continentes para encontrar —, poderia ter evitado muito aborrecimento, prestando atenção naquela bandeira.

Quanto ao Afeganistão real, eu pensara que poderia lhe dar e tomar como bem entendesse; que poderia escolher quem eu iria salvar e qual a melhor maneira de fazê-lo. Não consegui nem levar as três meninas para a escola. Amar, disse Usman, significa continuar querendo depois de perder as esperanças. Eu havia falhado como humanitária. Seria forte o bastante para aprender a amar?

Pisei no pontão contente por partir. Uma faixa de água lamacenta se interpôs entre mim e o Afeganistão.

Então, enquanto via crescer cada vez mais a distância que me separava de minha pátria, escutei a voz do oficial da fronteira, afirmando, confiante, na margem que eu acabara de deixar: "Ela pode parecer *feranghee*, estrangeira, mas o pai dela é de Paghman e a mãe é... da Indonésia. *Az khude ma hasten.* Ela é uma de nós. É afegã".

Epílogo

A árvore do conhecimento

Sou escravo de quem não imaginar, a cada estágio, que sua viagem terminou.
O viajante precisa deixar muitos caravançarás para trás, até chegar a seu destino.

Masnavi, Jalaluddin Rumi

Outro dia fui visitar minha tia Amina em Londres. Ela já tem mais de oitenta anos e continua em boa forma. Assistimos às comemorações em Cabul, onde o Talibã finalmente fora deposto. O comentarista da televisão dizia, triunfalmente: "Acabou-se. O pesadelo do Afeganistão finalmente se acabou...". E mais uma vez as ruas da capital se encheram de gente feliz. Apesar dos falsos desfechos e das cruéis decepções, a esperança sobrevivera no fundo de seus corações para ressurgir como o milagre da primavera. Agora esse povo precisava que o Ocidente operasse um milagre. Reparar o irreparável demandaria mais que boa vontade e humanitarismo: exigiria a paciência de quem ama.

Tia Amina e eu não ousávamos esperar que o sofrimento do Afeganistão estivesse chegando ao fim e passamos a conversar sobre os velhos tempos. Logo estávamos rindo às gargalhadas ao lembrar como ela derrotara tia Soraya e me livrara de casar com Jimmy, meu primo distante, tantos anos atrás. Amina comentou que evidentemente sua própria experiência de fugir de casamentos arranjados ajudara. Como de hábito, ela não demorou a desfiar histórias ainda mais antigas, vasculhando o vasto depósito de pensamentos e experiências coletados por muitas gerações da família ao longo de milhares de anos.

Era uma vez um rei poderoso, que tinha uma esposa linda, um reino pacífico e riquezas incomparáveis. Ele achava que tinha tudo, até o dia em que soube que na distante Índia havia uma árvore de tão esplêndida virtude que quem comesse de seu fruto viveria para sempre. Esse fruto se tornou sua obsessão. Para encontrá-lo o rei enviou seu cortesão de maior confiança.

O leal servidor procurou por toda parte o fruto mágico. Alguns lhe disseram que nunca ouviram falar de tal coisa; outros zombaram dele; e outros ainda lhe indicaram o rumo errado.

Vinte anos depois, o cortesão já não acreditava que essa árvore existisse. Decidiu então regressar e contar isso ao rei e enfrentar sua ira. Antes de iniciar a viagem de volta, visitou um velho sábio para pedir-lhe a bênção.

Ao ouvir sua história, o velho se pôs a rir. Riu, riu, riu até as lágrimas escorrerem por suas faces enrugadas. Quando conseguiu falar, disse: "Ah, meu pobre amigo! Você nunca vai encontrar o fruto de uma árvore concreta. O que você está procurando é chamado ora de árvore, ora de sol, ora de lago, ora de nuvem. É uma coisa só — embora tenha milhares de formas. Esqueça a forma e busque as qualidades. A árvore que você está procurando é a árvore do conhecimento, seu fruto é a sabedoria — e a mais ínfima de suas formas é a vida eterna".

Essa história está em *Masnavi*, de Jalaluddin Rumi, e, quando a contou para mim, há muitos anos, meu pai acrescentou: "As histórias são como uma árvore no horizonte. Caminhe em sua direção, e ela a manterá numa linha reta. Mas a árvore em si não é seu objetivo. Quando chegar lá, você terá de deixá-la para trás e escolher outro ponto, mais distante".

Nunca encontrei o Afeganistão mítico que passei tantos anos perseguindo, porém a viagem me levou a lugares que eu jamais imaginei quando parti. E, por fim, aprendi o verdadeiro valor do legado de meu pai. Guardo suas histórias no coração; se apuro os ouvidos para escutá-las, elas estão comigo aonde quer que eu vá.

Agradecimentos

A lista de agradecimentos é muito extensa — e antecipadamente peço desculpas a todos que eu me esquecer de mencionar.

Primeiramente tenho uma dívida enorme com três companheiros constantes: James Miller, por seu extraordinário talento e sua pertinácia durante *Por Baixo do Véu* e *Guerra Profana*, e por sua irrestrita generosidade, sua amizade e seu apoio durante a elaboração deste livro; Cassian Harrison, que foi um produtor, diretor e amigo brilhante em *Por Baixo do Véu*; e Beat Kraettli, com quem vivi tantas aventuras.

Quero agradecer também a muitas pessoas que me ajudaram no Paquistão e no Afeganistão, algumas das quais não posso citar nominalmente e outras cujos nomes desconheço. Entre elas figuram: as mulheres corajosas da RAWA; Homaira Usman; Usman Najand; John Weaver; Samiullah; Kamal e Jamal Hyder; e todo o pessoal da UNOCHA.

Devo agradecimentos especiais a David Henshaw, da Hardcash Productions, produtor executivo de *Por Baixo do Véu* e *Guerra Profana*, que me deu a oportunidade de ir ao Afeganistão em 2000 e 2001; a Dorothy Byrne, da Channel Four Television, que se arriscou comigo em *Por Baixo do Véu* e me mandou de novo ao Afeganistão para fazer *Guerra Profana* depois do 11 de Setembro; a David Lloyd, também da Channel Four Television, que me apoiou muitas vezes e durante muito tempo; a Jennifer Hyde, da CNN, que defendeu *Por Baixo do Véu* antes do 11 de Setembro, e a toda a equipe da CNN, particularmente Vivien Schiller; e a Rebecca Carter, por seus bons conselhos.

Sou profundamente grata a meus editores, Louise Moore e Sonny Mehta — que têm nervos de aço —, e a meu agente maravilhoso, Patrick Walsh, que me convenceu a escrever sobre o Afeganistão e visualizou este livro antes mesmo de mim.

Por fim, devo agradecimentos e desculpas a minha família: minha mãe, que passou anos de sua vida preocupando-se comigo; meu irmão e minha irmã, que passaram anos de sua vida me protegendo; todos os meus parentes em Peshawar, na Índia e no Afeganistão, que espero que me perdoem um dia. No entanto, minha dívida maior é para com os contadores de histórias: minha tia Amina, meu avô, o sirdar Ikbal Ali Shah, e, sobretudo, meu pai, já falecido, que me ensinou que só se tem realmente o que não se pode perder num naufrágio. A eles devo tudo e sem eles não poderia ter escrito este livro.

Nota da autora

Todo o material das obras de Idries Shah reproduzido, citado ou recontado com a permissão do Espólio de Idries Shah.

Citações do *Gulistan*, de Sa'adi, a partir da tradução de Edward Eastwick (com a permissão da Curadoria Sufista) ou de traduções manuscritas de Idries Shah (com a permissão do Espólio de Idries Shah).

Citações de *Masnavi i Ma'anavi*, de Rumi, a partir da tradução de E. H. Whinfield (com a permissão da Curadoria Sufista) ou das traduções, publicadas e inéditas, de Idries Shah (com a permissão do Espólio de Idries Shah). Citações de outras obras de Jalaluddin Rumi a partir de traduções publicadas ou inéditas de Idries Shah (com a permissão do Espólio de Idries Shah).

Citações de Bobo extraídas de suas memórias ligeiramente romanceadas e publicadas sob o pseudônimo de Morag Murray Abdullah: *My Khyber marriage* e *Valley of the giant Buddhas*. Com a permissão da Octagon Press Ltd.

Por questão de segurança, mudei nomes (inclusive codinomes) e alterei pequenos detalhes que poderiam colocar em risco os membros e as atividades da RAWA.

Mudei também os nomes de algumas personagens deste livro.

Cronologia

AFEGANISTÃO		SAIRA SHAH
O Império Britânico se retira do Afeganistão, que se torna independente.	*1921*	
O emir Aman Allah é coroado rei.	*1923*	
Nadir Shah, filho do rei Aman Allahm, sucede ao pai.	*1929*	
Nadir Shah é assassinado. Seu filho Zahir Shah é proclamado rei. Governará até 1973.	*1933*	
	1965	Nasce, em Londres, Saira Shah, filha do filósofo e escritor Idries Shah.
[julho] Golpe militar derruba a monarquia.	*1973*	
Novo golpe de Estado lança país em profunda crise.	*1978*	
As forças armadas do Afeganistão entram em colapso após disputas internas.	*1979*	

AFEGANISTÃO		SAIRA SHAH
A União Soviética invade o país e nomeia um novo governo.	*1980*	
	1982	Saira Shah chega perto do Afeganistão pela primeira vez: vai a Peshawar, no Paquistão, para o casamento de um primo.
Guerrilheiros *mujahidin* reúnem-se para resistir à invasão soviética.	*1985*	
	1986	[setembro] Saira muda-se para Peshawar e, guiada por um grupo *mujahidin*, entra no Afeganistão pela primeira vez.
Os Estados Unidos começam a fornecer mísseis Stinger para guerrilheiros afegãos.	*1987*	Acompanhada do jornalista suíço Beat Kraettli, Saira entra pela segunda vez no Afeganistão. Casam-se no mesmo ano.
A União Soviética começa a se retirar do Afeganistão.	*1988*	Com o marido, Saira entra no país pela terceira vez. Seguem até Kandahar.
Com a retirada dos soviéticos, o país cai em guerra civil.	*1989*	Saira muda-se de volta para a Europa.
A União Soviética e os Estados Unidos assinam acordo para cessar o armamento de grupos afegãos. Em agosto, a União Soviética se desintegra.	*1991*	
	1992	A serviço de uma rede de TV, Saira visita Cabul, a capital afegã, pela primeira vez.
Burhanuddin Rabbani assume a presidência de um governo de coalizão. A guerra civil não cessa.	*1993*	
Surge em Kandahar, liderado pelo mulá Muhammed Omar, o movimento islâmico fundamentalista Talibã.	*1994*	

AFEGANISTÃO		SAIRA SHAH
O Talibã toma Cabul. Rabbani foge.	*1996*	Saira está em Cabul quando o Talibã toma a cidade.
O Paquistão e a Arábia Saudita reconhecem o novo governo	*1997*	
A Organização das Nações Unidas (ONU) impõe pesadas sanções ao país para que entregue o saudita Osama bin Laden, líder da organização terrorista al-Qaeda, então refugiado no Afeganistão.	*1999*	
[janeiro] A ONU impõe sanções ainda mais pesadas ao Afeganistão; o Talibã não entrega o terrorista.	*2001*	
		[fevereiro] Acompanhada do diretor Cassian Harrison e do cinegrafista James Miller, Saira chega ao Afeganistão para filmar o documentário *Por Baixo do Véu.*
[março] O Talibã explode estátuas milenares de Buda a despeito de protestos mundiais.		
[setembro] Ahmad Shah Masood, líder da oposição *mujahidin*, é assassinado pela al-Qaeda.		
[setembro] Organizado pela al-Qaeda, o maior atentado terrorista da história mata mais de 3 mil pessoas em Nova York.		
[outubro] Os Estados Unidos, a Grã-Bretanha e aliados entram em guerra com o Afeganistão.		[outubro] Saira entra novamente no Afeganistão para filmar o documentário *Guerra Profana.*

AFEGANISTÃO		SAIRA SHAH
[novembro] O regime Talibã cai. Osama bin Laden e o mulá Omar, foragidos, são intensamente procurados.		
[dezembro] Hamid Karzai é nomeado para o governo interino.		
[abril] O rei Zahir Shah retorna, mas não reclama o trono.	*2002*	Saira recebe dois prêmios Emmy, por *Guerra Profana* e *Por Baixo do Véu.*
[junho] O conselho de governo reconhece Hamid Karzai como chefe de Estado.		
[julho] O vice-presidente Haji Abdul Qadir é assassinado em Cabul.		
	2003	[maio] James Miller, câmera da equipe de Saira, é assassinado pelas Forças de Defesa de Israel. Eles produziam um documentário sobre crianças palestinas.
[agosto] A Organização do Tratado do Atlântico Norte (OTAN) assume o comando da segurança em Cabul.		
[janeiro] Conselho tribal aprova a nova Constituição afegã.	*2004*	

ESTA OBRA FOI COMPOSTA PELO ACQUA ESTÚDIO EM MINION E FOI IMPRESSA
PELA RR DONNELLEY EM OFSETE SOBRE PAPEL PÓLEN SOFT DA COMPANHIA SUZANO
PARA A EDITORA SCHWARCZ EM MAIO DE 2004